Hilarion Petzold, Ralf Schobert (Hrsg.)
Selbsthilfe und Psychosomatik
Anleitung zu wechselseitiger Hilfe

Integrative Therapie
Beiheft 15

Hilarion Petzold, Ralf Schobert (Hrsg.)

Selbsthilfe und Psychosomatik

Anleitung zu wechselseitiger Hilfe

Junfermann Verlag · Paderborn
1991

Satz: adrupa, Paderborn
Druck: PDC – Paderborner Druck Centrum

ISBN 3-87387-044-4

Inhalt

Vorwort 7

Einleitung 9

Hilarion Petzold 17
Selbsthilfe und Professionelle –
Gesundheit und Krankheit, Überlegungen zu einem
„erweiterten Gesundheitsbegriff"

Brigitte Runge 29
Die Bedeutung der Gesundheitsselbsthilfe
innerhalb der Selbsthilfebewegung

Michael Lukas Moeller 51
Selbsthilfegruppen – Hoffnung auf eine
persönliche Medizin?

Beatrix Grünewald-Faxel 95
Selbsthilfe bei Eß-Störungen –
Ein gangbarer Weg?

Brigitte Hartmann/Andrea Kropf/Claudia Stoll 109
Agoraphobie und Selbsthilfe

Ilona Füchtenschnieder, Günther Thomas 125
Gruppen für Spieler – Hilfe für Spieler?

Monika Toeller/Karin Lange 145
Diabetes/Selbsthilfe

Bernd Huckenbeck-Gödecker/Petra Knödel 171
Selbsthilfe bei Schuppenflechte

Silke Eggerichs 195
Psychologische Schmerzbewältigung
zwischen Selbsthilfe und Therapie

Hilarion Petzold, Ralf Schobert, Andreas Schulz 207
Anleitung zu „wechselseitiger Hilfe" – Die Initiierung
und Begleitung von Selbsthilfegruppen durch
professionelle Helfer – Konzepte und Erfahrungen

Vorwort

Die Idee zu dem vorliegenden Sammelband entstand nach der ersten Tagung „Selbsthilfegruppen und psychosomatische Störungen“ vom 23.-25.9.1988, die die Kontakt- und Informationsstelle für Selbsthilfegruppen Düsseldorf veranstaltet hatte.

Diese Tagung trug experimentellen Charakter. Soziale, seelische und körperliche Störungen und Erkrankungen wurden von Betroffenen, Selbsthilfegruppen und Experten gemeinsam diskutiert. Das Expertentum der Betroffenen kam zu Wort. Potentiale und Grenzen von Selbsthilfe und Fachbetreuung bzw. -behandlung wurden diskutiert.

Der Tagungsverlauf und unsere ganze bisherige Arbeit in Düsseldorf zeigte uns eine Tendenz: Bei allem, was bei der Unterstützung und Förderung von Selbsthilfe-Ressourcen noch im argen und in zaghaften Ansätzen liegt, scheint die Arbeit von Selbsthilfegruppen, die Frage nach aktiven und solidarischen Bewältigungsmöglichkeiten von Krankheit und Lebensproblemen für viele BürgerInnen immer selbstverständlicher zu werden. Dies betrifft inzwischen auch immer mehr Fachleute, die sich mehr als bisher über Selbsthilfegruppen und deren Nutzen informieren und Vertrauen in die Kompetenzen von Betroffenen gewinnen, die oft ihre eigenen Klienten/Patienten sind.

Je selbstverständlicher und alltäglicher ein Tun wird, desto genauer blickt man ins Detail und stellt differenziertere Fragen. Welche Selbstheilungskräfte wirken denn in Selbsthilfegruppen? Wie sinnvoll ist die Zusammenarbeit mit Fachleuten? Wo sind die Grenzen der Selbsthilfe erreicht? Welche Kompetenzen und Aufgaben hat die Selbsthilfe-Idee über den Rahmen der Gruppe hinaus? Wie kann die Selbsthilfearbeit bei speziellen Erkrankungen und Problemen aussehen? Gerade bei seelischen und psychosomatischen Störungen besteht ein sehr hoher Informations- und Orientierungsbedarf, wie unsere tägliche Arbeit und unsere Tagungen gezeigt haben.

Daneben ging und geht die Diskussion über Selbsthilfe immer auch über den eben dargestellten mehr gruppen- und individuenbezogenen Rahmen hinaus und zielt auf die philosophische, politische und emanzipatorische Dimension von Selbsthilfe und Solidarität zwischen Betroffenen.

Vor diesem Hintergrund ist der Inhalt des vorliegenden Bandes zu verstehen. Er ist der Versuch, für ausgewählte Erkrankungen und Lebensprobleme erstmals einen Über- und detaillierten Einblick in die Möglichkeiten und gegenwärtigen Grenzen der Arbeit von Selbsthilfegruppen und der Zusammenarbeit mit Fachleuten zu geben.

Alle Fachleute, die hier zu Wort kommen, arbeiten eng mit Selbsthilfegruppen zusammen oder sind direkt im Selbsthilfebereich tätig, z.B. in Selbsthilfe-Kontaktstellen.

Wir möchten mit diesem Buch interessierten Bürgerinnen und Bürgern die Möglichkeit geben, sich detaillierter über bestimmte Erkrankungen und Möglichkeiten der Selbsthilfe zu informieren. Besonders jedoch möchten wir Betroffene, Selbsthilfegruppen und Fachleute zur Diskussion und zur Mitarbeit in diesem interessanten Feld animieren. Für jede kritische Rückmeldung sind wir dankbar, natürlich auch für neue Anregungen für die Arbeit mit Selbsthilfegruppen und mit Fachleuten, die bei der Bewältigung von Leid und Krankheit mit Selbsthilfegruppen zusammenarbeiten.

Alle Vorbereitungen und redaktionellen Arbeiten an diesem Buch fanden in der Kontaktstelle für Selbsthilfegruppen Düsseldorf statt, sozusagen mitten in unserem betriebsamen Kontaktstellen-Alltag. Das brachte Verzögerungen mit sich, und wir möchten uns bei den Autoren für ihre Geduld bedanken.

Ein Dank gebührt den MitarbeiterInnen in unserer Kontaktstelle für ihr Engagement bei den vielen kleinen, „undankbaren" Aufgaben, die das Entstehen eines Buches bis zur Druckreife begleiten, besonders Dieter Müller sowie Andreas Schulz für seine konzeptionellen Anregungen und Ideen.

Dipl.-Psych. Ralf Schobert
Leiter der Kontakt- und Informationsstelle
für Selbsthilfegruppen Düsseldorf,
Carl-Mosterts-Platz 4,
4000 Düsseldorf 30,
Tel. 02 11/48 23 62

Einleitung

Die Bedeutung der Selbsthilfe im Bereich der Gesundheitsförderung und der Unterstützung bei der Bewältigung psychischer und psychosomatischer Erkrankungen und ihrer Auswirkungen auf das persönliche Leben von Betroffenen hat in den vergangenen beiden Jahrzehnten ein nie zuvor gekanntes Ausmaß erreicht und das, obgleich unser Gesundheitssystem (die Kostenexplosion ist hier ein Indikator) eine nie zuvor gekannte „Perfektion" erlangt hat. Der Aufwand an Medizintechnik allerdings und die Zahl der Krankenhausbetten, die Zunahme der *Professionalisierung* und die Differenzierung der Hilfeleistungen aufgrund diagnostisch immer aufwendigerer Verfahren vermögen aber offenbar dem „human factor", dem mitmenschlichen Klima nicht immer gerecht zu werden. Da familiäre und nachbarschaftliche Stützsysteme und soziale Netzwerke in unseren Gesellschaften zunehmend beeinträchtigt werden und deshalb die für professionelle Hilfeleistungen notwendige „Hintergrundsdimension" immer weniger bereitgestellt werden kann, entsteht ein Vakuum, daß durch Professionalität alleine nicht zu füllen ist. Gerade bei sehr schweren chronifizierten Erkrankungen, bei Problemen, die in den Randbereichen der somatischen Medizin liegen oder für die die „Schulmedizin" keine angemessenen Ansätze entwickelt hat, entsteht dieses Vakuum, und hier nun treten Selbsthilfeinitiativen ein. Sie sind allerdings nicht nur „aus der Not geboren". Sie kommen zustande, können heute zustande kommen, weil eine neue *Bewußtseinslage* zunimmt und breitere Kreise der Bevölkerung ein neues Bewußtsein für Gesundheit, für die Defizite der etablierten Medizin, für eine zwischenmenschliche Lebensqualität entwickelt haben. Aus dieser Bewußtseinslage ergeben sich Impulse für eine neue politische und soziale Kultur und für neue Formen gemeinschaftlicher Lebensbewältigung, für eine *neue Humanität*. Die Selbsthilfebewegung konnte nur in einem solchen Klima entstehen und sich entfalten. Sie ist zugleich Ausdruck und ein bedeutender Impulsgeber für dieses Klima.

Zögernd zwar, aber doch merklich, dringt dieses Bewußtsein auch in das etablierte medizinische System ein. Ärzte und Schwestern erkennen zunehmend, daß Krankheit nicht losgelöst von Gesundheit und diese beiden Größen nicht losgelöst vom Lebensalltag und der Lebensgeschichte der Patienten gesehen werden können. Behandlung von Krankheit und Leiden, Hilfe bei Lebensschwierigkeiten und Problemen erfolgt nicht nur im klinischen Raum, in der „Sprechstunde", sondern *zwischen* den Arztbesuchen, nach dem Krankenhausaufenthalt, zwischen den stationären Behandlungen. Hier eröffnet sich den „professionellen Helfern" ein weiter Bereich: die Lebenswelt der Patienten, der Menschen in Notlagen mit ihren zerstörten sozialen Netzwerken, ihren desolaten Lebensbedingungen, über die die Helfer oftmals erschreckend wenig wissen und für die sie durch ihre professionelle Schulung nicht ausgerüstet sind. Hier versagt ihre *Expertenschaft* – oft genug zu Lasten der Betroffenen und natürlich auch unter Beeinträchtigung der medizinisch angestrebten Ziele: der Wiederherstellung der Gesundheit, der Eingrenzung der Krankheit, der Bewältigung von Problemsituationen, der Linderung von Leiden und Schmerzen, denn dies alles liegt ja weitgehend *außerhalb* des unmittelbaren Blickfeldes des medizinischen Personals, der Ärzte, Schwestern, Krankengymnasten usw. Es handelt sich um Bereiche, die die Betroffenen „am besten kennen", in denen sie die eigentlichen Experten sind, wenn sie es wagen, ihrer Wahrnehmung, ihrer Erfahrung, ihrer *„alltagspraktischen Kompetenz"* zu trauen. Die *„neue Mündigkeit"* des Patienten, die Sensibilisierung für die eigene Leiblichkeit, die aufmerksame Betrachtung von Krankheitsgeschehen, von dem, was „gut tut", was „nicht bekommt", fördert die *Expertenschaft der Betroffenen* in einem Maße, daß bislang noch gar nicht überschaut werden kann. Natürlich erwachsen aus einer solchen Mündigkeit auch Probleme für die professionellen Helfer, denn sie müssen die Expertise der Betroffenen akzeptieren, ja wertschätzen lernen, daß Betroffene sagen: „Wir sind die Experten!"Es erwachsen Probleme für die Mediziner, die dem Patientenwillen in neuer Weise Rechnung tragen müssen, ja hier ein konstruktives Potential vorfinden, das kooperativ genutzt werden kann. Auf der anderen Seite werden die Betroffenen sensibilisiert gegenüber professioneller Ignoranz oder der immer noch vorfindlichen „professionellen Arroganz". Sie können vieles nicht mehr so hinnehmen, wie dies in der traditionellen Patientenrolle selbstverständlich war, wo vielfach das selbständige Denken an der

Praxis- bzw. Krankenhaustür zurückgelassen wurde. Selbsthilfe kann hier für eingefahrene Rollenkonfigurationen unbequem werden, verunsichernd sein. Wo Unsicherheit aufkommt und nicht beseitigt wird, entstehen Abgrenzungen und Barrieren. Wo eine *„doppelte Expertenschaft"* auf den Plan tritt – die der Patienten bzw. Betroffenen und die der Professionellen – entstehen Fronten, wenn es nicht zum Dialog kommt, wenn beide Expertengruppen nicht in „Ko-respondenz" treten und ihre Kompetenzen zusammentun. Gerade in Bereichen der Selbsthilfe, die sich mit der Bewältigung von psychischen und psychosomatischen Krankheiten befassen, überschneiden sich die Kompetenzfelder und fehlt es noch an Dialog. Hier gilt es Barrieren abzubauen, Informationen auszutauschen, Gesprächsforen einzurichten, Erfahrungen zu teilen, um ein Klima wechselseitiger Wertschätzung zu fördern.

Das vorliegende Buch versteht sich als Beitrag zu diesem Unterfangen. Es ist entstanden aus kooperativen Projekten zwischen Selbsthelfern und Professionellen. Vorträge und Referate, die auf den von der Düsseldorfer Kontakt- und Informationsstelle für Selbsthilfegruppen organisierten Tagungen gehalten wurden, wurden hier zusammengestellt und durch Materialien, die Themenfelder der Selbsthilfe bearbeiten, ergänzt. Die seit 1987 in der Trägerschaft des „Fritz Perls Insituts" und der „Europäischen Akademie für psychosoziale Gesundheit" arbeitende Kontakt- und Informationsstelle hat es sich zur Aufgabe gemacht, die Kooperationen zwischen professionellen Helfern und Selbsthelfern zu fördern, besonders in Bereichen, wo dies für das Erreichen notwendiger Zielsetzungen – Gesundheit, Umgang mit chronischen Krankheiten usw. – unerläßlich erscheint. Die Herausgeber arbeiten als Psychologen und Psychotherapeuten seit vielen Jahren mit den verschiedensten Selbsthilfeinitiativen zusammen und haben diese Kooperation als äußerst fruchtbar und bereichernd erlebt. Sie haben aber auch erfahren, wie oft es auf der Seite professioneller Helfer an Information fehlt und wie wenig dadurch die Möglichkeiten und Potentiale von Selbsthilfegruppen an sich und für kooperative Projekte genutzt werden. Viele Erfahrungen und Informationen bleiben in einer informellen Ebene, werden nicht niedergeschrieben, nicht verbreitet, so daß der Know-how-Transfer immer noch nicht optimal ist. Das erweist sich für die Initiierung neuer Selbsthilfeinitiativen für Problembereiche, in denen es bislang nur wenig Aktivitäten gab oder in Regionen, die nur eine wenig ausgebaute Selbsthilfe-Infrastruktur haben, als äußerst hinderlich. Sicherlich, Erfahrungen müssen jeweils neu gemacht und auf die jeweils gegebene Situation zugespitzt werden; und dennoch wäre es gut, erprobte Strategien, Konzepte, Praktiken besser verbreiten zu können.

Die vorliegende Sammlung von Aufsätzen und Tagungsreferaten deckt unterschiedliche Informationsschwerpunkte ab. *Brigitte Runge* gibt in einer Übersichtsarbeit zur „Bedeutung der Gesundheitsselbsthilfe innerhalb der Selbsthilfebewegung" eine kompakte Darstellung der Selbsthilfeszene, in der die Gesundheitsselbsthilfe nur einen – wenn auch wichtigen – Schwerpunkt darstellt. Um diesen richtig einzuordnen und zu bewerten gilt es, die „Selbsthilfebewegung als Ganzes" in den Blick zu nehmen. Der Beitrag macht deutlich, daß Gesundheit keineswegs mit der Beseitigung von Krankheit gleichgesetzt werden kann, sondern in eine gesellschaftliche Sicht eingebettet werden muß, die auf Gesundheit gerichtet ist. Der Beitrag von *Hilarion Petzold, Ralf Schobert* und *Andreas Schulz* versucht ein Metakonzept der Selbsthilfe, *Kropotkins* Idee der „wechselseitigen Hilfe" anhand des *Exchange-helping-Modelles* zu entwickeln, wobei auf Erfahrungen in der Düsseldorfer Kontakt- und Informationsstelle zurückgegriffen wird. Die Selbsthilfe gründet in *„gemeinsamer Bewußtseinsarbeit"*, in wechselseitigen gemeinsamen Reflexionen und Aktionen, die für die gegenseitigen Hilfeleistungen das angemessene Fundament bieten. Der Beitrag will für die „Hintergrundsideologien" in Selbsthilfeinitiativen sensibilisieren und tritt für die Offenlegung und Reflexion derartiger implizierter Ideologien ein, die damit diskursfähig und kritisierbar werden. Dies ist insbesondere notwendig, weil es eine ideologiefreie Selbsthilfe nicht gibt, nicht geben darf. Selbsthilfe ist nicht *wertneutral*. Sie ist Werten verpflichtet, die engagiert und dezidiert vertreten werden müssen. Der Artikel von *Beatrix Grünewald* berichtet über „Selbsthilfe bei Eßstörungen", einem sehr verbreiteten Problem, dem mit den traditionellen medizinischen und psychotherapeutischen Vorgehensweisen nur unzureichend begegnet werden kann. Die Erfahrungen mit dem Selbsthilfeprojekt „Dick & Dünn" machen deutlich, daß „eine Kombination von Selbsthilfegruppe und Therapie als günstig angesehen werden kann". Eßsucht, Magersucht, Bulimie, Übergewichtigkeit bedeuten für die Betroffenen erhebliche persönliche, soziale und somatische Probleme, für die durch eine solche Kombination professioneller Behandlung und Selbsthilfe neue Wege eröffnet werden, Eßgewohnheiten in konstruktiver Weise zu ändern. *Silke Eggerichs* berichtet über „psychosomatische und psychologische Schmerzbewältigung zwischen Selbsthilfe und Therapie". Chronische Schmerzzustände sind für diejenigen, die an ihnen leiden, eine schwere, zuweilen eine kaum erträgliche Last. Sie beeinflussen die Lebensführung in gravierendem Maße, das soziale Umfeld, den Bereich der Arbeit. Die rein medizinische Schmerzbehandlung kommt immer wieder an Grenzen und macht Interventionen psychologischer Schmerzbewältigung notwendig. Aber auch diese, wiederum durch professionelle Helfer eingesetzten Verfahren, decken nicht in ausreichender Weise ab, was Schmerzpatienten brauchen. Der Beitrag geht von psychologischen Konzepten der Schmerztherapie, also von einer professionellen Perspektive aus und zeigt, wie diese in den Selbsthilfebereich „transportiert" werden kann. *Bernd Huckenbeck-Gödecker* und *Petra Knödel* berichten über „Selbsthilfe bei Schuppenflechte – Anregungen aus psychologischen Untersuchungen zur Psoriasis". Wenn auch beim derzeitigen Wissensstand Psoriasis nicht als psychosomatische Erkrankung bezeichnet werden kann, so wirken doch somatopsychische Faktoren im Krankheitsgeschehen und zeigen sich erhebliche psychosoziale Auswirkungen für das Leben des Patienten. Hier ergeben sich Ansätze für Selbsthilfegruppen im Hinblick auf die Informationssuche, die Krankheitsbewältigung, die Veränderung von Verhaltensweisen und Einstellungen. Die Autoren geben einen Überblick über therapeutische Modelle, psychotherapeutische Hilfen, Selbsthilfekonzepte und die vorhandene empirische Literatur. Wiederum wird die Kombination von professioneller Psychotherapie und Selbsthilfe als ein optimaler Weg angesehen, um mit dem „kritischen Lebensereignis" Psoriasiserkrankung und seinen Folgen für das persönliche Leben besser umgehen zu können. *Karin Lange* und *Monika Toellers* Beitrag über „Diabetes mellitus: Selbsthilfe bei der Bewältigung einer chronischen Krankheit" befaßt sich mit einer der am weitesten verbreiteten chronischen Erkrankung der Bundesrepublik und ihren somatischen und psychosozialen Belastungen bei verschiedenen Patientengruppen, die *spezifisch* betroffen werden – Jugendliche anders als ältere Menschen mit schweren Spätkomplikationen. Gerade für die Letztgenannten muß das Netz von Selbsthilfemöglichkeiten noch erheblich ausgebaut werden. Dabei könnten die Erfahrungen aus den zum Teil gut funktionierenden Selbsthilfeaktivitäten bei jüngeren Diabetikern (Typ I) genutzt werden. Gerade für die Typ-II-Diabetiker zeigt es sich, daß Selbsthilfe auch von professionellen Helfern oder über Kontakt- und Informationsstellen implantiert werden muß, weil die Betroffenen in ihren Möglichkeiten schon so eingeschränkt sind, daß sie von sich aus oftmals nicht die Kraft haben, eine Gruppe zu initiieren, ja von sich aus eine Gruppe aufzusuchen. Hier wird Motivationsarbeit notwendig, die sich indes auszahlt. Über „Agoraphobie und Selbsthilfe" wird von *Brigtte Hartmann* berichtet. Angestoßen von Psychologinnen wurde eine Initiative für eine Gruppe von Betroffenen aufgebaut, deren Leitsymptom die Angst ist, die überwiegend mit dem Rückzug aus der Öffentlichkeit einhergeht. Diese Menschen sind folglich sehr eingeschränkt, aus Eigeninitiative Selbsthilfeaktivitäten zu entwikkeln. Es wird die sich aus dieser Situation ergebende Dynamik dargestellt. Im Vergleich zu den übrigen Beiträgen des Bandes wird hier deutlich, wie spezifisch das jeweilige Krankheitsbild auch die Form des Selbsthilfeansatzes und der Kooperationen zwischen Betroffenen und professionellen Helfern bestimmt. *Günther Thomas* und *Ilona Füchtenschnieder* beschreiben eine „Spielerkarierre". Anhand dieser werden Selbsthilfekonzepte aufgezeigt. Die „Gambler Anonymous", eine nach dem Vorbild der Anonymen Alkoholiker konzipierte Initiative, besteht seit 1957.In der Bundesrepublik gibt es seit 1982 „Anonyme Spieler". Auch für diesen Bereich der Selbsthilfe bestehen Erfahrungen u. a. durch eine empirische Untersuchung, in der 54 Selbsthilfeguppen befragt wurden (*Meyer* 1989). Neben diesen, einem reinen Selbsthilfekonzept verpflichteten Gruppen gibt es aber auch Initiativen, in denen Betroffene und professionelle Helfer zusammenarbeiten. Spielsucht ist ein gutes Beispiel dafür, wie bei einer „psychosozialen Erkrankung", die eigentlich aus dem Bereich der medizinischen Versorgung herausfällt (und damit sind zunächst einmal keine „Experten"zuständig), in der Zusammenarbeit von professionellen Helfern und Selbsthelfern effektive Modelle des Umgangs mit dem Betroffenen und seiner Familie geschaffen werden können.

Die vorliegende kleine Sammlung von Aufsätzen, Referaten und Erfahrungsberichten ist als Ergebnis unserer Tagungen veröffentlicht worden und soll die Diskussion über Selbsthilfekonzepte anregen. Unsere Selbsthilfetagungen können als Beispiele dafür dienen, wie Diskussionsforen geschaffen werden. Tagungen ähnlicher Art haben ja schon verschiedentlich stattgefunden und es ist sehr zu hoffen, daß sie auf regionaler und überregionaler Ebene eine Tradition entwickeln. Nur so kann gewährleistet werden, daß immer mehr an der Selbsthilfe interessierte Menschen angezogen werden – nicht zuletzt aus dem professionellen Feld, das der Selbsthilfe bisher zurückhaltend gegenüberstand. Der Dialog zwischen Selbsthelfern und Profis muß im Sinne des „exchange learning und exchange helping" und im Sinne einer „gemeinsamen Bewußtseinsarbeit" vermehrt in Gang kommen. Nur so können wir zu einer neuen *Gesundheitskultur* finden. Wir brauchen sie not-wendig.

Prof. Dr. Hilarion Petzold
Europäische Akademie für psychosoziale Gesundheit, Hückeswagen
Freie Universität Amsterdam
Fritz Perls Institut, Düsseldorf

Dipl.-Psych. Ralf Schobert
Kontakt- und Informationsstelle für Selbsthilfegruppen, Düsseldorf

Selbsthilfe und Professionelle – Gesundheit und Krankheit, Überlegungen zu einem „erweiterten Gesundheitsbegriff"

*Hilarion Petzold**

Meine Damen und Herren, da ich diese Kontakt- und Beratungsstelle mit angestoßen habe, muß und darf ich immer wieder auf den Tagungen sprechen, die von dieser Stelle veranstaltet werden. *Muß*, weil es mir ein Anliegen ist, diese Kontaktstelle am Leben zu erhalten, ihr Unterstützung zu geben, *Ralf Schobert* und seinen Mitarbeitern den Rücken zu stärken; und *darf*, da es mir auch ein persönliches Anliegen ist, in diesem Bereich tätig zu sein und mit Ihnen, die Sie in der Selbsthilfe stehen, in Kontakt zu bleiben.

Ich habe dieses Referat mit dem Thema „Selbsthilfe und Professionelle – Gesundheit und Krankheit" gewählt, weil ich im Kontext, den diese Thematik beleuchten will, immer wieder selbst stehe: Einmal durch die Arbeit mit Selbsthilfegruppen im Bereich der Alzheimerkrankheit, wo ich auf der Seite der „Experten" stehe, und zum andern in der Arbeit mit Eltern, die behinderte Kinder haben, die von uns behandelt werden, wo ich wiederum auf der Seite der „Professionellen" stehe. Ich habe nicht immer nur auf dieser Seite gestanden. Als 1967 ein sehr enger Freund von mir drogenabhängig wurde und ein wenig später eine gute Freundin und Komilitonin heroinsüchtig wurde, war ich plötzlich Betroffener. Ich mußte mir die Nächte um die Ohren schlagen, versuchte zu helfen, habe mich überfordert. Das war der Hintergrund dafür, daß ich mit anderen Süchtigen und ihren Freunden eine Selbstinitiative für Drogenabhängige startete. Ein Kontakt mit amerikanischen Wohngemeinschaftsmodellen von Süchtigen für Süchtige, die ich auf einer Reise in die USA besuchte, gab mir dann den Anstoß in Paris, wo ich damals lebte, die erste therapeutische Wohngemeinschaft für Drogenabhängige in Europa zu gründen, Ende 1967. Sie hieß „Les

* Vortrag auf der Tagung „Selbsthilfegruppen und Gesundheitskultur – kommunale Herausforderung", 03. – 05. November 1989, Düsseldorf.

Quatre Pas" (die vier Schritte). Wir haben seinerzeit eine Arbeit gemacht, für die niemand ausgebildet war, mit der niemand Erfahrung hatte, wo alle Beteiligten darauf angewiesen waren, einander zu helfen. Diese Erfahrung hat mich auf meinem Weg zum „professionellen Helfer" sehr bestärkt, aber ich habe dabei auch die „Kompetenz der Betroffenen" an mir und mit meinen Freunden und Kollegen – Abhängigen wie Cleanen – erfahren. Deshalb fällt es mir heute schwer, mich bei der Arbeit im psychosozialen und klinischen Feld so einseitig als „Experten" zu bezeichnen; denn meine praktische Erfahrung ist, daß ich von den Betroffenen beständig lerne – von Eltern drogenabhängiger Kinder und Jugendlicher, den Eltern von Mukoviscidosekindern, den Eltern von spastischen Kindern, aber auch von den *Angehörigen* etwa der Alzheimerpatienten. Das sind die – zumeist schon erwachsenen – Kinder oftmals hochbetagter Patienten, die also einen Vater oder eine Mutter mit dieser schweren Hirnveränderung haben. Alzheimerkranke werden immer weniger und weniger, sich selbst fremder und fremder, ihrer Umgebung fremder und damit ist nicht nur der erkrankte Elternteil betroffen, auch die Angehörigen, die Kinder stehen in dieser Situation als Betroffene da, müssen mit ihr fertig werden, sie bewältigen. Sie sind gezwungen, Lösungen und Wege zu finden, und von diesen oft erstaunlichen Problemlösungen lerne ich beständig, mit jedem Selbsthilfetreffen, mit jeder Teilnahme an einer Selbsthilfegruppe, in jedem Kontakt mit Betroffenen. Das hat mich dazu geführt, von einer *„doppelten Expertenschaft"* zu sprechen. Die Expertenschaft, die ich als „Profi" vertrete, mit dem Hintergrund der Medizin, der Neuromotorik, der klinischen Bewegungstherapie, der Psychotherapie, basiert auf Dingen, die ich gelernt habe, die zu meiner Professionalität gehören, die ich kann. Die Expertenschaft der Leute, die von Krankheiten in irgendeiner Weise betroffen sind, sei es dadurch, daß sie die Krankheit selber haben oder dadurch, daß sie Angehörige mit dieser Krankheit haben und die also mit dem Kranksein tagtäglich umgehen müssen, diese Expertenschaft besteht in eben dieser *Praxis des „täglichen Umgangs"*. Betroffene müssen mit den Problemen in einer anderen Weise umgehen, als die „Profis", wenn diese eine Diagnose stellen, einen Körper behandeln, einen Menschen beraten oder therapieren. Professionelle Helfer müssen sich öfters fragen: Worüber rede ich da? Was berate ich? Wo liegen meine Kompetenzen und meine Legitimation? Was weiß ich eigentlich von dem Leben dieses Menschen, von dem Leben mit einer solchen Krankheit? Was erreiche ich mit meiner Beratung? Wieweit reiche ich mit meiner Behandlung? – doch nur in einen sehr kleinen Ausschnitt der Lebenswirklichkeit und des Krankheitsgeschehens! Ich möchte behaupten, daß Ärzte, klinische Psychologen, Medizinalfachberufe vom „Alltag der Krankheit" außerhalb der Institution nur sehr wenig sehen und meistens auch nicht allzuviel wissen. Krankheit im Lebensvollzug, Krankheit im Umgang mit Angehörigen, Krankheit am Arbeitsplatz, Krankheit beim Einkaufen, beim Treppensteigen, all dieses *muß erfahren sein*. Derartige Erfahrungen sind nicht nur ein *Erleiden*, sondern diese Erfahrungen sind auch ein permanenter *Lernprozeß*. Seitdem ich mein Augenmerk auf dieses Faktum gerichtet habe, finde ich es zunehmend spannend zu sehen (und die Informationen kommen mir geradezu entgegen), wieviele kleine wichtige Alltagstechniken – im kommunikativen, im körperlichen aber auch im pflegerischen Bereich – Menschen entwickeln, um mit ihrer Krankheit und Problemen oder denen ihrer Angehörigen umzugehen. Hier sind sie *„Experten"* geworden. Sie werden dabei indes auch „Experten im Gesund-Werden" und im „Gesund-Leben", nicht nur zu Krankheitsspezialisten. Auch das muß man sehen! Ich finde in diesem Zusammenhang das Grußwort von Herrn Minister Heinemann ausgesprochen interessant und wichtig. Es geht in eine Denkrichtung, die meinen Anliegen voll und ganz entspricht. Krankheit ist in der Tat Teil menschlicher Existenz, für die Mehrzahl der Menschen ein unausweichlicher Teil ihres Lebens, deshalb müssen wir noch andere Auseinandersetzungsformen mit dem Lebensphänomen „Krankheit" finden als das des „Kurierens", „Wegmachens". Wir müssen von der *„Pathologisierung" der Krankheit* Abstand nehmen, aufhören sie ausschließlich als etwas „Anormales" zu betrachten. Weiterhin gilt es im Blick zu behalten, daß Kranksein ja keineswegs bedeutet, daß der Erkrankte durch und durch und allumfassend „durchkränkt" ist. Die Krankheit ist ja nur ein Teilbereich seines Lebens. Auch der „kranke" Mensch ist in weiten Bereichen seines Lebens gesund. „Gesunde" Menschen, jedenfalls solche, die sich für gesund halten, sind oftmals im weiten Bereich ihres Lebens krank. Mir fällt dazu ein Beispiel ein: Ich bin in einer Supervisionsgruppe, die ich in einer psychiatrischen Klinik leite, einer sogenannten „Balint-Gruppe". Es war in der Zeit kurz nach Tschernobyl. Ein junger Kollege stellt den „Fall" eines Zwangsneurotikers vor. Der Mann war immer schon etwas zwanghaft gewesen und nach diesem Reaktorunfall fing er an, seine Familie und sich in einer extremen Weise zu quälen. Er hat sich die Hände wundgewaschen. Die Kinder, seine Frau und alle Leute mußten sich dreifach waschen und umkleiden, wenn sie die Wohnung betraten. Die Situation spitzte sich so zu, daß er in die Klinik zur Behandlung kam. Der Kommentar des jungen Kollegen: „Ja, bei solchen Streßsituationen reagieren die Leute, die sowieso angekränkelt sind, besonders krank. Also, ein normaler, gesunder Mensch muß doch mit solchen Belastungen fertig werden!" Da hab ich ihm die Frage gestellt, wer denn eigentlich kränker sei, der, der das alles so leicht wegtut und leicht wegsteckt oder jemand, den eine vorhandene Schwachstelle noch sensibel reagieren läßt. Der Kollege zeigte erst einmal Unverständnis und dann allmählich Betroffenheit.

Sie alle werden Leute kennen, die „so verdammt gesund" sind, störend gesund, auf einem egozentrischen Gesundheitstrip, der sie weite Bereiche ihres eigenen Lebens ausblenden läßt.

Wenn wir also über Gesundheit reden, dann müssen wir uns fragen: Über welche Gesundheit sprechen wir? Und genauso: Über welche Krankheit reden wir jetzt?

Die alte Medizin, die sich in der Tradition der hippokratischen Ärzte in Griechenland entwickelt hatte, hat zwei Konzepte für die Behandlung von Kranken in den Vordergrund gestellt: 1. Hilfe zur rechten Lebensführung (Dieita), d. h. zur persönlichen Integrität und 2. Hilfe zum Gesundwerden, zur Heilung.

Die hippokratischen Ärzte verstanden sich also durchaus nicht nur und überwiegend als Leute, die Menschen „reparierten", Krankes heilten, sondern sie wollten zur „Diät", d. h. zur rechten Lebensführung, anleiten. Das war das erste Anliegen des Arztes; denn ohnehin heilt ja die Natur, nicht der Arzt – *natura sanat non medicus*. Der Arzt unterstützte nur die Natur darin, ihre Arbeit ein bißchen besser zu machen. Er unterstützte die Selbstheilungskräfte der menschlichen Natur, leistete Hilfe zur Selbsthilfe. Die beiden Ziele, die hier zum Tragen kommen, finden wir in den Begriffen der *„restitutio in sano"*, der Wiederherstellung des gesunden Funktionierens, und der *„restitutio ad integrum"*, der Wiederherstellung einer Integrität – und man kann Integrität haben, auch wenn man krank ist, auch wenn etwas nicht problemlos funktioniert. Das „healthy functioning" ist also ein – wenngleich wichtiger – Aspekt in einer „holistischen", ganzheitlichen Betrachtungsweise. In Rückbindung an die erkenntnistheorethischen und anthropologischen Grundkonzepte der „Integrativen Therapie", des Verfahrens, das ich entwikkelt habe, und unter einer ökologischen und sozial-interaktionalen Perspektive, die diesen Ansatz durchzieht (*Petzold* 1988), muß Gesundheit ko-respondiert, im Dialog mit den Betroffenen bestimmt werden. Wir kommen damit zu einem *„erweiterten Gesundheitsbegriff"*. In unserem Ansatz wird Gesundheit als *„eine subjektiv erlebte und bewertete sowie auch äußerlich wahnehmbare Qualität der Lebensprozesse des Menschen und seines Kontextes gesehen. Sie ist dadurch gekennzeichnet, daß der Mensch sich selbst ganzheitlich und differentiell in leiblich-konkreter Verbundenheit mit dem Lebenszusammenhang wahrzunehmen und entsprechend seiner Bewältigungspotentiale und Ressourcen so zu regulieren und zu erhalten vermag, daß er auf dieser Grundlage seine körperlichen, seelischen, geistigen und sozialen Potentiale in gemeinschaftlicher Kreativität konstruktiv entfalten und gestalten kann* (*Petzold* 1991). Dies ist eine komplexe Definition, und sie kann hier nicht weiter erläutert werden. Es lohnt sich aber, über ihre einzelnen Momente nachzusinnen. Ich denke, in dem Moment, wo professionelle Helfer darüber nachzudenken beginnen, wie es denn mit ihrem eigenen Gesund-sein und Krank-sein steht, können einige Vorurteile und Grenzen fallen.

Wenn wir im Feld medizinischer und psychosozialer Praxis arbeiten und die Menschen in diesem Feld betrachten, können wir drei Gruppen unterscheiden: *Gesunde, Kranke und Experten*. Dabei ist natürlich nicht ausgemacht, ob die Experten nun gesund oder krank sind. Das zu beachten ist wichtig. Wenn ich manche professionellen Helfer als Experten näher betrachte und sehe, wie sie mit sich umgehen und wie sie mit andern umgehen (denn Gesundheit ist nicht etwas, was man für sich hat, sondern etwas, was man gemeinsam hat, weil man auch gemeinsam gesund und krank sein und krank machen kann) – wenn ich also manchmal sehe, wie Experten mit sich und dem gemeinsamen Gut der Gesundheit umgehen, dann denke ich oft: Sind das kranke Menschen! Im Gesundheits- und Krankheitsbereich – und beide Bereiche gehören zur menschlichen

Existenz – relativiert sich das Expertentum der „Professionellen", wenn es an die eigene Situation geht, was Gesundheit und Krankheit anbelangt.

Wir müssen deshalb aufhören – das sei noch einmal herausgestellt – die Krankheit zu pathologisieren, denn Krankheit gehört zum Leben. Irgendwann wird jeder einmal für einige Tage oder Wochen oder gar für länger krank. Im hohen Alter nimmt das Kranksein häufig zu. Gesundheit und Krankheit als Lebensphänomene dürfen also nicht auseinanderdividiert werden. Wir, Gesunde, Kranke und „Experten" müssen deshalb über das reden, was wir gemeinsam haben. Gemeinsam haben wir sicherlich die Sorge um das gute, um das gesunde Leben. Gesundes Leben aber ist mehr als gesundes „Funktionieren". Deshalb bedeutet die Sorge um Gesundheit eine Sorge um die Integrität von Beziehungen, des Miteinander-Umgehens, des Lebensraumes. Denn wenn die Beziehungen und das Miteinander-Umgehen kränkend sind, der Lebensraum ungesund, werden wir krank.

Wenn ich die helfenden Berufe sehe – vom Arzt zum Sozialarbeiter, von der Beschäftigungstherapeutin zum klinischen Psychologen, von der Schwester zur MTA ..., dann sehe ich in erster Linie „Experten für Pathologie" am Werke, Experten für körperliche oder psychische oder soziale Pathologie. Sozialarbeiter sind zu Entsorgungsarbeitern geworden, obwohl es eigentlich auch einmal in der Sozialarbeit den Gedanken gab, daß sie für eine bessere Sozialität eintreten sollten, an einer besseren Kultur mitarbeiten sollten. Ärzte sind keine Gesundheitslehrer mehr, Psychotherapeuten keine Förderer menschlichen Wachstums. Sie alle sind zu Experten für Krankheit für körperliche, seelische, soziale Probleme, Symptomatiken, Krankheitsbilder geworden. Selbst der Pastor wird mittlerweile häufig zum Experten für „geistige Pathologie". – *Wo sind die Experten für Gesundheit?* – Nun,ich denke, daß sind all die Menschen, die an Gesundheit engagiert sind, und das sind nicht nur die „rundum Gesunden", sondern auch all diejenigen, die in weiten Bereichen ihres sozialen, seelischen und geistigen Seins gesund sind, auch wenn Sie vielleicht körperlich behindert oder krank oder eingeschränkt sind. Es sind auch die, die in bestimmten Dimensionen ihres seelischen Erlebens an Depressionen oder Angstzuständen oder Zwangssymptomen zu tragen haben, in anderen aber – z. B. in ihrem Einfühlungsvermögen, ihrem Verantwortungsbewußtsein, ihrem sozialen Engagement, ihrer mitmenschlichen Zugewandtheit – völlig unbeeinträchtigt sind. All diese Menschen sind die Experten für Gesundheit.

Ärzte, klinische Psychologen, Sozialarbeiter, die sich die überwiegende Zeit ihres Berufslebens mit Pathologie befassen: Was wissen sie aufgrund ihrer pathologiezentrierten Profession von Gesundheit? Was erfahren sie vom guten, gesunden Leben in ihrem Studium, ihrem Beruf? Um etwas über Gesundheit zu wissen, dazu brauchen sie ihre Familien, die Lebendigkeit ihrer Kinder, den Kontakt mit Freunden aus anderen Lebensfeldern. Diese alle können Sie lehren, was Gesundheit ist. Unter den helfenden Berufen gibt es genügend Menschen, die körperlich, seelisch, sozial krank sind. Natürlich gibt es auch gesunde Helfer ohne „Helfersyndrom". Aber aktualisieren und nutzen sie ihr Potential an Gesundheit, ihr Wissen über Ungesundes genug in ihren von der Pathologie geprägten Berufsfeldern und Berufsrollen? Haben sie noch genügend Zeit und Kraft, Lust und Engagement, sich mit heilen Bereichen zu befassen, bei all dem Unheil, zu dessen Beseitigung und Verwaltung sie von der Gesellschaft angestellt wurden? – Wir müssen in gesunde Felder gehen, um über Gesundheit reden zu können! Wir müssen Gesundheit aufsuchen, uns von ihr berühren lassen – das kann auch bei einem Kranken geschehen, durch seine gesunden Seiten – um wirklich zu spüren, zu be-greifen, zu verstehen, was Gesundheit, was Heil-Sein, was personale Integrität bedeutet: nämlich nicht das optimale Funktionieren einer Jogging-gestählten Körpermaschine mit idealer Aerobic-Fitness und Stretching-Elastizität, die ausgezeichnete oder zumindest unauffällige Laborwerte hat. Das ist zu wenig. Wir brauchen ein breiteres Gesundheitsverständnis, einen erweiterten Gesundheitsbegriff, eine umfassendere *Gesundheitskultur* als die, die von den medizinischen, psychologischen und sozialen „Profis", den Experten für Pathologie aus ihrem eingegrenzten Blickwinkel gesehen und propagiert wird. Deshalb muß ein Dialog in allen Bereichen der Gesellschaft, zwischen vielfältigen Gruppen einsetzen, was Gesundheit und Krankheit für uns bedeuten, ein Dialog zwischen „Gesunden" und „Kranken", Jungen und Alten, zwischen Arbeitern, Künstlern, Technikern, Geschäftsleuten, Wissenschaftlern usw., zwischen den helfenden Berufen und dem Bürger, zwischen den „Profis" und den Menschen des Alltags.

Wenn man über Gesundheit reden will, muß man die *„doppelte Expertenschaft“* der „Laien“, die eben keine Laien sondern Experten „in Sachen Gesundheit“ und durchaus auch „Experten in Sachen Krankheit“ sind, ernstnehmen.

In unserem Selbsthilfeansatz, der auch von dieser Selbsthilfeberatungsstelle praktiziert wird, vertreten wir das Konzept des *„exchange learning“* und *„exchange helping“*, der „wechselseitigen Hilfeleistung“ und des „wechselseitigen Lernens“. Ich denke, daß wir im Aufbau einer Gesundheitskultur nur weiterkommen, wenn wir in Prozesse wechselseitigen Lernens und wechselseitiger Hilfeleistung eintreten. Da liegt die Chance! Um in diese Prozesse eintreten zu können, müssen sehr viele Barrieren und Hindernisse überwunden werden, die wechselseitig aufgerichtet worden sind. In erster Linie sind dies Hindernisse und Barrieren, die durch die Selbstdefinition und das Rollenverständnis der Helfer entstehen, die sich immer in der alleinigen Expertenschaft sehen und daher keine Chance haben, die Expertise der andern kennen und nutzen zu lernen. Die professionellen Helfer müssen von ihrem Podest heruntersteigen, sonst wird sich nichts in Richtung einer umfassenden Gesundheitskultur als die Krankheit einbeziehende Lebenskultur bewegen. Auf der andern Seite müssen auch die sogenannten „Laien“ – und ich benutze dieses Wort hier bewußt, weil sie sich selbst zum Teil als „Laien“ verstehen oder definieren und sie sich, selbst wenn Sie dieses Wort nicht verwenden, so fühlen ... es müssen also die sogenannten Laien sehen, wo sie sich selber entmündigen, einschränken, beschneiden. Sie müssen sich ihrer Kompetenz vergewissern, ihrer Expertenschaft gewiß werden. Nur dann wird man in fruchtbarer Weise den Dialog zwischen professionellen Helfern und Selbsthelfern führen können.

Es darf allerdings nicht vergessen werden, daß viele Selbsthilfeimpulse nicht aus der Lust am wechselseitigen Miteinanderlernen und -tun, am Experimentieren und Lernen entstanden, sondern aufgrund von Enttäuschung und Kränkung durch Institutionen und professionelle Helfer. *Deswegen* hat man sich in Selbsthilfegruppen zusammengeschlossen, *gegen* die Profis. Damit reißen die Kontakte ab oder begrenzen sich auf notwendige, unumgehbare Situationen. Man muß eben ab und zu doch in die Klinik, in die Praxis zu den „Profis“, wo man aufgrund der gestörten Kommunikation sich weitere Verletzungen holt. Derartige Kränkungen müssen abgebaut werden. Nur dann wird ein Weg von Seiten der „Betroffenen als Experten“ zu den „Professionellen als Experten“ wieder frei. Bei den „Profis“ müssen Barrieren abgearbeitet, Vorurteile abgebaut, Informationsdefizite beseitigt werden. Oft stehen sie Selbsthilfegruppen und Selbsthelfern uninformiert, skeptisch, oder abschätzig gegenüber. Eine positive Haltung bleibt nur ein Lippenbekenntnis. Auf die Gesamtzahl helfender Berufe gesehen, ist die Zahl der kooperierenden, wertschätzenden professionellen Helfer, die etwas fundierter über die Möglichkeiten von Selbsthilfeaktivitäten informiert sind, gering. Die wechselseitige Wertschätzung der unterschiedlichen Expertenschaft könnte vielleicht ein Schlüssel zu besserer Kommunikation und Kooperation sein. Voraussetzung dafür ist eine kritikfähige Selbstgewißheit und ein dialogbereites Selbstwußtsein – auf beiden Seiten. Wir alle, ob auf dieser Seite oder auf jener, müssen *Bewußtseinsarbeit* leisten und uns klar werden: Worum geht es? Wenn wir das tun, gemeinsam, gelingt es uns vielleicht *hinter* unsere Rollen zu steigen, hinter die Rolle des professionellen Helfers und die Rolle des „Laien“, hinter die Rolle des Arztes und die Rolle des Patienten, um auf eine „Ebene von Mensch zu Mensch“ zu kommen.

Aus der Rollentheorie wissen wir: Rollen sind konfigurativ, d. h. die eine Rolle determiniert die andere. Ärzte sind so, weil Patienten so sind, Patienten sind so, weil Ärzte so sind – eine wechselseitige Festlegung. Wenn ein Teil der Selbsthilfeszene aus diesem System der Festlegung aussteigt, ist das schon sehr viel. Über das Aussteigen findet man eine neue Identität, nämlich die des Selbsthelfers, der für sich selbst und im Umgang mit seiner Krankheit oder seinen Problemen Verantwortung übernimmt. Identitätsfindung gerät oftmals aber – geschieht sie nur über Grenzziehung, selbst wenn diese eine die eigene Grenzen findende und wahrende Selbstbestimmung ermöglicht – zur *Ausgrenzung* oder zur versperrenden, rigiden Abgrenzung ... und über diese müssen wir nachdenken. Selbsthilfegruppen gewinnen durch solche Reflexionen des eigenen Standortes, der eigenen Zielsetzungen, möglicher Verstrickungen und Frontstellung, etwas, das über ihre Funktion und Qualität von „Gemeinschaften von Notleiden“, die „Hilfe für Notleidende“ leisten, hinausgeht. Geschieht dies nicht, gerät man in ein gefährliches

Fahrwasser: Die Armen helfen den Armen. Sie sind darauf stolz, dürfen es sein und doch kann ein Umschlag eintreten: Wir brauchen die anderen nicht! – Damit schneidet man sich Ressourcen ab. Damit isoliert man sich. Damit gibt man auch Rechte auf, auf die man Anspruch hat. Denn Selbsthilfegruppen entstehen oft auch dort, wo der Staat Aufgaben übernehmen müßte, die er aber ignoriert und nicht wahrnimmt. Selbsthilfe muß – das ist meine Meinung – auch zustehende staatliche Leistungen einfordern und darf nicht zur billigen Entlastung für verpflichtende sozialstaatliche Aufgaben werden. „Mehr Selbsthilfegruppen, dann brauchen wir weniger Sozialarbeiter!" ... das wäre eine schlechte Alternative. Auch bei einer ausreichenden Zahl von helfenden Berufen bleibt für Selbsthilfegruppen noch genug zu tun. In Selbsthilfeaktivitäten handelt es sich – und das muß unterstrichen werden – ja nicht nur um eine Hilfe für Notleidende, zwischen Menschen mit Problemen, sondern damit verbunden ist ein *Engagement als Betroffener*. Als Selbsthelfer helfe ich nicht nur, sondern ich engagiere mich für den andern, bin mit ihm solidarisch, weil ich in ähnlichen Situationen stehe, das ist ein wichtiges Moment, eine ganz spezifische Qualität, die diese Hilfe zu etwas anderem macht, als die Hilfe vieler Professioneller, nämlich der Professionellen, die nur den „fachlichen Blick" haben oder gar unengagiert und entfremdet ihren „Job durchziehen". Mit solchen Leuten ist es ganz schwer umzugehen und glücklicherweise gibt es nicht nur diese Sorte der Helfer. Deshalb müssen wir nach Leuten Ausschau halten, die in ihrer professionellen Hilfeleistung gleichfalls diese „andere Qualität" haben, die helfen, weil sie an Menschen engagiert sind. Dann haben wir eine gemeinsame Basis: das gemeinsame Engagement für Menschen in Notlagen. Indes – wir dürfen an dieser Stelle nicht stehen bleiben, sondern müssen wiederum eine Überschreitung machen und über die Zentrierung auf Problemsituationen hinausgehen, denn die Betroffenen sind bei genauerem Hinsehen nicht nur Kranke, Notleidende, Hilflose, Behinderte. Mit einer solchen Optik (die nicht nur die der Profis ist, sondern auch oft eine Selbstzuschreibung der Betroffenen, ja vieler Selbsthelfer) werden diese Menschen zu „Problemfällen" und alles andere wird ausgeblendet. Sie werden *stigmatisiert* (und stigmatisieren sich häufig auch noch selbst), so daß kaum noch gesehen werden kann, was an Potentialen, an Fähigkeiten, an Gesundem, über das

Problematische Hinausgehende, neben der Notsituation, neben der Behinderung und Einschränkung sonst noch vorhanden ist. Wir müssen als Professionelle und als Selbsthelfer aufhören, uns nur für das zu interessieren, was nicht klappt: nur für die Pathologie, nur für die Not. Das Engagement muß über die Beseitigung von Krankheit und Leiden hinausgehend zu einem *Engagement für Gesundheit* werden – und Gesundheit darf nicht nur medizinalisiert und somatisch verstanden werden. Hier sehe ich ein ganz erhebliches Defizit durch eine eingeschränkte und einschränkende, eine zu enge Perspektive bei vielen Gruppen in der Selbsthilfebewegung, die sich – letztlich im Stich gelassen von den Profis, von den Medizinern, von den helfenden Berufen – selber medizinalisieren; d. h. sie praktizieren zwar eine alternative Form der Betreuung, haben aber den „ärztlichen Blick", die „medizinische Optik" übernommen und verlieren dabei oftmals das übergeordnete Ziel eines *gesunden Lebens, das mehr ist als die Abwesenheit von Krankheit,* aus dem Auge. Wenn man also mit einer Sklerodermitis-Gruppe oder einer MS-Gruppe oder Tumorselbsthilfegruppe zusammenarbeitet, dann muß das Thema Gesundheit, Pflege unserer gesunden Seiten und Arbeit an einer Gesundheitskultur genauso schwer wiegen, wie die Themen des Umgehens mit den spezifischen Problemen der Krankheit. Krankheits- und Problemhilfe einerseits, Gesundheitsarbeit andererseits und weiterhin Arbeit aus „Engagement für den anderen" führen uns schließlich dann zu etwas, was ich auf dem Hintergrund meines *„erweiterten Gesundheitsbegriffs"* als „Arbeit an einer *humanen Lebenskultur"* bezeichnen möchte. Nur, wenn man engagiert für Gesundheit in einem ganz umfassenden Sinn eintritt – und dieser grenzt Krankheit nicht aus –, wenn wir uns nicht nur für körperliche Gesundheit engagieren, sondern auch für seelische, geistige, soziale, ökologische Gesundheit (denn wenn einer dieser Bereiche nicht stimmt, werden wir krank) – nur also, wenn wir für *Gesundheitsarbeit* in diesem *erweiterten,* breiten Sinne eintreten, leisten wir auch *Kulturarbeit.*

Ich denke, daß die Selbsthilfebewegung sich auch hier definieren muß, ein Selbstverständnis, ein Selbstbewußtsein dafür gewinnen muß, daß sie ein wichtiges Element für den kulturellen Prozeß, für eine humanere Gesellschaft darstellt – und in dieser Hinsicht ist Selbsthilfearbeit eine politische Arbeit. Sie darf sich nicht nur einschränken, ja abkapseln als „Nothilfe der Notleidenden". Sie muß offen bleiben. Wenn ihr das gelingt, hat sie die Chance, den „Profis" in Bereichen zu helfen, wo diese leider oft genug keine Experten sind. Ich habe von Selbsthelfern als professioneller Helfer Unschätzbares gelernt. Ich habe als Betroffener in einer Selbsthilfegruppe zentrale Einsichten gewonnen und muß aufgrund der Erfahrung mit beiden Perspektiven sagen: Hier liegen Möglichkeiten für einen besseren Umgang mit Krankheit und Chancen für die Verwirklichung gesunder Lebenssituationen, einer neuen „Gesundheitskultur", die bei weitem noch nicht ausgeschöpft sind.

Ich hoffe, daß man auf dieser Tagung gemeinsame Wege gehen kann, aufeinander zuzugehen vermag und in die Prozesse *wechselseitiger Hilfeleistung* und *wechselseitigen Lernens* eintreten kann. Wir würden alle – Selbsthelfer wie Professionelle – dabei gewinnen.

Literatur

Petzold, H., Ausgewählte Schriften, Bd I (1988), Bd. II (1991), Junfermann, Paderborn.

Petzold, H., Schuch, W., Gesundheit und Krankheit in der Integrativen Therapie, in: *Pritz, A., Petzold, H.*, Der Krankheitsbegriff in der modernen Psychotherapie, Junfermann, Paderborn 1991.

Die Bedeutung der Gesundheitsselbsthilfe innerhalb der Selbsthilfebewegung

*Brigitte Runge**

Hundertausende von Menschen haben sich seit den siebziger Jahren zu neuen Formen der Eigeninitiative, des sozialen Engagements und der Selbstorganisation zusammengeschlossen. In diesen 40.000 oder 50.000 Selbsthilfegruppen und -projekten vollzieht sich etwas Neues in unserer politischen Kultur: Kritische, aktive Minderheiten haben begonnen, nicht nur Mißstände in unserem Gesellschaftssystem zu kritisieren – wie bisher –, sie arbeiten in ihrem unmittelbaren Lebens- und Arbeitsbereich an der Beseitigung von Mißständen. Dies geschieht nicht nur im Sinne psychosozialer Reparatur, sondern sie entwickeln auch menschlichere, herrschaftsfreie, weniger entfremdete Alternativen des Zusammenlebens und -arbeitens.

Wir haben durch jahrelange Forschungen[1)] 200 Selbstdarstellungen und Berichte über solche Selbsthilfegruppen und -projekte gesammelt und eine erstaunliche Vielfalt gefunden: Die Tätigkeitsfelder von Selbsthilfegruppen reichen von selbstinitiierten Verkehrsberuhigungsprojekten, Stadtteilläden für Kommunikation und Beratung, sozio-kulturellen Zentren, Jugendzentren, über autonome Bildungsprojekte, Arbeitslosenselbsthilfegruppen, selbstorganisierte Spielplatzinitiativen, autonome Kinderläden, feministische Frauenprojekte, Gruppen Alleinerziehender, Selbsthilfegruppen von Schwulen und Lesben, Ausländer- und Dritte-Welt-Initiativen, Umweltgruppen aller Art bis zu Gesundheits-Selbsthilfegruppen (Patienten-Gesprächsgruppen). All dies ist Selbsthilfe. Alle diese sehr verschiedenartigen Gruppen arbeiten – mit mehr oder weniger ausgeprägter Intention – an der Beseitigung gesellschaftlicher Notstände in ihrem unmittelbaren Lebensumfeld und an der Umgestaltung gesellschaftlicher Teilbereiche.

---

* Professor Fritz Vilmar danke ich für konstruktiv-kritisches Gegenlesen des Textes. Mit seiner Zustimmung sind wichtige theoretische Einschätzungen über die gesellschaftliche Bedeutung der Selbsthilfebewegung in diesen Aufsatz eingegangen (vgl. den theoretischen Teil unseres Handbuchs Selbsthilfe, vgl. Fußnote 1)

Es wäre verfehlt, wollte man ausschließlich Patienten-Gesprächsgruppen als Selbsthilfegruppen bezeichnen; sie sind allerdings ein großer und wohl der älteste Teil der Selbsthilfebewegung.

Selbsthilfe = Gesundheits-Selbsthilfe: Ein weit verbreiteter Irrtum

Am 9.5.1987 erschien ein Schwerpunktheft der Wochenzeitschrift „Das Parlament" zur Selbsthilfebewegung. Mit Befriedigung glaubten wir feststellen zu können, daß die verantwortliche Redakteurin sogar unsere herausfordernde gesellschaftspolitische Deutung und Fragestellung dieser Bewegung übernommen hatte: „Auf dem Weg in die Selbsthilfegesellschaft" prangte als sehr fett gedruckter Titel auf der Frontseite[2)]. Bei näherem Hinsehen aber mußte man feststellen, daß dieser Titel schlicht geklaut war und das Heft, völlig unberührt von den im selben Verlag – der Bundeszentrale für politische Bildung – kurz vorher erschienenen Ergebnissen unserer Forschung[3)], Selbsthilfe weitgehend eingeengt auf Gesundheits- und Lebenshilfe-Gruppen, präsentierte.

Die Story belegt exemplarisch eine hierzulande weitverbreitete beschränkte Wahrnehmung und Fehleinschätzung der Selbsthilfebewegung. Aufgrund der frühen Verbreitung von Gesundheits-Selbsthilfegruppen, der „Besetzung" des Begriffs durch einen verdienten und rasch bekannt gewordenen Förderer dieses Teilbereichs[4)] und der höchst wirksamen Öffentlichkeitsarbeit der von ihm ins Leben gerufenen, durch reichliche öffentliche Mittel quasi offiziös gewordenen „Deutschen Arbeitsgemeinschaft Selbsthilfegruppen" (DAG SHG) sowie die „Nationale (!) Kontaktstelle für Selbsthilfegruppen" (NAKOS)[5)] hat sich diese irreführende Gleichsetzung von Selbsthilfe mit Gesundheits- und sozialtherapeutischer Selbsthilfe im öffentlichen Bewußtsein breitgemacht. Es ist im Interesse einer angemessenen gesellschaftspolitischen Einschätzung dringend zu wünschen, daß dieser Bereich endlich richtig eingeordnet wird: als wichtiger Teilbereich, nicht aber als das Ganze der Selbsthilfebewegung (s.u.).

Wenden wir uns also zunächst diesem Teilbereich zu.

Gesundheits-Selbsthilfe: Ein Überblick

Mit etwa 6.000 – 10.000 Sozialen Selbsthilfegruppen ist der Selbsthilfe-Aktionsbereich Gesundheit einer der größten Teilbereiche der Selbsthilfebewegung und zugleich auch der bei weitem am besten dokumentierte und organisierte.[6)]

Gesprächs-Selbsthilfegruppen

Mängel in der Versorgung durch Ärzte bzw. Krankenhausbürokratien und Unzufriedenheit mit deren autoritären Verhaltensweisen führten seit Anfang der siebziger Jahre zur Gründung zahlreicher Selbsthilfegruppen von Patienten, die miteinander versuchen, aus ihrer passiven Patientenrolle zu Eigeninitiative, kollektiver Interessenvertretung und Selbstverantwortung zu finden, sich selbst zu verändern, mehr von ihrem Körper zu wissen und schließlich in Teilbereichen auch gesellschaftspolitisch Einfluß zu nehmen.

Freilich machen nur relativ wenige Gesundheits-Selbsthilfegruppen diesen Schritt nach außen, in die gesellschaftspolitische Mitverantwortung. Allzu viele Gruppen bleiben auf ihre gesundheitlichen oder psychosozialen Probleme, auf die geschlossene Kleingruppe beschränkt und denken gar nicht daran, die Strukturen des medizinischen Versorgungssystems infrage zu stellen, geschweige denn sie zu kritisieren. Im Gegenteil: ein viel zu großer Teil reproduziert diese Strukturen innerhalb der Gruppe und bleibt fest im System eingebunden, wirkt stabilisierend. Ähnlich argumentiert auch *Peter Gross.*[7)] Auch *Moeller*[8)] diskutiert die Gefahr in der Gesundheits-Selbsthilfebewegung, daß das gleichrangige Doppelziel: Selbstveränderung und Gesellschaftsveränderung, aufgespalten wird. Eine Strömung – vor allem unter den Gesprächsgruppen – tendiere zur bloß individuellen oder Kleingruppen-Arbeit, eine andere ist primär gesundheitspolitisch orientiert. Notwendig sei, die Gleichrangigkeit beider Ziele im Sinne *Sozialer* Selbsthilfe aufrechtzuerhalten. Diese Zweiteilung hat sich in der Tat bis heute fortgesetzt.

Nach *Moeller*[9)] entwickelten sich therapeutische Selbsthilfegruppen in der BRD im Laufe der siebziger Jahre: 1972 entstanden die ersten deutschen Anonymen Neurotiker-Gruppen, die sich schon 1974 unter dem Namen *Emotions Anonymous (EA) – Selbsthilfegruppen für seelische Gesundheit* überregional organisierten. Anfang 1978 waren es bereits über 50 lokale Gruppen. In Gießen wurde 1975 die *Deutsche Arbeitsgemeinschaft Selbsthilfegruppen* gegründet, in der sich alle an therapeutischer Selbsthilfe Interessierten – Selbsthilfegruppen und Experten – zusammenschlossen. Der größte überregionale Verband ist die *Bundesarbeitsgemeinschaft Hilfe für Behinderte* (1967 gegründet), in dem ein ganzes System von Verbänden vereinigt ist[10].

Medizinsoziologen (*A. Trojan* u. a.) und Psychologen am Hamburger Universitätskrankenhaus Eppendorf haben in einem vierjährigen Forschungsprojekt mit Hilfe von etwa 300 intensiven Befragungen und Interviews untersucht, welche Motive Selbsthelfer haben, Gruppen zu gründen oder selbst in Gruppen einzutreten:

- um von anderen Betroffenen zu lernen,
- um Krankheitserscheinungen / Alltagsprobleme zu bewältigen,
- wegen Versorgungsmängeln.

Diese Mängel werden u.a. so charakterisiert: Die Experten träfen „zu viele autoritäre Entscheidungen" beklagten 82 % der befragten Mitglieder von Selbsthilfegruppen; sie würden in den Arztpraxen nicht hinreichend aufgeklärt und informiert (85 Prozent); die Ärzte nähmen sich zu wenig Zeit für Kranke und Angehörige (79 Prozent) und seien zu unpersönlich (77 Prozent); zu undurchschaubar sei das Versorgungssystem (79 Prozent) und auch die Rechts- und Finanzierungsregelungen (75 Prozent); für psychosoziale Probleme fehlen die Versorungsmöglichkeiten (75 Prozent).[11]

Die Ziele sind zunächst auf die eigene Person bezogen: Informationsaneignung über die Krankheit und selbständiger Umgang mit der Krankheit; Menschen zum Reden zu finden. Mit der Zeit kommen die Unterstützung anderer Mitglieder und eher außenorientierte Ziele hinzu: Einstellungen bei den Betroffenen, im Umfeld und bei Professionellen zu verändern, die Interessen der Betroffenen zu vertreten, Institutionen der professionell-sozialstaatlichen Versorgung zu verbessern. Die sozialverändernden Ziele sind bei vielen erst in der Gruppe entstanden.[12]

72 Prozent halten nach *Trojan* „Mitbestimmungsrechte bei der Planung und Gestaltung der Gesundheitsdienste" für „wichtig": Sie verlangen die Kontrolle der professionellen Dienste![13)]

Trojan sieht mit Recht die krankheitsbezogenen Selbsthilfegruppen als Teil der neuen sozialen Bewegungen:

„Betrachtet man die Ansätze selbstorganisierter Patienteninteressen genauer, fällt sofort auf, daß sie fast alle auch anderen sozialen Bewegungen zugeordnet werden können:
- der Frauenbewegung (z. B. § 218-Initiativen),
- der Bürgerinitiativbewegung (Gruppen zur Einrichtung oder Verteidigung bestimmter Versorgungseinrichtungen),
- der Menschenrechtsbewegung (z. B. Initiativen für Straffällige, psychiatrische Patienten und die Patientenschutzverbände) ...

Die Zunahme von Zusammenschlüssen, in denen Patienten oder potentielle Patienten die Gesundheitsversorgung zugunsten ihrer Interessen zu beeinflussen versuchen, ist also in enger Beziehung zum Anwachsen anderer sozialer Bewegungen zu sehen."[14)]

Falsche Freunde der Gesundheits-Selbsthilfe

Um „Kooperation von Ärzten mit Selbsthilfegruppen" – statt Konkurrenz – bemüht sich seit Jahren die Brendan-Schmittmann-Stiftung des Verbandes Niedergelassener Ärzte Deutschlands, um „die Qualitätsstandards der ärztlichen Behandlung und der Selbsthilfegruppen zu verbessern und einen Beitrag zur Kostenbegrenzung zu leisten".[15)]

Die Stiftung führte eine vom Bundesminister für Forschung und Technologie finanzierte Befragung von 250 niedergelassenen Ärzten und ca. 100 Selbsthilfegruppen durch, in der die Erfahrungen in der Zusammenarbeit untersucht wurden (Ergebnisse: *Röhrig, P.* 1989). Nachdem noch vor Jahren gelegentlich über starke Ablehnung seitens der Ärzteschaft gegenüber Selbsthilfegruppen berichtet wurde, scheint inzwischen eine gewisse Kooperation in Gang zu kommen: Jeder fünfte Arzt hat lt. Umfrage Erfahrungen mit Selbsthilfegruppen. Zwei Drittel der befragten Selbsthilfegruppen (nicht repräsentative Auswahl!) hat Kooperationserfahrungen mit Ärzten, 30 % pflegen regelmäßigen Kontakt.[16)]

Die Ergebnisse sind ambivalent. Seitens der befragten Ärzte liegen Anreize zur Kooperation eher in ihrem eigenen Interesse als in dem der Patienten:

„Wegen des therapeutischen Erfolgs in der sich ergänzenden Behandlung durch die Gruppen und den Arzt sind Patienten zufriedener. Sie bleiben der Praxis treu ..."(!). Ferner wird ein „gegenseitiger Informationsgewinn" und „psychische Entlastungen für den Arzt" hervorgehoben, schließlich aber auch Stärkung der „Eigenverantwortlichkeit des Patienten".

Für die Selbsthilfegruppen liegt das Hauptmotiv „in der Inanspruchnahme der ärztlichen Kompetenz".[17)]

Inwieweit sich in dieser Zusammenarbeit Patienten emanzipieren können (und wollen), inwieweit stattdessen Selbsthilfegruppen zum verlängerten Arm der Ärzte, des Gesundheitssystems und der Pharmaindustrie werden, erscheint zumindest sehr fragwürdig.

Die Versuche der Pharmaindustrie, in dieser großen Selbsthilfebewegung „abzusahnen", werden beleuchtet durch folgenden Brief des Bundesverbandes der Pharmazeutischen Industrie vom 6.7.1984, der an die Geschäftsleitungen der Mitgliedsfirmen gerichtet wurde: „In der gegenwärtigen pharmapolitischen Diskussion ist unsere Branche mehr denn je auf Bundesgenossen angewiesen. Geborene Bundesgenossen sind die Menschen, die von den Ergebnissen unserer Arbeit unmittelbar profitieren: die Patienten. In der Bundesrepublik existiert inzwischen eine unübersehbare Anzahl von Patientenorganisationen und Selbsthilfegruppen ... Wir (wären) Ihnen dankbar, wenn Sie uns darüber informierten, ob und gegebenenfalls mit welchen Patientenorganisationen oder Selbsthilfegruppen Sie auf welche Weise zusammenarbeiten."

Gesundheitspolitisch orientierte Gruppen / „Gesundheitstage"

Weniger geeignete „Bundesgenossen für die Pharmaindustrie" sind die zahlreichen Gruppen, die den herrschenden Strukturen Alternativen entgegensetzen. Behinderte, Psychiatriepatienten und ihre Verbündeten versuchen sich aus der repressiven Heimkultur zu befreien, die sie entmündigt und infantilisiert – erschütternde Beispiele solcher Betreuung und Verwaltung von alten Menschen in

Alters- und Pflegeheimen bringt *Trude Unruh*[18)] zur Sprache. Von den Selbsthilfegruppen werden Modelle entwickelt, die den zu Versorgenden ihre Selbstständigkeit erhalten sollen. Dabei treffen sie allerdings häufig auf den erbitterten Widerstand der Medizinal- und Kommunalbürokratie, die in der medizinischen Versorgung das Monopol beansprucht.

Bereits praktizierte Alternativen sind z. B. Wohngemeinschaften von Behinderten und Nichtbehinderten, Wohngruppen als (Übergangs-) Einrichtungen für Psychiatriepatienten, stadtteilnahe Betreuung: Treffpunkte in Form von Cafés, Stammtischrunden bis zu Kommunikationszentren und Beratungsstellen im Stadtteil. Sehr wichtig dabei ist die ambulante Betreuung von Behinderten in der eigenen Wohnung (in schweren Fällen bis zu einer Rund-um-die-Uhr-Betreuung).

Wenn solche Modelle künftig besser von offizieller Seite aufgegriffen und öffentlich finanziert werden und wenn sie sich ausbreiten, dann sind wir der Humanisierung und Dezentralisierung unserer medizinischen und psychiatrischen Versorgung einen Schritt näher gekommen, dann können sich eines Tages die meisten „Anstalten" für geistig und körperlich Behinderte als überflüssig erweisen.

Angesichts der häufig anzutreffenden Verengung der Selbsthilfediskussion auf die Arbeit der kleinen therapeutischen und „Lebenshilfe"-Gruppen scheint uns die gleichgewichtige Beachtung der autonomen gesundheitspolitischen Initiativen besonders wichtig zu sein. In den Gesundheitsläden und auf den Gesundheitstagen kristallisiert sich der Widerstand gegen das Gesundheitssystem – auch von seiten kritischer Professioneller, also innerhalb des Systems *selbst*.

Breitkopf[19)] charakterisierte die Gesundheits(laden)bewegung wie folgt:

> „Seit 1978 gehört zur Alternativenszene auch eine Gesundheitsbewegung. In diesem Jahr bildete sich in Berlin zunächst als Selbsthilfegruppe von im Gesundheitswesen beschäftigten Krankenschwestern, Pflegern, Sozialarbeitern, Ärzten, Psychologen, Auszubildenden und Studenten der erste Gesundheitsladen. Er diente zunächst als Informationszentrum von im Gesundheitswesen Beschäftigten.
>
> Die Beschränkung auf Professionelle des Gesundheitswesens und die gesundheitspolitische Stoßrichtung der Läden, die darauf gerichtet war, der Seelenlosigkeit der heutigen Medizin, der konservativen Macht der

Ärztefunktionäre und den verkrusteten Hierarchien in den Gewerkschaften etwas entgegenzusetzen, wurde rasch erweitert, als im Jahre 1980/81 Gesundheitstage in Berlin und Hamburg durchgeführt wurden. Unter den weit mehr als 10.000 Beteiligten waren auch viele Laien und vom Medizinsystem Betroffene. In weit über 500 Einzelveranstaltungen präsentierten eine Vielzahl von Gruppen und Einzelinitiativen ein beeindruckendes Spektrum von Ideen und Projekterfahrungen. Diskutiert wurden u.a. Frauenprojekte, gesundheitsbezogene Probleme der Umwelt und des Arbeitsplatzes, Arbeit im Krankenhaus, Krebsprobleme, Selbsthilfeprojekte, Patientenrecht und Patientenschutz, Modelle und Projekte in der Psychiatrie, alte und neue Heilsysteme, Praktiken der Pharmaindustrie u.a.m...

Deutlich wurde aber auch, daß – vor allem außerhalb Berlins – eine große Anzahl von Initiativen besteht, die nichts voneinander wissen und isoliert oft am gleichen Ort vor sich hin arbeiten. In der Zeit nach den Gesundheitstagen in Berlin und Hamburg entstanden deshalb in mehr als 30 Städten der Bundesrepublik Gesundheitsläden mit dem Ziel, die Isolation der Initiativen aufzuheben, ein 'Netzwerk Gesundheit' zu schaffen in der Hoffnung, durch eine lockere organisatorische Zusammenfassung lokaler Gesundheitsinitiativen Einfluß auf kommunale Gesundheitspolitik nehmen zu können."

Daß es Mitte 1987 nur noch 16 Gesundheitsläden gab, hat nicht nur ökonomische Ursachen der Gesundheitsladenbewegung (vgl. *Trojan*[20] über die Abschwächung). Als entscheidendes Instrument, die Gesundheitsbewegung – mit ihren gegensätzlichen, aber auch innovativen Strömungen – der Öffentlichkeit darzustellen, sieht Trojan die Gesundheitstage:

„Der Reformdruck durch eine ‚Gesundheitsbewegung' kann nur aufrechterhalten werden, wenn

- viele Gruppen im Gesundheitsbereich *nach außen wirksam* werden.
- wenn sie *innovativ* sind, d.h. neue Ansätze der Versorgung entwickeln (z. B. ambulante Pflegeinitiativen) oder neuen Zielgruppen angemessener helfen (z. B. AIDS-Patienten),
- wenn *machtvoller Widerstand* geleistet wird, z. B. durch*Kooperation* mit anderen sozialen Bewegungen (etwa Umwelt- oder *Friedensbewegung)* oder *Koalition* mit anderen Organisationen (z. B. Deutsche Gesellschaft für soziale Psychiatrie oder ‚Demokratische Ärzte/innen') oder durch *Unterstützer* aus dem formellen System, d.h. aus Parteien, Gewerkschaften, Wissenschaft, Sozialadministration etc.,
- wenn *sichtbar* wird, daß sich viele *‚bewegen'*, was bisher mit Abstand am eindrucksvollsten auf den Gesundheitstagen geschah."[21]

Frauenprojekte im Gesundheitsbereich

Nicht nur (gesprächs-)therapeutische, sondern explizit gesundheitspolitische, an den Bedürfnissen von Frauen orientierte Ziele haben viele Frauenprojekte. Vielerorts ist es ihnen bereits gelungen, eigene Einrichtungen für Beratung und Therapie zu schaffen, die für Frauen Alternativen zum Gesundheitssystem bieten. Diese Einrichtungen haben seit Jahren Bestand und werden von vielen Frauen genutzt. In etlichen Städten entstanden z. B. Beratungsstellen zu Schwangerschaft, Geburt und Wochenbett, die den Frauen Wege weisen, ihr Kind selbstbestimmt und eigenverantwortlich nach ihrem eigenen Körperrhythmus zur Welt zu bringen – ohne unnötige medizintechnische und pharmazeutische Eingriffe. In Berlin entstand außer einer solchen Beratungsstelle das „Geburtshaus für eine selbstbestimmte Geburt", in dem Schwangere nach gründlicher Vorbereitung ambulant entbinden können, betreut von einer Hebamme. Der Arbeitskreis „Geburtshaus" will auf die geburtshilfliche Situation in Berlin Einfluß nehmen.

Alternativen zum Gesundheitswesen zu schaffen und die Selbstbestimmung der Patientinnen zu unterstützen, ist auch das Ziel der feministischen Frauengesundheitszentren. Ihre Arbeitsschwerpunkte sind Beratungen über Sexualtität, Menstruation, Verhütung, Schwangerschaftsabbruch, § 218, Infektionen und Selbstuntersuchungen. Sie bieten Selbsthilfegruppen zu verschiedenen Problemen an, erstellen Verzeichnisse von GynäkologInnen und von für Frauen wichtigen Einrichtungen im Gesundheitsbereich. Ihre Konzepte variieren: Manche beschränken sich auf den skizzierten Bereich, andere bieten darüber hinaus auch psychosoziale Beratung und Kurse (Atem, Yoga, Meditation, Körpererfahrung, Selbstverteidigung oder auch Spirituelles).

Der Gesundheitsbegriff wird in diesen Zentren über den engen medizinischen Bereich hinaus auf Körper, Seele und soziales Leben ausgedehnt. Sehr viel größer ist die Zahl der Frauen-Beratunsprojekte. Ihr Arbeitsschwerpunkt liegt im psycho-sozialen Bereich und in der psychotherapeutischen Beratung. 1989 gab es allein in NRW 36 solcher Beratungsprojekte. Eines davon haben wir im Handbuch Selbsthilfe dokumentiert: das Projekt „Frauen lernen leben" in Köln.[22] Neben kostenloser Beratung bietet der Verein Gesprächskreise, Selbsthilfe- und Selbsterfahrungsgruppen, thematisch orientierte Arbeitsgruppen und Diskussionsabende an. Neben allgemeiner Lebensberatung liegen die Beratungsschwerpunkte – dem Bedarf entsprechend – bei Sucht, Depressionen, Eßstörungen, sexuellem Kindesmißbrauch und Gewalt in der Ehe. Die Beratungsstelle arbeitet eng mit einem Bildungswerk für Frauen zusammen.

Die Selbsthilfebewegung als Ganzes

Im folgenden ist nun zu zeigen, daß und wie die Gesundheitsselbsthilfe (die ihrerseits unpolitische, „anpolitisierte" und gesellschaftspolitisch hochwirksame und -aktive Bereiche hat) als Teil der Gesamtbewegung Sozialer Selbsthilfe einzuordnen ist.

Überblick

Aufgrund unserer langjährigen Recherchen wenden wir uns entschieden gegen einen eingeengten Selbsthilfe-Begriff, der nur das unter Selbsthilfe faßt, was gerade vor Augen liegt: Für den einen sind das die ‚alternativen Projekte' – für sehr viele sind es die Selbsthilfegruppen im Gesundheits- und Sozialbereich – noch andere rechnen nur die Gesundheitsgruppen dazu. All das trifft Teilbereiche, erfaßt aber nicht das Eigentliche: das menschlich und gesellschaftlich Neue und Bedeutsame dieser Selbsthilfebewegung: Gemeinsames selbstbestimmtes Handeln, genauer: autonome gesellschaftliche Gestaltung. Nicht das Helfen – sich oder anderen – ist das Eigentliche, nicht das Alternative, Systemkritische, nicht die ehrenamtliche Arbeit oder der basisdemokratische Entscheidungsprozeß – das alles ist in den einen Gruppen wichtig, in anderen weniger oder gar nicht. Das allen Gemeinsame ist die grundlegende gesellschaftliche Verhaltensänderung: Nicht auf den Staat, die Ärzte, die Arbeit-'geber' warten, die schlecht oder zu spät oder gar nicht handeln, sondern selbst handeln. Und nicht nur individuell, sondern gesellschaftlich-politisch, in wie kleinem Rahmen auch immer: die gemeinschaftliche selbstbestimmte Gestaltung von Lebensbedingungen. Das ist die Kernsubstanz aus Hunderten von Gruppenberichten: der Aufbruch aus dem Untertanenstatus, Patientenstatus, Arbeitnehmer-Status. Erst wenn man dies allen sozio-kulturellen Initiativen, therapeutischen Selbsthilfegruppen, alternativen Projekten, selbstverwalteten Zentren Gemeinsame erkannt hat, dann gewinnt man einen angemessenen Begriff von der großen Vielfalt und Breite der sozialen Selbsthilfebewegung. Wir setzen uns dafür ein, daß hier keine Gruppierung ausgegrenzt wird. Erst wenn man die verschiedensten Einzelgruppen daraufhin abklopft, was das ihnen Gemeinsame, das Wesentliche ist, kommt man zu einem genauen, keinen Bereich auslassenden, hinreichend umfassenden und damit konkreten Begriff der Selbsthilfe, die wir Soziale Selbsthilfe nennen, weil sie über bloß private Interessen hinausgeht.

Während unserer Forschungsarbeit haben wir auf verschiedenen Wegen die Größe der Selbsthilfebewegung zu schätzen versucht und kamen auf 40.000 bis 50.000 Gruppen und Projekte. Unser Freund *Hartmut Krebs* recherchierte im Winter 1988/89 die Zusammenschlüsse der Selbsthilfegruppen[23)] und errechnete mindestens 50.000 Gruppen, die in diesen Verbänden und Arbeitsgemeinschaften organisiert sind. Da nicht alle Gruppen vernetzt sind, muß die tatsächliche Anzahl noch weit über 50.000 liegen.

Wir haben die vielfältigen Aktivitäten dieser Gruppen in sechs Aktionsbereiche mit ca. 35 Arbeitsschwerpunkten gegliedert, um die Übersicht zu erleichtern. Dabei gibt es natürlich zahlreiche Überschneidungen.

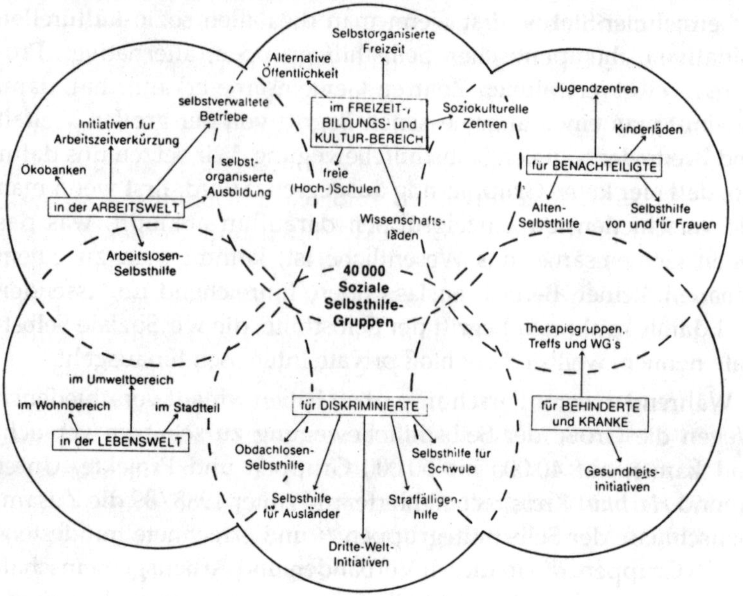

Gesellschaftspolitische Bedeutung

Nach unseren Beobachtungen hat die Selbsthilfebewegung als Ganzes mittlerweile eine gesellschaftliche/gesellschaftspolitische Dimension erlangt, die auf verschiedenen Ebenen wirksam wird:

1. Das Engagement in Selbsthilfegruppen bewirkt, daß Menschen aus ihrer isolierten Privatexistenz herauskommen und Formen aktiver Gemeinschaft entwickeln, die sinnvolles Leben und gute menschliche Kontakte ermöglichen.

   Wir sollten uns davor hüten, Aktivitäten in Selbsthilfegruppen voreilig politisch zu interpretieren. Natürlich hat Soziale Selbsthilfe wesentliche gesellschaftliche und politische Auswirkungen. Aber für die meisten hier Engagierten ist, neben der unmittelbaren Hoffnung auf Bewältigung konkreter Notstände vor Ort, die bedeutsamste Wirkung Sozialer Selbsthilfe die Verlebendigung des persönlichen Lebens durch Mitgestaltungsmöglichkeiten im gesellschaftlichen Nahbereich.

An etwa 200 Praxisbeispielen haben wir verfolgt, wie diese Aktivierung das Leben und Bewußtsein der Menschen verändert: Durch ihr Engagement überwinden sie nicht nur das Ghetto ihrer beschränkten Privatsphäre und erfahren eine Bereicherung ihres Lebens; sie überwinden zugleich ihre politische Apathie, machen politische Lernprozesse durch und werden zu kritischen, mündigen Bürgern. Mit allgemeiner werdender Sozialer Selbsthilfe verbreitet sich dann auch eine demokratische politische Kultur, in der sich nicht länger nur 4-6 Prozent der BürgerInnen am politischen Leben beteiligen. Und mehr noch: Sie gewinnen für ihr Leben eine sozialethische Neuorientierung. So berichtet *Horst Eberhard Richter* aus seiner Erfahrung mit Selbsthilfegruppen: „Man hat ... in der Gruppe nicht nur gelernt, die eigenen Schwierigkeiten klarer zu sehen, sondern auch die der anderen. Man interessiert sich mehr für deren Schwierigkeiten, und man kann sich in diese besser hineinversetzen. Gestärkt worden ist aber auch der Wunsch, anderen zu helfen. Die Teilnehmer registrieren bei sich das Bestreben, daß sie außerhalb der Gruppe Erkenntnisse anzuwenden versuchen, die ihnen selbst geholfen haben".[24)]

So sagt eine Angehörige des *Elternkreises drogengefährdeter und drogenabhängiger Jugendlicher* in Bonn, die wichtigste Erfahrung sei gewesen: „Wenn man aus dem passiven Leiden zu aktivem Bewältigen findet und von den eigenen Sorgen zu denen der anderen, dann beginnt man erst wirklich zu leben".[25)]

Von der *Arbeitsgemeinschaft Mengeder Ferien- und Freizeitspaß*, die seit 1971 (!) alljährlich ein großes Ferienprogramm für die Kinder der Stadt organisiert, wird festgestellt: „Wir haben uns neue Lebensaufgaben gestellt, neben den herkömmlichen Funktionen. Wir sind erfreut, Dinge, die der Staat nicht initiieren kann, zum Wohl unserer vielen tausend Kinder in Gang gebracht zu haben."[26)]

Treffend charakterisiert *Horst Eberhard Richter* diese alternative, vom bürgerlich-egoistischen Dasein abweichende Lebenshaltung: „Anderen zu helfen und sich selbst zu verwirklichen, das erscheint hier nicht mehr als zweierlei, sondern als ein und

dasselbe Bedürfnis. Ein charakteristisches Lebensmodell, das diesem Ansatz folgt, ist die Selbsthilfegruppe ...:
Ich kann mit mir selbst nur weiterkommen, wenn ich Hilfe annehme und zugleich anderen helfe. Der Antagonismus von Egoismus und Altruismus verliert dadurch seine Bedeutung. In dieser neuen Perspektive kann man sich optimale Selbstentfaltung gar nicht anders als in kommunikativer Verbundenheit, als in einem permanenten Austausch von Geben und Nehmen vorstellen."[27)]

2. Soziale Selbsthilfe bewirkt Gesellschaftsveränderung von unten: Emanzipierte Bürger warten nicht länger (nur) auf eine reformwillige Mehrheit im Parlament oder auf die große „Wende"; sie handeln selbst.
   Der Prozeß der politischen Emanzipation beginnt mit dem Wunsch nach eigener Aktivität: Man will nicht mehr auf Maßnahmen des Staates, der Gemeinde warten, sondern selbst handeln, Verbesserungen im Gemeinwesen schaffen, kommunale, kulturelle, arbeitsmarktpolitische, soziale, gesundheitspolitische oder ökonomische Defizite ausgleichen.
   In Selbsthilfegruppen wirkt persönliche Betroffenheit und Motivation aktivierend: Einzelne erkennen Mißstände, die vom Sozialstaat nicht behoben werden – sie erleben Notlagen benachteiligter Gruppen, denen der Sozialstaat nicht hilft, und repressive Strukturen im Wohn-, Bildungs-, Gesundheits- und Arbeitsbereich. Und gleichzeitig sehen Bürger hier Möglichkeiten, direkt einzugreifen, aktiv zu werden.
   Solche Betroffenheit und Erfahrung kommt zum Ausdruck in Aussagen wie den folgenden: „Die wichtigste Erfahrung (ist) die Diskrepanz zwischen der persönlichen Hilfsbedürftigkeit und den Gesetzen und Regeln der Gesellschaft" (ein Mitglied der *Essener Kontakte – Gemeinschaft für sozialpsychiatrische Hilfen*).[28)]
   Die Aktivität vieler Selbsthilfegruppen bewirkt eine qualitativ neue Art von Reformpolitik: Veränderung, Humanisierung gesellschaftlicher Verhältnisse wird partiell unabhängig von den großen politischen „Wenden" und „Machtwechseln". 50.000 autonome Gruppen in der Bundesrepublik verändern selbst Lebens- und Arbeitsbedingungen in dieser Gesellschaft.

Natürlich kommt hier sofort der Einwand, solche Selbsthilfeinitiativen könnten Politik und Gesellschaft doch nur marginal verändern, wir würden ihre gesellschaftspolitische Bedeutung daher maßlos überschätzen.

Aber unsere Aussage ist nicht apodiktisch, sondern konditional. Wir urteilen über eine noch sehr junge Bewegung der Selbst- und Gesellschaftsveränderung von unten, aber mit der wohlbegründeten Hoffnung zunehmender Entwicklung und unter der Bedingung öffentlicher Förderung. Wir sprechen von einer realen Chance, von Ansätzen, nicht von der Wirklichkeit einer „Politik von unten".

Zum anderen aber sind selbst die gegenwärtigen Leistungen der Sozialen Selbsthilfegruppen nicht nur marginal (wer dies annimmt, verkennt die Multiplikatorwirkung aktiver Minderheiten, konservativer wie progressiver!). Ihre in vielen Fällen humaneren ökonomischen, sozialen, kulturellen und gesundheitlichen Versorgungs-Modelle werden zunehmend öffentlich beachtet, anerkannt und von Parteien, Verbänden und Verwaltung aufgenommen.

Die selbstgestalteten Abenteuerspielplätze, Kinderläden, Stadtteiltreffs und sozio-kulturellen Zentren, die 1.200 Jugendzentren, die weit über 1.000 autonomen Altenclubs und Frauenläden, die Gesundheitsläden, die etwa 10.000 Selbsthilfegruppen von Kranken und Behinderten und die etwa 2.000 der Arbeitslosen, nicht zuletzt die 10.000 genossenschaftlichen Unternehmen etwa sind in den jeweiligen Sozialbereichen weithin anerkannte und teilweise – beispielsweise im Jugend- und Frauenbereich – bereits tonangebende Einrichtungen einer alternativen, nicht länger administrativ fremdbestimmten Kultur – auch wenn vielfach öffentliche Förderung bewirkt, daß bestimmte Auflagen erfüllt werden müssen. Andere gesellschaftsverändernde Formen Sozialer Selbsthilfe wie Landkommunen und Genossenschaften, die freien Schulen und Hochschulen, die alternativen Finanzierungs-Netzwerke, die selbstorganisierten betrieblichen und überbetrieblichen Initiativen zur freiwilligen Arbeitszeitverkürzung oder die Arbeitslosen-Selbsthilfebewegung haben zwar bislang in ihren Bereichen – Wirtschaft und Bildungssystem – noch marginale Größenordnungen. Aber in der gesellschaftspolitischen Diskussion erlangen sie zunehmende Anerkennung als unabdingbare, problemlösende Alternativen zu den inhumanen und antidemokratischen Strukturen der Privat- und Profitwirtschaft einerseits und eines teilweise überreglementierten, reformfeindlichen Bildungssystems andererseits.

Auf diese Weise verändern Menschen, in vielen kleinen Schritten, in einem durchaus überschaubaren und korrigierbaren Prozeß Strukturen, indem sie sich zugleich auch selbst verändern.

3. Soziale Selbsthilfe kann beim Umbau des Sozialstaates durch partielle Vergesellschaftung des Staates (nicht dessen Privatisierung) mitwirken. Zweifellos muß auf verschiedenen Ebenen die Reform des Sozialstaates und seiner ökonomischen Rahmenbedingungen vorangetrieben werden. Vieles deutet aber darauf hin, daß es wesentliche Elemente von und in Staatseinrichtungen und -leistungen gibt, die entweder dezentralisiert – vornehmlich kommunalisiert – oder gesellschaftlicher Selbstorganisation, also Sozialer Selbsthilfe überantwortet werden sollten (erst in zweiter Linie der individuellen Eigeninitiative). Selbstverständlich mitsamt den Budgetanteilen, die jetzt der überzentralisierte Versorgungsstaat dafür beansprucht.

   Es kann also nicht darum gehen, durch Förderung von Selbsthilfegruppen sozialstaatliche Ausgaben einzusparen, sondern sie stärker jenen Sozialen Selbsthilfegruppen zur Verfügung zu stellen, die in vielen Bereichen humaner und effizienter als die zentralen Gesundheits-, Bildungs-, Fürsorge-, Jugend-, Wohlfahrts- und sozialen Wohnungsbaubürokratien menschliche Bedürfnisse befriedigen. Hierzu sagt *Peter Gross:*

   „Die Forderung nach Abbau großorganisatorischer Systeme (ist) keineswegs Demontage des Sozialstaats, sofern ... eine organisatorische Verlagerung etwa im Sinne einer Stärkung intermediärer Strukturen oder der Selbsthilfegruppen gefordert wird".[29]

   Genau darin besteht die neue Sozialreform: „Den institutionellen Bestand einer öffentlichen sozialen Sicherheit mit den nicht-institutionellen ... Sozialgemeinschaften in einer Weise zu verbinden, daß das soziale Netz nicht nur reißfester und wachstumsunabhängiger, sondern auch menschlicher wird."[30]

Strategien Sozialer Selbsthilfe müssen allerdings mit Entschiedenheit darauf abzielen, daß menschlich sinnvollere und zugleich billigere Selbsthilfe-Einrichtungen nicht einfach anstelle teurerer staatlicher gefördert werden, sondern daß eingesparte sozial-kulturelle Staatsausgaben in gleicher Höhe für Selbsthilfeinitiativen und -zentren eingesetzt werden, wo immer diese (oft um ein Vielfaches) wirkungsvoller und bürgernäher sind. Nur auf der Basis einer solchen Grundsatzposition kann sich die Selbsthilfebewegung wirksam gegen den Vorwurf zur Wehr setzen, sie stütze die Privatisierungs- und Sozialabbau-Politik der Konservativen.

Im übrigen aber kann die Selbsthilfebewegung nachweisen (und sollte dies noch weitaus präziser tun!), daß autonome, oft staatlich geförderte, aber mit viel zusätzlicher ehrenamtlicher Arbeit vorangetriebene Selbsthilfeinitiativen für die sozial-kulturellen Aufgaben des Steuerzahlers in vielen Bereichen Besseres leisten als der Staat (und auch viele große Wohlfahrtsverbände), zumindest aber die kommunalen Einrichtungen ganz wesentlich ergänzen.

Gesellschaftlicher Auftrag der Gesundheitsinitiativen in der Selbsthilfebewegung; praktische Schlußfolgerungen

Zwar stellen die Gesundheitsselbsthilfegruppen und -projekte einen großen – wenn nicht gar den größten – Teil der Selbsthilfebewegung dar, von gesellschaftspolitischer Bedeutung ist aber nur ein – quantitativ relativ kleiner – Teil von ihnen.

Immerhin geht eine indirekte gesellschaftliche Veränderung auch von vielen Kranken- und Behindertengruppen aus, wie *H. E. Richter* 1983 in einem Referat sagte:

> „Die Aktivität in den kleinen Selbsthilfekreisen impliziert bereits eine bemerkenswerte soziale Veränderung. Es ist ein Phänomen von gesellschaftlicher Bedeutung, wenn sich z. B. Krebskranke oder Behinderte nicht mehr in üblicher Weise schamvoll selbst isolieren, sondern darauf bestehen, mit ihrem Leiden offen in der Gesellschaft zu leben und von den anderen akzeptiert zu werden. Das verschafft den Betroffenen nicht

nur eine neue Selbstachtung, sondern sie heben auf diese Weise die unsichtbare Ghettoisierung auf."

Und sie bewirken dadurch ein humaneres Verhalten der Gesellschaft gegenüber Kranken und Behinderten.

Bedeutsamer aber erscheint uns, daß ein – wenn auch kleiner – Teil der Gruppen sich bewußt gesundheitspolitisch orientiert und den verkrusteten Strukturen alternative Einrichtungen der medizinischen Versorgung und Beratung entgegensetzt. Durch diese Alternativen – seien es nun Wohngruppen für Suchtkranke oder Psychiatriepatienten, ambulante Pflegedienste, alkoholfreie Kneipen, Geburtshäuser oder feministische Gesundheits- und Therapieprojekte, gesundheitliche Beratungsstellen im Stadtteil oder die AIDShilfegruppen – kritisieren sie die inhumanen Strukturen unseres Gesundheitssystems mit ihren menschlicheren, meist auch kostengünstigeren Lösungen, geben dadurch Anstöße, greifen in die öffentliche Diskussion ein. Gelegentlich werden ihre Modelle von etablierten Institutionen und Kommunen aufgegriffen und – mit Abstrichen – verwirklicht.

Hierzu einige Beispiele:

– Der „Club Behinderter und ihrer Freunde" hat in Darmstadt die Einstellung eines Beauftragten bei der Stadtverwaltung für behindertengerechtes Bauen durchgesetzt, ferner wichtige bauliche Veränderungen in kommunalen Gebäuden und einen Fahrdienst für Behinderte.[31)]
– Der Verein „Kind im Krankenhaus" erreichte innerhalb weniger Jahre, daß auf allen Erlanger Kinderstationen und in hunderten von Kliniken in der Bundesrepublik die Eltern täglich und unbegrenzt bei ihren Kindern sein dürfen.[32)]
– Die Bürgerinitiative Sozialpsychiatrie Marburg unterhielt zunächst als Selbsthilfeeinrichtung eine Beratungsstelle, ein Kommunikationszentrum, Wohngruppen, „Übergangsheime", eine Werkstatt, Selbsterfahrungs- und Selbsthilfegruppen. Heute werden diese dezentralen Einrichtungen zur Betreuung von Psychiatrie-Patienten von der öffentlichen Hand voll finanziert. Die Bürgerinitiative sagt von sich, sie sei nun keine Selbsthilfegruppe mehr, aber ihre Modelle sind aufgegriffen und öffentlich anerkannt worden und haben einen Beitrag zur Humanisierung psychiatrischer Therapie geleistet.

- Schließlich der Gesundheitsladen Berlin: „Der Gesundheitstag 1980 lief parallel zum 83. 'Deutschen Ärztetag' und bewirkte auch in der verstaubten Ärzteschaft erste Anlässe einer Umorientierung. Das dokumentiert sich ... 6 Jahre später (1986, d.A.), in dem Wahlergebnis der Fraktion Gesundheit, die mit 50 % stärkste Fraktion in der Berliner Ärztekammer geworden ist".[33)]

Weitere Beispiele ähnlicher Art ließen sich hinzufügen. Sie alle verwirklichen erste Ansätze einer Humanisierung im Gesundheitswesen, die schließlich zu einschneidenden Strukturveränderungen führen können.

Stellvertretend für viele andere lassen wir abschließend noch einmal den Gesundheitsladen Berlin zu Wort kommen, der sein Selbstverständnis so ausdrückt: „Nicht die Gesundheit des Einzelnen, sondern die Gesundheit des kranken Gesundheitswesens – und damit die Gesundheit der Gesellschaft – ist Gegenstand unserer Arbeit".[34)]

Aus unseren Erfahrungen in der Selbsthilfebewegung ergeben sich gerade auch für die Gesundheitsgruppen – folgende praktische Schlußfolgerungen:

1. Es erweist sich als notwendig, daß alle Selbsthilfegruppen *ein Bewußtsein ihrer Zusammengehörigkeit entwickeln* und daß aufgrund dessen auf örtlicher Ebene die Selbsthilfegruppen aus allen gesellschaftlichen Bereichen zusammenarbeiten, um gegenüber der Kommune/dem Staat ihre Forderungen (z. B. nach finanzieller Förderung) durchzusetzen. Sie gewinnen so eine größere politische Stoßkraft, als es für die einzelnen Gruppen und Projekte möglich ist, um ihre – materiellen und gesellschaftlichen – Ziele zu erreichen; sie werden als Verhandlungspartner von der Kommune besser akzeptiert. Ohne solche *gemeinsame Interessenvertretung* stehen die Gruppen isoliert den Zumutungen der Kommune gegenüber und können gegeneinander ausgespielt werden.

   Andererseits ist Vernetzung notwendig, damit Gruppen voneinander lernen, einander unterstützen, Informationen und Erfahrungen austauschen können, z. B. über Arbeitsmethoden und -ergebnisse, Schwierigkeiten und Widerstände, Mittelbeschaffung, Zusammenarbeit mit Institutionen und Experten. Arbeitsgemeinschaften und Zusammenschlüsse können gemeinsame Weiterbildung oder Konzepterarbeitung oder gegenseitige Hilfe in kritischen Situationen (personellen, finanziellen Engpässen) organisieren. Vor allem aber sollten gemeinsame Dokumentationen aller Selbsthilfegruppen und -projekte einer Stadt oder Region erstellt und veröffentlicht werden, damit interessierte Menschen Kontakt zu Selbsthilfegruppen finden können. Nicht zuletzt ist Öffentlichkeitsarbeit – durch Dokumentationen und auf jede andere Weise – notwendig, damit Selbsthilfe zu einem Faktor öffentlichen Interesses wird.

2. In jeder Kommune müssen Selbsthilfezentren bzw. Selbsthilfe-Kontaktstellen geschaffen werden, die folgende Funktionen haben:
   - Information über Möglichkeiten der Selbsthilfe; Kontaktvermittlung;
   - Hilfe beim Aufbau und bei der Gründung von Selbsthilfegruppen;
   - Beratung von Gruppen und Projekten in verwaltungstechnischen, buchhalterischen und finanziellen Angelegenheiten;
   - Unterstützung von Vernetzung durch Organisation von Selbsthilfegruppen-Tagungen
   - Öffentlichkeitsarbeit über Selbsthilfegruppen, ihre Ziele, Themen, Möglichkeiten und Probleme; Erstellung von Dokumentationen;
   - kostenlose Bereitstellung von Gruppenräumen und technischen Hilfsmitteln wie Schreibmaschinen, Kopierer, Video- und Stereoanlagen, Tonbandgeräte, Bibliothek;
   - Rechtsberatung, ABM-Beratung;
   - Herausgabe von Veranstaltungs- und Terminkalendern der Selbsthilfe.

Damit haben Selbsthilfezentren und -kontaktstellen eine wichtige Vernetzungs- und Service-Funktion.

3. Selbsthilfezentren und -kontaktstellen sollten den gemeinsamen Kampf der Selbsthilfegruppen und -projekte um ein *kommunales Selbsthilfe-Förderbudget* organisieren und koordinieren. Zu for-

mulieren und mit der Kommune auszuhandeln sind: Förderkriterien, die *allen* Gruppen eine Chance auf Förderung geben, und ein Beiratsmodell, das nach Möglichkeit die paritätische Beteiligung der Selbsthilfegruppen bei der Vergabe der Mittel gewährleistet, wie z. B. in München. Selbsthilfekontaktstellen müssen sich allerdings bewußt sein, daß sie *alle* Selbsthilfegruppen aus *allen* gesellschaftlichen Bereichen vertreten – nicht nur Patienten- und Sozialhilfegruppen – und keine Gruppe ausgrenzen. Wenn sie ihre Aufgabe in diesem Sinne definieren, können sie sehr viel zur weiteren Entwicklung der Selbsthilfebewegung beitragen.

Verfasserin:
Brigitte Runge
Studiengruppe für soziale Selbsthilfe,
Kurfürstenstr. 83,
1000 Berlin 30

Anmerkungen

1) *Vilmar, F./Runge, B.:* Auf dem Weg zur Selbsthilfegesellschaft?, Essen 1986. Wesentlich erweiterte Neuauflage im Verlag Zweitausendeins unter dem Titel „Handbuch Selbsthilfe", Frankfurt 1988, künftig zitiert als „Handbuch".
2) *Das Parlament,* Nr. 19-20/87 v. 9.5.1987. Die verantwortliche Redakteuerin, Frau Iliana v. Koscielski-Cholewa, war leider selbst im Nachhinein nicht bereit, durch eine entsprechende Notiz das (objektive) Plagiat ungeschehen zu machen.
3) *Vilmar, F./Runge, B.:* Soziale Selbsthilfe – Privatisierung oder Vergesellschaftung des Sozialstaates?, in: Beilage zur Wochenzeitung *„Das Parlament"* B 44/86 v. 1.11.1986.
4) *Moeller, M. L.:* Selbsthilfegruppen, Reinbek 1978, sowie: Anders helfen. Selbsthilfegruppen und Fachleute arbeiten zusammen. Stuttgart 1981.
5) Vgl. *Runge, B., Vilmar, F.,* Handbuch Selbsthilfe, aaO., S. 558
6) Vgl. *H. Krebs,* Selbsthilfe-Netze, Essen 1988, S. 128-158
7) „Die Selbsthilfegruppen selber sind affiziert von der Dynamik des sozialstaatlichen Apparates, Gesundheits- und Krankheitsbegriff haben keinerlei Korrekturen erfahren." *Gross, P.:* Der Wohlfahrtsstaat und die Bedeutung der Selbsthilfebewegung, in: „Soziale Welt", 1/1982, S. 26 ff.

8) *Moeller, M. L.:* Zu Situation und Konzept der Selbsthilfegruppen in der BRD, in: *Gruppenpsychotherapie und Gruppendynamik*, 4/1983, S. 285 ff.
9) *Moeller, M. L.:* Selbsthilfegruppen, Reinbek 1978.
10) Adressen dieser und weiterer Verbände vgl. Handbuch Selbsthilfe, a.a.O., S. 558 ff.
11) Vgl. *Trojan, A.* (Hrg.): Wissen ist Macht. Eigenständig durch Selbsthilfegruppen, Frankfurt 1986, S. 57, 59 f.
12) Vgl. *Trojan, A.* (Hrg.), a.a.O., S. 173 f.
13) Vgl. *Trojan,* A. (Hrg.), a.a.O., S. 62.
14) *Trojan, A.* (Hrg.), a.a.O., S. 71 f.
15) *Röhrig, P.*: Kooperation von Ärzten mit Selbsthilfegruppen. Zwischenergebnisse eines Forschungsprojektes zur Effektivitätsverbesserung der ambulanten Versorgung. hgg. von der Brendan-Schmittmann-Stiftung des NAV – Verband der niedergelassenen Ärzte Deutschlands, Köln 1989, S. 17.
16) Vgl. *Röhrig, P.*, a.a.O., S. 10.
17) *Röhrig, P.*, a.a.O., S. 9 f.
18) *Unruh, T.*: Aufruf zur Rebellion. „Graue Panther" machen Geschichte, Essen 1984.
19) *Breitkopf, H.:* Gesundheitsläden. Eine neue Form organisierter Gesundheitspolitik „von unten", in: *Alternative Kommunalpolitik*, 4, 1983, S. 41 f.
20) *Trojan, A.:* Abschiednehmen von der Gesundheitsladenbewegung, in: *Infodienst der Gesundheitsläden*, Januar/Februar 1987, Nr. 25, S. 22 ff.
21) *Trojan, A.*, a.a.O., S. 24 f.
22) Vgl. *Runge, B., Vilmar, F.:* Handbuch Selbsthilfe, S. 492 f.
23) Vgl. *Krebs, H.:* Selbsthilfe-Netze, Essen 1988.
24) *Richter, H. E.:* Die Gruppe, 5. Auflage, Reinbek 1974, S. 193.
25) Stiftung „Die Mitarbeit" (Hrg.): Bürger-Mitarbeit. Was und wie in 52 Beispielen, Bonn 1979, S. 100.
26) Stiftung „Die Mitarbeit", a.a.O., S. 153.
27) *Richter, H. E.*, Lernziel: Verantwortung für den Nächsten, in: *Die Zeit* vom 14.03.1980, S. 16.
28) Stiftung „Die Mitarbeit", a.a.O., S. 87 ff.
29) *Gross, P.:* Der Wohlfahrtsstaat und die Bedeutung der Selbsthilfebewegung, in: Soziale Welt 1/1982, S. 41.
30) *Gross, P.*, a.a.O.
31) Vgl. *Runge, B., Vilmar,* F.: Handbuch Selbsthilfe, S. 549.
32) Vgl. *Runge, B., Vilmar,* F.: a.a.O., S. 544 f.
33) Berliner Gesundheitsladen, Selbstdarstellung 1986.
34) Berliner Gesundheitsladen a.a.O.

Selbsthilfegruppen – Hoffnung auf eine persönliche Medizin?

Michael Lukas Moeller

1. Technische Medizin

Eine Situation aus dem Alltag der Medizin: Ein Mann wird Opfer eines Verkehrsunfalls. Nach ausgiebiger ärztlicher Versorgung fragt man ihn im Krankenhaus: „Wer ist Ihr Arzt?" Der Mann antwortet:

> „Ob mich auf der Straße jemand versorgt hat, weiß ich nicht, weil ich ohnmächtig war. Wer mich operiert hat, weiß ich nicht, weil ich in Narkose lag. Danach hat sich der Anästhesist um mich gekümmert. Einer hat mich geröntgt, einer meine Augen untersucht. Ein Neurologe, nehme ich an, hat mein Gedächtnis anhand eines Fragebogens geprüft. Ich würde gerne mit einem Arzt über meinen Zustand sprechen und über meine gesundheitliche und berufliche Zukunft – aber ich weiß nicht, mit wem" (Frankfurter Rundschau, 04.03.1978).

Der Patient war nach seinem Hausarzt gefragt worden, aber er charakterisierte, ohne dies zu wissen und ohne es zu wollen, den Zustand des derzeitigen Medizinbetriebes. Nicht zuletzt vor diesem Hintergrund hat *Tom Dewar* (1976) zwei einfache Formen der Hilfe unterschieden: die technische Hilfe und die persönliche Hilfe. Die technische Hilfe wird in der Regel von den Professionellen, den Spezialisten geboten. Sie setzt besondere Fähigkeiten, Techniken und Werkzeuge voraus; und sie kann nur selten eine wechselseitige Hilfe sein. Sie setzt von vornherein eine ungleichgewichtige Beziehung zwischen Helfenden und Hilfsbedürftigen voraus. Die persönliche Hilfe dagegen umfaßt den ganzen Menschen, nicht nur einen kleinen Teil. Sie versucht zu verstehen und zu stützen, und sie ist in der Regel wechselseitig.

Je höher der Grad der Spezialisierung ist, um so offenkundiger wird der Unterschied zwischen technischer und persönlicher Hilfe. Als klassisches Beispiel können wir den Chirurgen ansehen. Er soll zum Beispiel eine Magenoperation vornehmen. Mit dieser Handlung nimmt er eine sehr präzise, hochspezielle Beziehung zum Patienten auf. An einer ganzheitlichen, persönlichen Beziehung mag ihm als Arzt gelegen sein; als Operationstechniker liegt sie außerhalb seines Blickfeldes. Wir können dieses kleine Beispiel ohne große Verzerrung auf die gesamte Organmedizin übertragen. Dann bleibt die Frage: Wer behandelt denn nun – nach, neben, zusammen mit dem erkrankten Organ oder auch gesondert – den Menschen? Vernachlässigen wir einmal die kleine Schar der Psychosomatiker und Psychotherapeuten, dann kann man ohne Bedenken sagen: von den medizinischen Fachkräften keiner. Das ist die große Verlustzone der heutigen Medizin. Im Bereich der persönlichen Hilfe, das heißt im Bereich des Erlebens und Leidens, zur Bewältigung der zahllosen seelischen und sozialen Konflikte, die vor, mit und auch nach der Überwindung der organischen Erkrankung gegeben sind, bietet die organmedizinische Versorgung so gut wie nichts. Auch nachdem Verletzungen und Erkrankungen versorgt sind, bleiben sie Zonen intensivsten Leidens. Es ist deshalb kein Wunder, daß sich gerade in diesem Bereich Selbsthilfegruppen gebildet haben.

2. Persönliche Gruppenselbsthilfe

Anfangs haben Krisen, Krankheiten und Not zur Bildung selbstverantwortlicher Gesprächsgruppen geführt. Millionen Menschen teilen inzwischen die Einsicht, die ein amerikanisches Gruppenmitglied in die treffenden Worte faßte: „Nur du allein kannst es schaffen, aber du schaffst es nicht allein“. Ihr Erfolgsgeheimnis ist einfach: Die Gruppe kann mehr als der Einzelne. Sie steigert die Chancen der einzelnen, eigene Probleme zu lösen, und intensiviert die Selbstentwicklung.

Seit 1935 gibt es die Anonymen Alkoholiker. Ihre Arbeit ist zum verbreitetsten und wirksamsten Mittel gegen den Alkoholismus, einer der Hauptkrankheiten der Industrienationen, geworden. Seit 1965 entstehen Selbsthilfegruppen aller Art, die seelische Probleme wie Ängste und Depressionen zu beheben versuchen. Inzwischen sind weltweit über 450 Selbsthilfeorganisationen für nahezu jede psychosoziale Belastung entstanden: Behinderte; chronisch Leidende; Eltern mit kranken oder verhaltensauffälligen Kindern; Familien, die ein schweres Schicksal zu bewältigen haben; Übergewichtige; Menschen, die den Verlust eines nahen Angehörigen tragen müssen; Genesende und Todkranke. Selbsthilfeorganisationen haben im gesamten Bereich der Medizin, Psychotherapie und Sozialarbeit eine stille Revolution eingeleitet.

Sie haben die heute fast verlorengegangene *persönliche Medizin* gleichsam wiederbelebt. Ich möchte auf den leicht mißzuverstehenden Begriff „persönliche Medizin" kurz eingehen. Er meint zunächst eine an der Person des Kranken orientierte Medizin. Die Krankheit wird vom Menschen nicht wie ein fremdes Objekt getrennt, vielmehr unauflösbar mit seinem Erleben und Verhalten verbunden gesehen. „Ich habe kein Problem, ich bin das Problem selbst", sagte ein Anonymer Alkoholiker treffend. Ähnlich formulierten Frauen in der Frauenbewegung: „Ich habe keinen Körper, ich bin mein Körper". Darüber hinaus meine ich keinesfalls mit persönlicher Medizin etwa einen Rückfall in ein individualistisches Gesundheitswesen. Gerade die Selbsthilfegruppen haben viel früher als die Fachleute erkannt, wie wenig sich die Krankheit nur auf den Krankheitsträger beschränken läßt. Sie haben sehr frühzeitig Familiengruppen, Jugendlichengruppen und sogar Kindergruppen eingerichtet (Alanon, Alaten, Alapreten), die andere Anonymous-Gruppen übernommen haben.

Das natürliche Beziehungsnetz des Einzelnen (z.B. seine Familie, manchmal auch die Arbeitsgruppe) ist für die Medizin ein viel bedeutenderes Orientierungsfeld, wie alte Hausärzte schon immer wußten. Wir leben nicht isoliert im Vakuum. Auch unser natürliches Beziehungsnetz tut das nicht. So kommen z.B. auch die aktuellen Arbeitsbedingungen ins Blickfeld entsprechender Selbsthilfegruppen. Dazu ein kurzes Beispiel: Eine Stationsgruppe (Ärzte, Krankenschwestern, Pfleger, Sekretärin etc.) eines psychiatrischen Krankenhauses erkannte erst, nachdem sie sich zu einer Arbeitsplatzgesprächsgemeinschaft zusammengetan hatte, recht deutlich zwei Phänomene: Zum einen, wie sehr die drohende Entlassung einiger Ärzte oder gar die Schließung der ganzen Station im Zuge von Sparmaßnahmen sich auf das Verhalten ihrer psychotherapeutisch versorgten Patienten auswirkte: Die Patienten riskierten es nicht mehr, sich offen aggressiv mit den Ärzten auseinanderzusetzen. Das Bedrohtheitsgefühl über den Ärzten legte sich wie eine ängstigende

Narkose auch über die Patienten. Zum anderen aber erkannte die Gruppe erst in der Gesprächsgemeinschaft die ungeheure Beziehungslosigkeit untereinander und damit auch die Unfähigkeit, Konflikte am Arbeitsplatz zu lösen. Arbeitsunzufriedenheit als Resultat eines schlechten Arbeitsklimas z.B. ist jedoch ein Krankheitsfaktor ersten Ranges. Erst in der Gesprächsgemeinschaft wurden die Konflikte deutlich, gleichzeitig erstmals aber auch gemeinsam lösbar.

Es gibt viele weitere Beispiele, die deutlich machen, daß die Gefahr einer Psychologisierung sozialer Mißstände durch Selbsthilfegruppen nicht groß ist. Im Gegensatz zum allgemeinen Glauben ist es nicht die Regel, daß Selbsthilfegruppen über längere Zeit ausschließlich personenbezogen die soziale Situation ausklammern. Vielmehr ist gerade im Gegenteil die sozialverändernde und insofern politische Arbeit bei der Mehrheit der Selbsthilfeverbände das Hauptziel, während die Arbeit an der Person fast bis zur Vernachlässigung zurücksteht.

Persönliche Medizin heißt für mich allerdings auch Arbeit *an* der eigenen Person, also am eigenen Verhalten und Erleben – nicht nur Arbeit *für* die eigene Person. Diese Arbeit an der Person verbindet sich in meinen Augen unlösbar mit politischer Arbeit. Nicht nur schafft sie – wie die Psychoanalyse – günstigere Voraussetzungen für eine nach außen gerichtete politische Aktivität, indem sie Wahrnehmungsfähigkeit, Entscheidungsfähigkeit, Handlungsfähigkeit, Beziehungsfähigkeit und vor allem Konfliktfähigkeit entwickelt. Vielmehr ist die Arbeit an der Person selbst eine besondere Form politischer Tätigkeit. Denn gern übersehen wir, wenn wir gegen soziale Mißstände initiativ werden, daß diese Arbeit allein für Veränderungen nicht ausreicht. Wir haben nämlich die Ungerechtigkeiten und Verzerrungen dieser Gesellschaft im Zuge unserer eigenen seelischen Entwicklung von Kindheit an verinnerlicht. Für die Friedensarbeit etwa bedeutet das, neben der Destruktivität der Anderen und der Institutionen auch die eigene Destruktivität zu bearbeiten. Das versuchen die Friedensselbsthilfegruppen. *Norbert Elias* hat nachgewiesen, wie die sogenannte Gesellschaftsmechanik unsere seelische Struktur durch und durch prägt. Auch die Tatsache, daß die gesellschaftlichen Verhältnisse durch die Herkunftsfamilie vermittelt, gebrochen und von uns erst in dieser Form verinnerlicht werden, ändert nichts daran, daß jede Person wie auch ihre Erkrankung ein politisches Produkt ist. So verstanden, gehört Arbeit an der Person für mich im umfassenden Sinne zur politischen Arbeit. Wir müssen also stets eine doppelte Auseinandersetzung leisten: mit den Verhältnissen, in denen wir leben, und gleichzeitig mit uns selbst.

Inwieweit nun Selbsthilfegruppen eine so verstandene persönliche Medizin zustande bringen, hängt meines Erachtens von ihrem eigenen Entwicklungsstand ab. Sie arbeiten zur Zeit sehr unterschiedlich. Einigen gelingt eine persönliche Medizin sehr gut, andere können sie nicht realisieren. Selbsthilfegruppen haben meines Erachtens häufig noch gar nicht entfalten können, was in ihnen als Anlage steckt. Wer heute Kenntnis von der Selbsthilfegruppenentwicklung hat, ist sich im Klaren darüber, daß die international zu beobachtende Spaltung in *sozial*-verändernde Selbsthilfegruppen einerseits und *selbst*-verändernde Gesprächsgemeinschaften andererseits nach Möglichkeit überwunden werden sollte. Dafür gibt es schon gute Beispiele, auf die ich später teilweise zu sprechen komme. Ich möchte im Folgenden kurz die Entwicklung in der Bundesrepublik Deutschland darstellen. Im letzten Jahrzehnt unterscheide ich für mich persönlich vier Phasen.

3. Zur Anfangsphase der Selbsthilfegruppen in der Bundesrepublik Deutschland (bis 1975)

Die erste war die Entstehung der Selbsthilfegruppen überhaupt. Vorher waren sie praktisch unbekannt. Die Anonymen Alkoholiker waren allen anderen um Jahre, wenn nicht Jahrzehnte voraus. Auf ihrem ersten Treffen im Bundesbahnhotel des Hauptbahnhofes München (1956) waren sie 8 Mitglieder. 1968 trafen sich zum Deutschlandtreffen 80 Betroffene, im Frühjahr 1983 waren es 8.000. Wenn alle anderen Selbsthilfegruppenformen sich ebenso brisant entwickeln, wird die Medizin in 10 Jahren anders aussehen müssen. Diese Phase war etwa 1975 abgeschlossen, als sich die ersten Anonymen Neurotikergruppen verbreiteten, die großen Selbsthilfeorganisationen im Dachverband „Hilfe für Behinderte" selbstbewußter auftraten und die „Deutsche Arbeitsgemeinschaft Selbsthilfegruppen" mit zunächst nur 30 Betroffenen und solidarischen Fachleuten als loser Verbund gegründet wurde.

4. Diskussion über die Zusammenarbeit von Selbsthilfegruppen und Fachleuten (bis 1980/81)

Die zweite Phase war gekennzeichnet durch die prekäre Frage, ob und – wenn ja – wie berufliche Helfer an der Entwicklung von Selbsthilfegruppen mitwirken könnten. In diesem Zusammenhang wurden eklatante Mißbräuche bekannt: So züchteten beratende psychologische Institute in ihrem Umkreis Selbsthilfegruppen als eine Art lebender Warteliste heran, und es kam sogar zur Ansiedlung eines aus den USA stammenden Konzerns, der die Selbsthilfegruppenentwicklung gezielt anregte, um sich eine entsprechende Konsumentenmasse für seine Kaufhausartikel zu schaffen. In dieser Zeit waren progressive Experten von quälenden Schuldgefühlen gepackt, wenn sie sich Selbsthilfegruppen näherten, da die Fachleute befürchteten, sie könnten eine neue Abhängigkeit herstellen. Interessanterweise ist diese Angst, die nur im Kreis der Fachleute auftrat, das bekannte Helfersyndrom in neuem Gewande. Denn hier werden ja wieder einmal – wie im traditionellen Abhängigkeitsverhältnis von Arzt und Patient zum Beispiel – die Betroffenen für so ohnmächtig und schwach gehalten, daß sie ihre Bedürfnisse angesichts von Fachleuten nicht mehr klar und stabil vertreten können. Wer allerdings konkret mit und in Selbsthilfegruppen arbeitet, weiß, daß nichts der Wirklichkeit ferner ist als diese Auffassung, Selbsthilfegruppen gerieten allzu schnell in die Abhängigkeit von Fachleuten. Im Gegenteil: sie können sich außerordentlich gut selbst behaupten und vertreten.

Zum Abschluß dieser Phase ging es nicht mehr darum, ob, sondern darum, wie die Fachleute sich sinnvoll beteiligen könnten. Die ängstliche, wechselseitig mißtrauische Einstellung wich der Einsicht, daß eine Zusammenarbeit beiderseits hilfreich wäre, aber eine grundlegende Veränderung der helfenden Beziehung voraussetzt, eine Emanzipation in Richtung einer wirklich gleichgestellten Partnerschaft zwischen Helfenden und Betroffenen. Sofern es etwa um die Begleitung von Selbsthilfegruppen durch Professionelle geht –

womit gruppendynamische und psychotherapeutische Kenntnisse auch den Betroffenen in eigene Verfügung kämen –, kann die feine Veränderung des Begriffes „Beratung" die Situation verdeutlichen. Wir sagten, Selbsthilfegruppenbegleiter beraten nicht die Selbsthilfegruppen, sie beraten *mit* ihnen.

5. Breite Anerkennung der Selbsthilfegruppen (bis heute)

Die dritte Phase war gekennzeichnet durch die sich durchsetzende breite Anerkennung der Selbsthilfegruppen. Ich kenne noch die Anfangszeiten, in denen ich zum Beispiel vor den Universitätspräsidenten zitiert wurde. Er sah in völliger Unkenntnis der Selbsthilfegruppenarbeit einen Schandfleck auf die Universität zukommen, wenn die Entwicklung von Selbsthilfegruppen vom Zentrum für Psychosomatische Medizin aus aktiv unterstützt würde. Ich höre noch heute den Nervenarzt in einem Seminar auf einem großen Fachkongreß von „wildgewordener Krankenhausmeute" reden oder den Internisten, der die erste Selbsthilfegesprächsgruppe von Infarktpatienten mit den Worten kommentierte, sie sollten doch ihr psychologisches Papperlapapp lassen. Selbst an unserem psychosozial sehr fortschrittlichen Zentrum in Gießen sprach man davon, daß sich die Selbsthilfegruppen in die Psychose oder in den Suizid treiben könnten, weil sie nicht wissen, was sie tun. Und der Direktor des Arbeitsamtes verbot die an sich problemlose Überlassung abends leerstehender Räume, weil langhaarige Chaoten doch nur alles zertrümmern würden. Daß damals bereits Mitarbeiter der Universitätsverwaltung in Selbsthilfegruppen gingen, hätte er wohl als glatte Lüge abgetan.

Heute dagegen gibt es keinen großen Verband der sogenannten helfenden Berufe von den Sozialarbeitern bis zu den Fachärzten, der nicht schon im Rahmen von Jahreskongressen Selbsthilfegruppen zu einem Schwerpunktthema gemacht hätte. Eine Entwicklung ist für mich geradezu zu einer Parabel geworden: die der Herzinfarktkongresse. Ursprünglich redeten da hochspezialisierte Fachleute unter Ausschluß von Patienten. Dann wurden Patienten als Zuhörer zugelassen. In einem nächsten kühnen Schritt hielten Betroffene Diskussionen und Korreferate zu den Fachvorträgen. Schließlich drehte sich das Verhältnis um: die Betroffenen hielten die Hauptvorträge und die Fachleute das Korreferat. In der vorläufig letzten Fassung reden nur noch die Betroffenen und die Ärzte sind passive Zuhörer.

Was an diesem Beispiel im Aufbau des Kongresses seinen Niederschlag findet, ist die Anerkennung eines neuen Wissens in der Medizin: die Anerkennung des *Expertentums der Betroffenen*. Der Durchbruch der Selbsthilfebewegung im Gesundheitswesen, aber auch in Erziehung und Fortbildung, im politischen Bereich und im Alltag, ist nahezu allseitig. Die *New York Times* vom 01.01.1980 bezeichnete im Rückblick die 70er Jahre als das Jahrzehnt der Selbsthilfegruppen. Die Verbände für niedergelassene Ärzte wie der NAV und BPA widmen sich heute intensiv den Möglichkeiten der Zusammenarbeit mit Selbsthilfegruppen ebenso wie Krankenkassenvereinigungen. Eine vor einigen Jahren publizierte Schrift zur „Struktur ärztlicher Versorgung im Wandel" des Verbandes der niedergelassenen Ärzte enthält beispielsweise eine Passage, die vor wenigen Jahren völlig undenkbar gewesen wäre:

„Die Zahl der Selbsthilfegruppen hat sich in den letzten Jahren auf ungeahnte Weise vermehrt. Verzeichnete eine WHO-Expertentagung 1980 für die Bundesrepublik Deutschland, für Belgien, die Niederlande, Österreich, Polen und Jugoslawien erst steigendes Interesse an dieser Form der Selbsthilfe, während es in den USA schon 750.000 Gruppen mit 14 bis 15 Millionen Mitgliedern gab, so gab es nach Angaben der 50. Konferenz der Gesundheitsminister und Senatoren der Länder im Dezember 1982 vorsichtig geschätzt schon mindestens 5.000 Selbsthilfegruppen mit einer halben Million Mitgliedern in der Bundesrepublik Deutschland. Diese Zusammenschlüsse sind sowohl Ausdruck einer veränderten Einstellung des Patienten zu seiner Krankheit und ihrer (auch psychischen) Bewältigung als auch des Empfindens der Betroffenen, im Erfahrungsaustausch mit Leidensgefährten eine Sicherheit zu gewinnen oder zurückzugewinnen, die ihnen die medizinische Wissenschaft nicht zu geben vermag.

Unter diesen Selbsthilfegruppen gibt es viele, die eng mit Ärzten zusammenarbeiten, während andere eine solche Zusammenarbeit ablehnen, besonders wenn Ärzte nicht bereit sind, von einer rein organbezogenen Form der Medizin abzugehen. Immer größere

Kreise der Bevölkerung wünschen eine mehr subjektbezogene Betrachtung ihrer Krankheit. Man erwartet von den Ärzten, daß sie den Patienten als soziales Individuum betrachten und nicht als ein medizinisches Phänomen. Die Ärzte sollen in verstärktem Maße – parallel zur spezifisch medizinischen Behandlung – dem Patienten helfen, seine Selbstgesundungskräfte zu stärken, um damit Krankheitsverläufe positiv zu beeinflussen."

In politischen Gremien steht heute bekanntlich die Thematik Selbsthilfegruppen mehr und mehr im Zentrum, Anfragen in Landesparlamenten (Kiel und Berlin), aber auch im Bundestag, zeigen das. Keine Partei – von den Grünen bis zur CSU – verschließt sich diesem Thema. Die Konferenz der Gesundheitsminister hat einen wesentlichen Beschluß zur Förderung von Selbsthilfegruppen gefaßt. Die Regierungserklärungen enthalten den Hinweis auf dieses inzwischen schon nicht mehr so neue Phänomen. Der Kampf und die Auseinandersetzung um die Anerkennung hat sich also gelohnt.

6. Die aufkeimende Frage nach der Qualität der Selbsthilfe-Gruppenarbeit

Die gegenwärtige Lage ist meines Erachtens durch eine besondere Entwicklung gekennzeichnet, die erst wenigen Beteiligten bewußt wird. Als ich vor einigen Jahren mit allen damaligen Vertreterinnen der Selbsthilfegruppen, die zur „Frauenselbsthilfe nach Krebs" gehörten, ein zweitägiges Seminar durchführte, zeichnete sich für mich erstmals dieses neue Problem ab. Die öffentliche Anerkennung der Selbsthilfegruppen stand im Gegensatz zur einst entsetzten Ablehnung bereits dicht bevor. Dieses Ziel war also nahezu erreicht, obwohl es auch künftig noch viel Überzeugungsarbeit erfordern wird. Was nun allerdings mehr und mehr in den Mittelpunkt rückte, war nicht mehr die Frage, *o b*, sondern *w i e* Selbsthilfe in Gruppen stattfindet. *Die Frage nach der Qualität der Selbsthilfegruppenarbeit* – das heißt: wie sie denn am besten wirke – wird meines Erachtens heute zum Brennpunkt und muß es wohl oder übel werden. Das wird eines Tages Rückwirkungen auf die professionellen Versorgungsleistungen haben – etwa die der niedergelassenen Ärzte, die sich ebenfalls der Qualitätsfrage ernster werden stellen müssen. In vielfacher Hinsicht kommen differenziertere Fragen auf.

Ich erinnere mich an eine Fachtagung, zu der sich sechs Forschergruppen aus westdeutschen Universitäten versammelten. Sie bearbeiteten jeweils unterschiedliche Aspekte aus einer gemeinsamen Thematik „Laienpotential, Patientenaktivierung und Gesundheitsselbsthilfe". Es wurde deutlich, daß die einzelnen Ergebnisse, aber auch überhaupt die Tatsache solcher umfänglicher wissenschaftlicher Untersuchungen, einen Bewußtseinswandel auch auf Seiten der Fachleute erzwingen. Ein Moment ist mir persönlich besonders in Erinnerung: Eine Untersuchung ergab, daß organmedizinische Krankheitsepisoden – sofern sie keinen schweren Grad erreichen – in mehr als 90 % der Fälle in *familialer Selbsthilfe* bewältigt werden. Angesichts solcher Ergebnisse stehen die Gesundheitspolitiker und Ärzte zunächst einmal vor dem Phänomen, nur einen kleinen Bruchteil der Krankheits- bzw. Gesundheitsversorgung zu leisten. Wir werden wenigstens relativiert (vgl. *Grunow* u. a. 1983).

In diesem Zusammenhang aber mußte ich auch an die ganz andere Situation bei schweren, chronischen oder gar lebensbedrohlichen Erkrankungen wie z. B. Krebs denken, bei denen die familiäre Selbsthilfeleistung sehr häufig völlig versagt. Ich erinnere an die erschütternde Tatsache, die *Mildred Scheel* einmal bekannt gab, daß jede zehnte Frau, die an Krebs erkrankt ist, von ihrem Partner verlassen wird. Wer in der Lage ist, die Veränderung der Familienverhältnisse feiner und genauer einzusehen, die dadurch entstehen, daß ein Mitglied der Familie an Krebs oder anderweitig schwer erkrankt – ein Kind, die Mutter oder der Vater –, der ahnt, welche ungeheure Wirkung meist unbewußt eine solche Erkrankung nicht nur auf das Seelenleben und die Lebensqualität des einzelnen, sondern auch auf die Partner der Familie hat. Es gilt heute zu erkennen, daß die Familie nur bedingt in der Lage ist, diese psychosozialen Belastungen aufzufangen. Diese Arbeit kann in Gesprächsselbsthilfegruppen gut geleistet werden.

Allerdings bemerkte dazu eine Teilnehmerin: „Es gehört zwar kein Geld dazu, aber Mut". Denn solche Gruppenarbeit erfordert die Überwindung zahlreicher Ängste für den einzelnen. Vorbehalte gegen die Arbeit ohne einen Leiter (gegen das Prinzip Selbsthilfe also); die Angst, sich zu verändern, die auf dem bedrohlichen Verlust der alten Identität beruht; die Scheu vor der Gruppe, in der man intime Probleme nicht zu äußern können meint; die Fremdenfurcht; der Widerstand gegen die Begegnung mit Ängsten, Konflikten und Depressionen in einem selbst; Furcht vor schädigendem Ruf, man sei psychisch nicht in Ordnung; und schließlich die Angst vor der Kränkung, es nicht alleine zu schaffen, haben sich in unseren Untersuchungen als wesentliche Barrieren ergeben. Diese zeigen sich auch bei Experten vor allem in ihren diagnostischen und prognostischen Auffassungen von Selbsthilfegruppen.

Ich möchte daher auf einen imaginären Typ von Selbsthilfegruppen kommen, der stärker als die wirklich vorhandenen Selbsthilfeformen die heutige Sozialpolitik bestimmt.

7. Phantombild und Realbild der Selbsthilfegruppen

Die heutige Phase des wechselseitigen Wahrnehmens, der Auseinandersetzung und der gebotenen Zusammenarbeit bringt ein eigenartiges Phänomen zustande, das ich als Doppelbild der Selbsthilfegruppen bezeichnen möchte. Einerseits jenes mit Projektionen, Fehlinformationen, Idealisierungen und Abwertungen durchsetzte Bild, das sich Fachleute, aber auch Laien von Selbsthilfegruppen machen bzw. mangels konkreter Kenntnis machen müssen. Andererseits das realistischere und nüchterne Bild, das sich aus der Selbsthilfegruppenarbeit direkt ergibt. Möglichkeiten, Grenzen und Gefahren müssen in dieser Doppelperspektive gesehen werden. Phantasien über Selbsthilfegruppen, die sich bis zu Behauptungen steigern können, bilden den Erwartungsraum, wenn von Selbsthilfegruppen gesprochen wird. Diese oft stereotypen Vorstellungen lassen ganz andere, vermeintliche Chancen und Probleme aufkommen, als sie die tatsächliche Selbsthilfegruppenarbeit mit sich bringt.

Im Phantombild – wenn ich das einmal so nennen darf – und im Realbild der Selbsthilfegruppen sind gegensätzliche Welten enthalten. In zahllosen Expertenseminaren werden immer wieder ähnliche Gefahren und Schwierigkeiten vermutet; zum Beispiel, das Selbsthilfegruppen in die Psychose oder in den Suizid treiben könnten, weil sie nicht wissen, was sie tun; daß sie zu passiv seien, um eine effektive Gruppenarbeit zustande zu bringen; daß die Gesundung der einen durch die Schädigung der anderen erkauft werde; daß dominante Mitglieder die Macht ergreifen würden und sektiererische Entwicklungen die Folge seien. Was steht aber hinter dieser Furcht vor destruktiver Entartung; hinter diesen Ängsten, die zur äußersten Wachsamkeit, Kontrolle und Verantwortung aufrufen; ja oft genug hinter dieser kaum verhüllten Panik, das Schlimmste sei dann nicht mehr abzuwenden? Genau besehen eine Auffassung, die davon ausgeht, daß zur Selbstverantwortung bereite, erwachsene Menschen sich wie unfähige und ganz hilflose Kinder verhalten und darüber hinaus nur Schaden anrichten können, wenn sie nicht angeleitet, geführt, gelenkt, gesteuert oder angewiesen werden. Dieses Konzept ist hierarchischer Struktur und entspricht der traditionellen Abhängigkeitsbeziehung in Therapie und Medizin. Selbsthilfegruppen sind in diesem Vorstellungsraum nicht eigenständige, sondern von einer Führungsfigur verlassene Gruppen. Destruktivität, Passivität und Chaos leiten sich dann – in der Phantasie natürlich – geradezu zwingend als eine Form verzweifelter Trauer dieser vermeintlich im Stich gelassenen Bedürftigen von diesem Konzept ab.

Das Realbild der Selbsthilfegruppen ist jedoch primär *keine von den Eltern verlassene Geschwister- oder Kindergruppe*, sondern eine *Gruppe selbstverantwortlicher Erwachsener*, die versuchen, ihre Fähigkeiten in eigenständiger Arbeit gemeinsam zu nutzen und zu entwickeln, um ihre innere und äußere Situation besser verstehen und gestalten zu lernen. Ihre Basis ist ein gleichgestelltes demokratisches Arbeitsbündnis (vgl. *Moeller* 1979). Stellen Sie sich selbst als ein Mitglied einer solchen selbständigen Kleingruppe vor, und Sie werden schnell feststellen, daß Sie sich nicht gern abqualifizieren ließen als jemand, der zu nichts Vernünftigem fähig sei und nur Schaden anrichte. Vielmehr wird Ihnen klar, daß Sie gemeinsam mit den anderen Aufgaben übernehmen, die ihre eigenen Schwierigkeiten und auch Gefahren in sich tragen. Sie müssen, um nur ein wichtiges Beispiel herauszugreifen, das Setting, das Arrangement mit den anderen klären, organisieren und aufrechterhalten.

Um es kurz zu sagen, *alle Schwierigkeiten* und davon abgeleitet die möglichen Gefahren der Selbsthilfegruppenarbeit *resultieren aus den Besonderheiten der grundlegenden neuen therapeutischen Beziehung in Selbsthilfegruppen, dem demokratischen Arbeitsbündnis* mit all seinen direkten und indirekten Folgen, – nicht aber aus der Tatsache, daß ein Therapeut fehlt.

Ich bin ja nun selbst als Psychoanalytiker und Gruppentherapeut, der täglich in einer psychosomatischen Klinik und Poliklinik arbeitet, ein hochspezialisierter Fachmann. Ich entwickelte anfangs nicht nur dieses Phantombild der Selbsthilfegruppen als einer im Stich gelassenen Gruppe, sondern ein ganzes Bündel von Widerständen gegen Selbsthilfegruppen. Damit müssen wir Fachleute ehrlicherweise in uns rechnen.

8. Selbsthilfegruppe ist nicht Selbsthilfegruppe: Konzeptunterschiede

Ich habe meine ursprünglichen Auffassungen zu Selbsthilfegruppen, wie ich sie in meinen beiden Büchern zur Selbsthilfegruppenarbeit und zur Zusammenarbeit von Selbsthilfegruppen und Fachleuten dargelegt habe, durch meine persönlichen Erfahrungen in zwei Selbsthilfegruppen, denen ich angehöre (eine Psychoanalytikergesprächsgemeinschaft und eine Arbeitsplatzgesprächsgruppe), vertieft. Mehr denn je bin ich mir vom Wert einer guten Selbsthilfegruppe überzeugt. Allerdings habe ich auch eine sehr klare Position gewonnen, was qualitative Unterschiede, notwendige oder hilfreiche Bedingungen, schließlich was Grenzen und Gefahren der Selbsthilfegruppenarbeit betrifft. Schlagwortartig gesagt, ist Selbsthilfegruppe nicht Selbsthilfegruppe. Meine Mitarbeiter und ich haben ein vierjähriges, vom Bundesgesundheitsministerium finanziertes Forschungsprojekt zu „Psychologisch-therapeutischen Selbsthilfegruppen" im Sinne von Gesprächsgruppen gerade beendet.

Das Fazit lautet: „Daß diese Gruppen helfen, ist nicht mehr zu bezweifeln. Es geht jetzt darum, die gewonnenen Erkenntnisse auch wirklich in die Praxis umzusetzen, die Betroffenen zu ermutigen und Angehörige aus allen psychosozialen Berufen zur Zusammenarbeit zu befähigen". Das ist in meinen Augen eine wesentliche Zielvorstellung für die am Universitätsklinikum Frankfurt am Main eingerichtete Psychosoziale Ambulanz und die außeruniversitäre Frankfurter Arbeitsgemeinschaft Selbsthilfegruppen, die ich anschließend vorstellen werde.

Da heute die Gefahr groß wird, daß alle von Selbsthilfegruppen reden und jeder etwas anderes meint, möchte ich im folgenden einige wesentliche Unterschiede im großen Panorama der Selbsthilfezusammenschlüsse hervorheben und dabei auch auf eine Arbeitsweise kommen, die mir optimal erscheint.

International lassen sich acht Arten von Selbsthilfegruppen unterscheiden. Die drei wesentlichen Typen im Bereich der Medizin sind die großen Selbsthilfeorganisationen, die *informierenden Selbsthilfegruppen* und die *regelmäßigen Gesprächsgemeinschaften.* Die anderen fünf will ich vorab nur kurz erwähnen. Zu den *bewußtseinsverändernden* Selbsthilfegruppen gehören die Frauengruppen der Emanzipationsbewegung oder die Homosexuellengruppen. Zu den *lebensgestaltenden* Selbsthilfegruppen unter anderem Wohngemeinschaften und Landkommunen. In *arbeitsorientierten* Selbsthilfegruppen haben sich jugendliche und ältere Arbeitslose zusammengefunden, um sich eine berufliche Tätigkeit zu erschließen. Mehr und mehr entwickeln sich auch *ausbildungsorientierte* Selbsthilfegruppen – etwa für Krankenschwestern, Sozialarbeiter, Psychotherapeuten –, oft als selbstorganisierte Fortbildung. Und schließlich sind alle *Bürgerinitiativen* zu den im engeren Sinne politischen Selbsthilfegruppen zu zählen. Die entscheidenden Merkmale aller Selbsthilfegruppen sind Selbstbetroffenheit und Handeln in eigener Sache.

Die Vielfalt heutiger Selbsthilfegruppen ließe sich noch stärker differenzieren. Für den Bereich der Medizin möchte ich die drei Hauptformen wegen ihrer Unterschiedlichkeit näher charakterisieren.

9. Selbsthilfeorganisationen

Der Senat für Gesundheit, Soziales und Familien hat in Berlin einen vorbildlichen Wegweiser „Hilfe durch Selbsthilfe“ herausgebracht, in dem alle Selbsthilfeorganisationen und -gruppen verzeichnet sind. Er gehört meines Erachtens in die Praxis eines jeden Arztes. Eine ähnliche Broschüre existiert in Hamburg, herausgegeben von der Gesundheitsbehörde, und in Wien. Ich greife aus der Berliner Publikation ein Beispiel für eine kurze Selbstdarstellung der Deutschen Ileostomie-Colostomie-Urostomie-Vereinigung e.V., Landesverband Berlin, heraus:

„Informationsschriften. Informationsveranstaltungen des Landesverbandes mit Vorträgen über alle für Stomaträger interessanten Themen, Aussprache mit Fachleuten. Erfahrungsaustausch in Form von regelmäßigen geselligen Treffen. Beratung und Betreuung von Betroffenen, Mithilfe bei der Verbesserung von Behandlungsmethoden, Mitarbeit in anderen Organisationen, soweit das Gebiet der sozialen Arbeit für Stomaträger berührt wird, Förderung von Vorsorgeprogrammen, Kontakte zu Behörden und Medien, Durchführung eines Beratungs- und Besucherdienstes". (Es folgen die Adressen und Telefonnummern der Kontaktpersonen.)

Ähnlich schreibt der Landesverband Berlin der Kehlkopflosen e.V.:

„Wir betreuen Personen, denen wegen einer Krebserkrankung im Halsbereich der Kehlkopf ganz oder teilweise operativ entfernt worden ist. Bei rechtzeitiger Benachrichtigung besuchen wir den Betroffenen schon vor der Operation im Krankenhaus und führen einen Videofilm vor, der den Patienten auf die körperlichen Veränderungen nach der Operation vorbereitet. Der Landesverband Berlin der Kehlkopflosen e.V. ist eine gemeinnützige Selbsthilfevereinigung".

Es handelt sich hier um Selbsthilfeorganisationen. Sie sind deutlich abzusetzen von Selbsthilfegruppen oder gar Gesprächsselbsthilfegruppen. Das geschieht heute in der Regel nicht, weil trotz breiter Anerkennung die verwirrende Vielfalt von Selbsthilfegruppen viel zu wenig ins Bewußtsein gerückt ist. Selbsthilfeorganisationen (zusammengefaßt etwa im Bundesverband „Hilfe für Behinderte" mit insgesamt inzwischen 33 bundesweiten Vereinigungen) sind bürokratisch organisiert und verfolgen im wesentlichen „äußere Selbsthilfeziele, also hauptsächlich Information der Betreffenden, gelegentliche Diskussionsrunden, Forschungsförderung, Öffentlichkeitsarbeit und vor allem Gesetzesänderung zugunsten ihrer Kranken. Sie nutzen nicht die Möglichkeit einer Kleingruppe, in der es zu einer ganz anderen Bearbeitung der Krankheitsfolgen kommen kann; sie sind schon gar nicht mit dem regelmäßigen, hochfrequenten, das heißt wöchentlichen Austausch von Gesprächsgemeinschaften zu vergleichen. Das Selbsthilfeprinzip tritt zugunsten des Fremdhilfeprinzips zurück. Kurz: Arbeitsweise und Wirkungsgrad von Selbsthilfeorganisationen sind ganz anders zu beurteilen als bei den Gruppen, die man Selbsthilfegruppen im engeren Sinne nennt. Sie sind allerdings ein unverzichtbarer Bestandteil im heutigen Gesundheitswesen, weil hier die außerordentlich große Chance gegeben ist, daß im sozialen und politischen Bereich tatsächlich Veränderungen eingeleitet werden, die für die Kranken von hoher Bedeutung sind.

10. Selbsthilfegruppen

Selbsthilfegruppen sind weniger bürokratisiert und arbeiten in der Regel lokal und regional. Sie sind teils spontan auf Einzelinitiativen hin entstanden, teils im Rahmen der bundesweiten Selbsthilfeorganisationen als Ortsgruppen zu verstehen. (Ich fasse hierunter nicht – wie sonst – die reinen Gesprächsgruppen, weil diese Gesprächsgemeinschaften eine völlig neue Qualität der Gruppenselbsthilfe bedeuten.) Hierunter gehören zum Beispiel die meisten Selbsthilfegruppen der „Frauenselbsthilfe nach Krebs", ferner alle eher informierenden Selbsthilfegruppen, die meist auch ein zwangloses Zusammensein ermöglichen, sich gemeinsam Vorträge anhören, sehr häufig Krankenbesuche machen und sich auch sonst wechselseitig stützen und beraten. Sehr oft entschließen sie sich zu gemeinsamen kleinen Aktivitäten, zu einer Gymnastikgruppe, einer Schwimmgruppe, einer Wandergruppe. Diese schon kleineren lokalen Gruppen sind außerordentlich hilfreich, streben allerdings nicht an, die psychosoziale Situation kontinuierlich aufzuarbeiten. Ihre Vorgehensweise könnte das auch nicht leisten.

Hier ist als wesentliches Moment zu vermerken, daß die Betroffenen auf eine vergleichsweise unverbindliche Art in Kontakt miteinander kommen und auf diese Weise überhaupt lernen, ihre Isolation wenigstens teilweise aufzuheben. Andererseits ist doch auch zu beobachten, daß häufig Abwehrstrukturen wie etwa glatte Verleugnung verfestigt werden. Im übrigen ist auch hier das Selbsthilfeprinzip nicht konsequent befolgt, wie etwa der widersprüchliche Titel „Gruppenleiterin einer Selbsthilfegruppe" besagt. Mehr und mehr erkennen Betroffene und engagierte Fachleute, daß Information und unverbindliche Gespräche allein die Möglichkeiten der

Gruppenselbsthilfe nicht voll ausschöpfen. Aus diesem Anlaß entstand ein meines Erachtens vorbildliches Modell in Ludwigsburg, in dem Krebskranke zunächst ermutigt wurden, sich in unterschiedlichsten kleineren Aktivitätsgruppen zusammenzutun, um dann den in der Regel mehr Mut erfordernden Schritt in jene Kleingruppe zu tun, die nach wissenschaftlichen Untersuchungen eine gute Chance bedeutet, das eigene Schicksal seelisch zu meistern.

11. Gesprächsgemeinschaften

Gesprächsgemeinschaften sind eine besondere Form der Selbsthilfegruppen. Sie können aus allen Formen von Selbsthilfegruppenzusammenschlüssen entstehen, also von den großen bundesweiten Vereinigungen angeregt werden und deren tragendes Element bedeuten oder aus aktivitätsorientierten bzw. informierenden Selbsthilfegruppen erwachsen. Wichtig ist, daß die Betroffenheit der Einzelnen und ihrer Angehörigen im Zentrum steht. Schon ihre Selbstdarstellung unterscheidet sich etwas, sie ist persönlicher und spricht unmittelbarer an. So schreibt die Selbsthilfegruppe für Männer mit Hodenkrebs und deren Angehörige: „Wir sind im Augenblick 10 Männer zwischen 20 und 40 Jahre alt und treffen uns donnerstags um 20 Uhr in er Schnackenburgerstraße 4. Unsere Themen sind unter anderem: Schwierigkeiten, mit unserer Krankheit zu leben; Möglichkeiten, auch positive neue Lebenserfahrungen zu machen; die Reaktion im persönlichen Umfeld (Freundin, Ehefrau, Freunde, Eltern usw.)". – Sie haben aber auch zum Thema: die verschiedenen Therapien (medizinisch, psychotherapeutisch, naturheilkundlich); Erfahrungen in den verschiedenen Krankenhäusern; soziale Hilfsmöglichkeiten (Kuren, finanzielle Hilfen, Schwerbeschädigtenausweise). Schließlich schreiben sie: „Weiterhin haben Angehörige an einigen Treffen teilgenommen und wollen in einer eigenen Gruppe ihre Erfahrungen austauschen". Karl und Wolfgang geben dann ihre Telefonnummern an.

Eine Gesprächsgemeinschaft hat ein relativ klar festgelegtes „Setting" (Gruppenanordnung), wie sie in einem Faltblatt der Deutschen Arbeitsgemeinschaft Selbsthilfegruppen kurz zusammengefaßt sind: Alle Gruppenmitglieder sind gleichberechtigt; jeder bestimmt über sich selbst; jede Gruppe entscheidet selbstverantwortlich; jeder geht in die Gruppe wegen eigener Schwierigkeiten; was in der Gruppe besprochen wird, sollte in der Gruppe bleiben und nicht nach außen dringen; die Teilnahme ist kostenlos. Zu einer Gesprächsgemeinschaft finden sich 6 bis 12 Personen (5 Paare oder 3 Familien) zusammen. Sie lernen im regelmäßigen Gespräch ohne die Mitwirkung eines Gruppenleiters oder Therapeuten, mit ihrer inneren und äußeren Situation angemessener umzugehen, und sie versuchen, ihre persönlichen Ziele gemeinsam zu erreichen. Sie treffen sich in der Regel über mehrere Jahre hinweg einmal die Woche zu einer Sitzung von zwei Stunden Dauer in einem möglichst neutralen Raum.

12. Ergebnisse der Arbeit in Gesprächsgemeinschaften

Nach unseren Untersuchungen gleichen die Resultate dieser Gruppen denen einer ambulanten psychoanalytisch orientierten Gruppentherapie und sind außerordentlich positiv. Empirische Erhebungen sind international gesehen noch spärlich, aber diejenigen, die vorliegen, belegen die positiven Ergebnisse bzw. Behandlungserfolge der Gruppen. *Morton A. Liebermann* und *Gary R. Bond* (1976) konnten in einer sorgfältigen Studie über 1.700 Frauen in Frauengruppen nachweisen, daß indirekte Behandlungswünsche die stärkste spezifische Motivation darstellen, in eine Frauengruppe zu gehen (74 %); daß diese Gruppen damit gleichsam in die Domäne der professionellen Psychotherapie übergreifen; daß der Gewinn von Einsicht ein sehr wichtiger therapeutischer Faktor im Gruppenprozeß ist; und daß 80 % die Ergebnisse der Gruppenarbeit positiv, 14 % neutral und 6 % negativ einschätzen.

Zwei von uns durchgeführte empirische Erhebungen konnten die Therapieerfolge spezifizieren. Eine Erhebung wurde an sechs Selbsthilfegruppen aus Gießen (*Daum, Moeller* 1984), eine andere an acht Selbsthilfegruppen im Bundesgebiet und acht psychoanalytischorientierten Therapiegruppen (*Stübinger* 1977) durchgeführt. Empirisch gesichert sind folgende Ergebnisse: Eigenständige Gesprächsgruppen führen zu großen therapeutischen Änderungen. Im ersten

Vierteljahr zeigen sich nur geringfügige Änderungen, bei einer längeren Teilnahme jedoch, über einen Zeitraum von einem Jahr oder länger, werden die Resultate einhellig positiv beurteilt. Sie bestehen in

- einer deutlichen Abnahme der Depressivität,
- einem Rückgang von körperlichen und seelischen Beschwerden,
- einer Zunahme von Initiative und Autonomie,
- einer Zunahme der Kontaktfähigkeit,
- einer verstärkten Aufnahme intensiver Beziehungen zu anderen,
- einer Zunahme der Bindungsfähigkeit,
- einer erhöhten Bereitschaft und Fähigkeit, anderen zu helfen,
- insgesamt einer erhöhten psychosozialen Kompetenz zur Konfliktlösung.

Im Vergleich zu den Angaben von Teilnehmern aus expertengeführten Therapiegruppen werden Selbsthilfegruppen insgesamt als befriedigender und effektiver angesehen. Das therapeutische Potential der Selbsthilfegruppen wurde bei zahlreichen Faktoren höher eingeschätzt als das der Therapiegruppe. Dabei spielen unter anderem die größere Geborgenheit und die stärkere wechselseitige Aktivierung in den Selbsthilfegruppen nach Meinung ihrer Mitglieder die größte Rolle. Die therapeutischen Resultate der Selbsthilfegruppen sind beinahe identisch mit den Resultaten professioneller Behandlungsgruppen, wie in einem testpsychologischen Vergleich festgestellt wurde (nach einem standardisierten Persönlichkeitstest, dem Gießen-Test, einem Beschwerdefragebogen und einem Einstellungsfragebogen zu Situation und Therapie; *Stübinger* 1988).

Diese durch verschiedene Arten von Erfolgskontrolle aufgezeigten positiven Ergebnisse überraschen nicht, wenn man vor jeder Forschung zunächst einmal an das einfachste, aber entscheidende Erfolgskriterium denkt: die große Vermehrung und Weiterentwicklung von Selbsthilfegruppen. Sie folgen dem Prinzip der Selbstregulierung. Eine eigenständige Gesprächsgruppe zum Beispiel, die aufgrund einer ungünstigen Zusammensetzung oder eines bestimmten rigiden und lähmenden Abwehrverhaltens oder aus welchen Gründen auch immer ihren Mitgliedern nichts bedeutet, zerfällt von selbst. Gruppen, die bestehen bleiben, sind also mit einer gewissen Wahrscheinlichkeit an sich schon ein Beweis für den Behandlungserfolg. Von 1935 bis 1965 haben sich die Anonymen Alkoholiker weltweit pro Jahr durchschnittlich um 250 neue Gruppen vermehrt (*Leach* u.a. 1969).

Selbstverantwortliche Gesprächsgruppen für seelische Gesundheit und psychosoziale Konflikte stehen heute erst am Anfang, doch zeichnet sich auch bei ihnen eine ähnliche Entwicklung ab, wie eine Untersuchung über das Wachstum einiger Selbsthilfeorganisationen ergab (*Tracy, Gussow* 1976).

Dieses Anwachsen ist nicht zufällig, es hat seine Ursache in der von vielen Menschen gewonnenen Überzeugung, daß ihnen die Gruppe hilft.

Auf die konkrete alltägliche Lebenssituation bezogen gab eine Gesprächsgruppe, deren sieben Teilnehmer von meinen Mitarbeitern *Karl-Werner Daum, Jürgen Matzat* und *Gerhard Sauer* im Rahmen einer Fallstudie einzeln jeweils etwa 60 bis 90 Minuten interviewt wurden (1979), folgendes an:

> „Verbesserte verbale Ausdrucksfähigkeit; verbesserte Fähigkeit, auf Leute zuzugehen; verbesserte Beziehungsfähigkeit in der eigenen Partnerbeziehung; Zunahme der Sensibilität für eigene Gefühle und für die Gefühle des anderen; Stärkung des Selbstwertgefühls; Abbau von Ängsten".

Es wird also deutlich, wie die Autoren sagen, „daß sich die Veränderungen innerhalb der Gruppe auch in den jeweiligen Lebenszusammenhängen auswirkten" (*Daum, Matzat, Sauer* 1979).

Die häufig geäußerte Auffassung, daß die Wirkung von Selbsthilfegruppen allein in dem psychischen Halt bestehe, den sie ihren Mitgliedern biete, und daß für die Kompensation der eigenen Konflikte und Störungen eine lebenslange Teilnahme erforderlich sei, läßt sich vor diesem Hintergrund nicht aufrechterhalten.

In seiner Dissertation hat mein Mitarbeiter *Karl-Werner Daum* noch weitere interessante Befunde empirisch sichern können, die ich wegen ihrer praktischen Bedeutung kurz erwähnen möchte: Zum einen hängen die Veränderungen natürlich auch von der Teilnahmezeit ab:

- „Neue Selbsthilfegruppen und deren Teilnehmer ändern sich im ersten Gruppenjahr nur gering.
- Deutliche Veränderungen der Gruppen im Sinne eines gefestigteren und stabileren Gruppenklimas und einer differenzierten psychotherapeuti-

schen Arbeit beginnen zwar im ersten Jahr, stabilisieren und dokumentieren sich aber erst im zweiten und dritten Gruppenjahr. Das scheint nicht zuletzt das Ergebnis eines unveränderten Gruppenrahmens (Setting) zu sein. Die Gruppen haben sich dann über einen längeren Zeitraum in der gleichen Zusammensetzung und ohne ständige Zerfallangst getroffen und gearbeitet.
- Im vierten Gruppenjahr bleiben Gruppenklima und Gruppenarbeit in der gefestigten und differenzierten Form bestehen. Die erfahrenen Gruppenteilnehmer sehen sich deutlich verändert, was auch durch Änderungen im Selbstbild der Persönlichkeit bestätigt wird."

Bei seinen Untersuchungen an 18 Selbsthilfegruppen konnte *Daum* auch vier unterschiedliche Typen von Selbsthilfegruppenteilnehmern ermitteln. Auch sie sind in einer differenzierteren Betrachtung zu beachten:

„Seelisch stark leidende Personen (der ‚typisch neurotische' Gruppenteilnehmer) profitieren durch den Selbsthilfegruppenbesuch schon im ersten Jahr. Der Gruppenbesuch führt zu einer Beschwerdeentlastung; die depressive Grundstimmung geht zurück (siehe auch *Daum, Moeller* 1984).

Eine konfliktaufdeckende und analysierende therapeutische Arbeit in einem gefühlsbetonten Gruppenklima führt bei einem anderen Teilnehmertyp, dem ‚kontaktfähigen Neurotiker' zu einem verstärkten emotionalen Erleben, zu Verunsicherungen im Selbsterleben und dadurch zu Irritationen, die man als therapeutische Regression durch den Kontakt mit dem vielschichtigen Leben in der Gruppe (*Argelander* 1972; *Bion* 1974) verstehen muß.

Der ‚gesunde Teilnehmertyp' findet sich erwartungsgemäß in den erfahrenen Gruppen. Er ist aber vereinzelt auch Teilnehmer in einigen neuen Gruppen. Hier leistet er für sich eine vorbeugende Konfliktarbeit, für die jeweilige Gruppe übernimmt er emotional integrierende Funktionen.

Für bestimmte Teilnehmer, besonders für den ‚durchsetzungsfähigen Neurotiker' ist der Zeitraum von neun Monaten zu kurz, um Veränderungen zu erleben. Die geringen Änderungen dieses Teilnehmers sowie auch der Gruppen, in denen er sich befindet, lassen die Vermutung aufkommen, daß man es hier mit eher psychosomatisch strukturierten Personen (*Overbeck* 1975) zu tun haben könnte. Ein Profilvergleich des Gießen-Tests mit psychosomatischen Patienten einer Heidelberger Untersuchung (*von Rad, Wierthmann*, zitiert nach *Beckmann, Richter* 1979, S.233) bestätigt diese Annahme."

In diesem Bereich sind künftig noch sehr viel Forschungen nötig. Selbsthilfegruppe ist auch bei einem identischen Selbsthilfetyp für dasselbe Problem nicht Selbsthilfegruppe. Bei Übergewichtigen-Selbsthilfegruppen konnte z.B. belegt werden, daß ein Teil der Gruppen ausgesprochen gute, ein anderer Teil sehr mäßige Ergebnisse erreichen konnte – eine Spannweite, die im übrigen exakt den Ergebnissen einer professionellen ärztlichen Therapie entsprach (*Stunkard* 1972).

13. Zur Arbeitsweise von Gesprächsgemeinschaften

Ein wesentliches Moment für eine erfolgreiche Arbeit ist darin zu sehen, daß die Gruppe ihr eigenes „Setting", ihre Gruppenanordnung stabil einhält. Denn dieses Setting enthält indirekt jene grundlegenden Regeln, die eine Selbstregulation der Gruppe garantieren. In meinem Buch über Selbsthilfegruppen habe ich die drei wesentlichen Prinzipien, die jede regelmäßig arbeitende Selbsthilfegruppe nach einiger Zeit selbst entdeckt, ausführlich beschrieben: das Kontinuitätsprinzip, das Gruppenprinzip und das Selbsthilfeprinzip. Ich möchte zur Verdeutlichung nur das Selbsthilfeprinzip herausgreifen. Es besagt: hier hilft nicht einer dem anderen und der wieder ihm (wie es die Anekdote vom Tauben und Lahmen wiedergibt; denn das wäre wechselseitige Fremdhilfe), vielmehr hilft hier jeder sich selbst und hilft damit den anderen, sich selbst zu helfen. Der entscheidende Vorgang in solchen kleinen überschaubaren Gruppen ist also die Tatsache, daß jeder für jeden zu einem kleineren oder größeren Vorbild wird. Das Lernen am Modell – ohnehin in der Erziehung seit langem als das wirksamste Prinzip erkannt – ist also die Grundlage. Die „Emotions Anonymous" (Selbsthilfegruppen für seelische Gesundung) fassen das in den lakonischen und revolutionären Satz: „Keine Fragen, keine Ratschläge, jeder über sich selbst".

Natürlich findet in jeder Gesprächsgemeinschaft auch Fremdhilfe statt, sie ist aber nicht das entscheidende Moment, um die beiden großen Therapeutika der Selbsthilfegruppen zustande zu bringen:

das wesentliche Gespräch und die gemeinsame Bindung. Unsere Erfahrungen zeigen, daß Gruppen, die längere Zeit tagen, diese Erfahrungen nach und nach von selbst berücksichtigen.

Einen wichtigen Vorgang, der sich in Selbsthilfegruppen direkt abspielt, habe ich einmal *„teilnehmende Resonanz"* genannt. *Daum* konnte ihn inzwischen auch empirisch sichern. Er besagt, daß jedes Gruppenmitglied unwillkürlich nachvollzieht, was ein anderer gerade berichtet. Dementsprechend kommt er durch das vorgebrachte Problem zu eigenen Gefühlen und Vorstellungen. Auf diese Weise antwortet also jeder mit eigenen inneren Erlebnissen einfach durch die Tatsache, daß er an dem Gruppengeschehen teilnimmt; oder anders gesagt, er bildet eine Resonanz – eine teilnehmende Resonanz aus. Nun ist klar, daß diese Resonanz etwas mit dem zu tun haben muß, was ein Mitglied gerade berichtet hatte. Es ergänzt also diesen Bericht oder dieses Problem um eine neue, bisher nicht bewußt gewordene Seite. Deswegen ist es günstig, wenn diese Erlebnisse oder Phantasien oder Gefühle, die in den Gruppenmitgliedern angeregt werden, auch zur Sprache kommen.

Ein Beispiel – eine Sequenz innerhalb einer Gruppensitzung, die ich versuche, sehr komprimiert wiederzugeben: Ein Gruppenmitglied berichtet über seine nachts aufkommende Angst, überfallen zu werden. Die anderen Teilnehmer, die diesen Bericht hören, werden von dieser Gefühlssituation angesteckt, das heißt, sie identifizieren sich unwillkürlich damit. Jedes Gruppenmitglied hat seine je individuelle Assoziation ähnlicher Ängste, seine spezielle Verarbeitung dieser Befürchtungen, seine dagegen gerichteten Abwehrformationen. Nun antworten aber zahlreiche Mitglieder auf diese vorgebrachte Angst. In diesen Äußerungen wird diese Angst mit anderen Inhalten verknüpft. So kommt ein Mitglied auf die Angst vor brutalen Menschenmengen; ein anderes auf die Furcht, vergewaltigt zu werden; ein anderes auf Ängste vor einer sexuellen Beziehung oder vor einer Elternfigur. Zusammengefaßt bildet die Gesamtresonanz aus zahlreichen Variationen und Assoziationen einen neuen Bedeutungsraum, der das ursprüngliche Problem, die Angst, überfallen zu werden, unwillkürlich erläutert. Das Gleiche kann sich nun auch direkt in den Beziehungen zwischen einzelnen Gruppenmitgliedern darstellen, das heißt durch das Erleben der aktuellen Beziehung in der Gruppe ergänzt werden. So spürte ein Mitglied plötzlich Aggressivität und Angst vor einem anderen, usw.

Das Phänomen wird auf diese naive Weise sozusagen gedeutet. Das aufkommende Problem, das sich zunächst außerhalb der Gruppe im Alltag und in der Vergangenheit befand,inszeniert sich nun innerhalb der Gruppe im Hier und Jetzt. Der Prozeß bleibt ganz auf der unmittelbaren Gefühlsebene. Aus der gesamten teilnehmenden Resonanz der Gruppenmitglieder ergibt sich also eine spezifische Antwort auf die aufgekommene Thematik. Sie entspricht der Deutung in der professionellen Psychotherapie. Wie die Deutung führt diese teilnehmende Resonanz zur verändernden Einsicht. Einsicht kann man vielleicht als das entscheidende allgemeine Ziel der Selbsthilfegruppen ansehen. Nur über Einsicht lassen sich Konflikte und seelisch bedingte Körperbeschwerden auflösen.

14. Zur Konzeptbildung in Gesprächsgemeinschaften

Das Konzept der Gruppenselbstbehandlung ist nicht von Anfang an vorhanden, es entwickelt sich erst. Daß damit nicht dem Chaos Tor und Tür geöffnet ist, hat seinen Grund vor allem in Rahmen und Richtung des therapeutischen Prozesses, aber auch in der besonderen Ausgangslage. Die Ausgangslage bestimmt, was überhaupt in das Konzept eingeht. Das Wesentlichste ist hier die unprogrammierte Auswahl der Teilnehmer durch den freien Anschluß. Diese Auswahl aber ist selbst natürlich schon ein Ergebnis des ganzen Vorhabens, in Gruppen die eigenen Konflikte zu bearbeiten. So kann man also die Auswahl der Teilnehmer, die das Konzept mitbestimmen, und das Konzept, das auch über das therapeutische Arrangement und die Auswahl bestimmt, nicht isoliert voneinander betrachten. Das ist zu erweitern: Jedes Element des Konzeptes steht mit jedem anderen in Wechselwirkung, alles ist aufeinander abgestimmt, ein Detail verleiht dem anderen erst seine Bedeutung und umgekehrt.

Die Gruppenselbstbehandlung ist nur als Ganzes, als Gestalt zu betrachten. Darin allerdings unterscheidet sie sich in keiner Weise von einer professionellen Gruppentherapie. Ich betone den Systemcharakter hier so sehr, weil es ein falsches Bild ergibt, wenn wir ein isoliertes Element als charakteristisch für die Gruppenselbstbehandlung herausgreifen; erst das Ganze ist charakteristisch. Vor allem ist daran zu denken, daß die Gruppenselbstbehandlung eine ständige Entwicklung und kein Zustand ist. Das Erleben, die Erfahrung, das Handeln in der Gruppe ist entscheidend. Der Anfang ist ganz anders als das Ende.

Die Entwicklung hat ihre Richtung durch das Ziel: es geht um die eigenen Konflikte, nicht um die der anderen. Das ist das entscheidende Merkmal der Selbstbetroffenheit. Es geht darum, sie nach Möglichkeit zu beheben. Das Abschlußergebnis ist jedoch nicht eine sterile Konfliktlosigkeit, sondern Konfliktfähigkeit. In ihr ist das Gruppenziel zu sehen. Der Rahmen ist vor allem durch das therapeutische Arrangement gegeben. In ihm sind auf eine unausgesprochene Weise fast alle nötigen Anleitungen enthalten.

Daraus ergibt sich die Gruppenselbstregulation. Zu ihr tragen vor allem die Wertvorstellungen bei. Die vier von allen geteilten und angestrebten Ideale (Selbstbestimmung, Echtheit oder Offenheit, Hoffnung und Solidarisierung zu einer Gemeinschaft) habe ich andernorts ausführlicher besprochen (*Moeller* 1978). Sie haben große therapeutische Konsequenzen, ja, man kann sie geradezu als Säulen des unausgesprochenen therapeutischen Konzeptes der Gruppenselbstbehandlung betrachten.

Aus Arrangement und Wertvorstellungen ergeben sich die drei großen therapeutischen Prinzipien: das Kontinuitätsprinzip, das Gruppenprinzip und das Selbsthilfeprinzip. Aus allem folgt das therapeutische Verhalten, das sich während der gemeinsamen Arbeit nach und nach entwickelt und bei voller Entfaltung als Gruppenselbstbehandlungsfähigkeit angesprochen werden kann. – Das Konzept *ist* nicht, es wird.

Eine EA-Teilnehmerin sagte in einem Gespräch: „Wenn es mir dreckig geht, möchte ich sprechen, sprechen, sprechen. Ich suche Menschen, mit denen ich reden kann..." Eine Gruppe meinte auf dem Gesamttreffen: „Solange die Gruppe Gefühle ausdrückt, bleibt sie zusammen". Der Psychoanalytiker *Michael Balint* empfahl als wesentlichste psychotherapeutische Grundregel: der Therapeut sollte vor allem für eine Atmosphäre sorgen, in der ein Patient frei sprechen könne.

Die Selbsthilfegruppen bieten diesen Gesprächsraum von Anfang an. Betrachten wir das Anfangsgeschehen, so sind die Momente besonders gut zu erkennen, die für die therapeutische Atmosphäre der Selbsthilfegruppen ausschlaggebend sind. Vor allem entsteht durch die gleichgestellte Solidarisierung ein tieferes wechselseitiges Vertrauen. Offensichtlich ermöglicht die Solidarität einen offeneren Austausch als die abhängigen Beziehungen in der professionellen Therapie. Das zeigen die empirischen Vergleiche von Selbsthilfegruppen und psychoanalytisch orientierten Gruppentherapien: die Selbsthilfegruppenteilnehmer fühlen sich mehr ermutigt, Probleme anzusprechen, als die Patienten. Sie geben sich eher so, wie sie sind. Besonders die Anfänger in Selbsthilfegruppen erleben, verglichen mit den Anfängern in den professionellen Gruppen, die anderen als offener.

Wir müssen jetzt jedoch den Blick über dieses emotionale Anfangsereignis hinaus erweitern und die Umstände ins Auge fassen, die überhaupt zu einem solchen Anfang führen: die Anordnung der Selbsthilfegruppen, die freie Wahl und den Kreis der Personen. Denn erst dadurch wird klar, was in die Konzeptbildung eingeht: Vor allem das beschriebene therapeutische Arrangement enthält fast alles Nötige: Die Konfliktarbeit findet in der Gruppe statt. (Auf die Bedeutung und die Konsequenzen dieses Gruppenprinzips gehe ich noch ausführlicher ein.) Die Gruppe hat eine bestimmte Größe von sechs bis zwölf Personen. Dadurch kann jedes Ereignis von jedem persönlich miterlebt werden. Die Frequenz von einer bis zwei Sitzungen pro Woche, die Sitzungsdauer von zwei bis drei Stunden und die langfristige Teilnahme garantieren die Kontinuität, die zum Durcharbeiten der Konflikte nötig ist. (Auch auf dieses Kontinuitätsprinzip komme ich noch gesondert zu sprechen.) Das Thema sind die eigenen Konflikte. Das Ziel ist ebenfalls klar: die Teilnehmer wollen gemeinsam versuchen, ihre persönlichen Probleme zu lösen, oder zumindest lernen, mit ihnen besser umzugehen. Aus Thematik und Ziel leitet sich die Gruppenmethode ab. Sie bedient sich des einfachsten und wohl auch wirkungsvollsten Instrumentes: des Gesprächs. Vor allem geht es darum, die eigenen Probleme, seine emotionalen Erlebnisse zu äußern und sich wechselseitig zu helfen, sie zu verstehen.

Das alles ist unausgesprochen im Arrangement enthalten. Es kommt noch hinzu, daß es um eine Selbsthilfegruppe geht. Jeder ist hier für sich selbst da. Er ist Kotherapeut und Kopatient zugleich –

allerdings mit der entscheidenden neuen Qualität dieses therapeutischen Verfahrens: er nimmt sich selbst als Ziel der Veränderung, nicht den anderen. Das Selbsthilfeprinzip, nicht das Fremdhilfeprinzip, ist hier gültig. Dadurch ist die Gleichheit in der Gemeinschaft vollends gegeben. Vielleicht hat sie die größte Auswirkung, da sich ja die meisten vorher subjektiv oder objektiv ausgestoßen, stigmatisiert oder minderwertig fühlten. Im vollen Umfang läßt sich die Bedeutung des therapeutischen Arrangements kaum ausloten. Allein die Tatsache zum Beispiel, daß sie nicht in einem professionellen Therapieraum stattfindet, sondern in einem neutralen Alltagsraum, den die Gruppe für sich hat, gibt ein ganz anderes, weniger funktionales, lebendigeres, wärmeres Gefühl füreinander. Die Ausgangslage der Gruppenselbstbehandlung wird außerdem entscheidend durch die freie Wahl geprägt, sich der Gruppe anzuschließen. Sie resultiert aus einem der vier Werte der Selbsthilfegruppen, aus der Selbstbestimmung. Jeder einzelne befolgt diese ungeschriebene Regel.

Die freie Wahl in Form der Selbstindikation und selbstbestimmten Gruppenzusammensetzung ist ein therapeutischer Faktor ersten Ranges,

- weil sie als selbständige Handlung eben diese Selbständigkeit mobilisiert;
- weil sie unversehens und von vornherein die Gruppe vor allem in den persönlichen Merkmalen aufeinander abstimmt;
- weil sie vor allem Menschen zusammenführt, die ihre innere Bereitschaft und Entschlossenheit teilen, an sich zu arbeiten;
- kurz: weil sie eine therapeutische Wahlverwandtschaft hervorbringt.

Die Ähnlichkeit wirkt sich nun natürlich nicht nur positiv auf die Anfangsdynamik aus. Sie ist ein positives therapeutisches Moment für die gesamte Selbsthilfegruppenarbeit.

15. Erfahren oder Geführtwerden? Das Programmproblem

Einige sprechen davon, daß das Problem der Selbsthilfegruppen den Therapeuten ersetze. Wie erwähnt, haben die Anonymen Alkoholiker und davon abgeleitet alle Anonymousgruppen eine Art „Programm“: die sogenannten „Zwölf Schritte“ für den einzelnen, die „Zwölf Traditionen“ für die Gruppe als Ganzes. Darüber hinaus werden inzwischen zahlreiche weitere Empfehlungen in kleinen Broschüren verbreitet. In ihnen spiegelt sich der Geist, das Klima, die Atmosphäre einer Selbsthilfegruppenorganisation.

Solche Programme werden jedoch regelmäßig von Außenstehenden und Neulingen mißverstanden. Am besten ist es, sie gar nicht als Programm oder Anleitung zu bezeichnen. Was mir EA-Selbsthilfegruppenmitglieder schon oft berichtet haben, stellte mir kürzlich *Ernst Herhaus* in einem Gespräch noch einmal deutlich vor Augen: die „Zwölf Schritte und Traditionen“ seien keine Gebote, die man zu befolgen habe, es seien „Empfehlungen, denen man folgen kann, wenn man sie für sich als geeignet ansieht“. Eine Umfrage, an der sich zehn deutsche EA-Selbsthilfegruppen beteiligten, ergab demnach als eine Art Grundregel: „Keine Ratschläge, keine Vorschriften“. Unter den größten Problemen der Gruppe wurde sogar einmal die Überfremdung durch die „Zwölf Schritte“ erwähnt, also ihre Fehlauffassung als vorgeschriebenes Programm.

Die sogenannten Programme unterscheiden sich ganz grundsätzlich von Regeln und Vorschriften, wie sie etwa jene Selbsthilfegruppen einzuhalten haben, die von Experten konzeptualisiert wurden. Ich will hier als Beispiel nur die „Recovery Incorporation“ von *A.A. Low* und die „Integritätsgruppen“ von *O. Hobarth Mowrer* nennen. Der fundamentalste Unterschied liegt darin, daß Empfehlungen das Selbsthilfeprinzip, die Selbstbestimmung und die Selbstverantwortung nicht einschränken. Jeder kann selbst entscheiden, ob er etwas für sich übernimmt. *Jutta* hat dafür ein modernes, vielleicht zu konsumorientiertes, aber doch auch treffendes Bild gefunden: es sei wie in einem Selbstbedienungsladen; man könne sich selbst nehmen, was man benötige. Was man jedoch üblicherweise unter Programmen versteht, enthält feste Vorschriften, so etwa die „Zehn Gebote“ der Integritätsgruppen. Hier wird ein Teilnehmer von außen gesteuert. So lautet Gebot Nr. 9: nicht lügen. Oder Gebot Nr. 3: kein Abreagieren negativer Emotionen. – Wenn der Teilnehmer aber nicht anders kann?

Nehmen wir das Lügen als Beispiel: es gibt hundert Formen von Lügen, liebevolle und niederträchtige, zärtliche und destruktive, schützende und gemeine. Es gibt Hunderte von Situationen, in denen Lügen notwendig oder überflüssig sein können und jeweils eine ganz andere Bedeutung haben. Wie wesentlich ist es also, in einem Prozeß der Selbsterkenntnis frei lügen zu dürfen! Erst dann kann man auch verstehen, warum man lügt. Wir lügen meist, um eine eigene Schwäche auszugleichen. Wenn man die Lüge „mediziniert", das heißt in das Bezugssystem der Psychopathologie einspannt, dann kann man sie als Krankheitssymptom auffassen. Welche Bedeutung aber hat es, Krankheitssymptome zu verbieten? Nur eine: die Verdrängung zu fördern. Das Gebot „Du sollst nicht lügen" mag als Norm für ein allgemeines menschliches Verhalten einen Wert haben. In einer Selbsthilfegruppe, in der jeder versucht, sich selbst zu erfahren, sich zu entdecken und sich auch in seinen negativen, abgelehnten, verpönten Seiten zu verstehen, ist ein solches Gebot eher schädlich. Es schafft nur Unfreiheit. Es sperrt jene Verhaltensweisen wieder aus, die sich hier gerade entfalten sollten. Wie oft sind Lügen in jenen harmoniebesessenen, von Vertrauen durchtränkten, symbiotisch verschmolzenen Familien die einzige schmale Basis für die Selbständigkeit der sonst nur noch ans Herz der Eltern gedrückten Kinder! Ein Verbot der Lüge wiederholt diese symbiotische Familienmoral, die selbst auf einer Lüge (keine Aggressionen zu kennen, wie sie in Lügen enthalten sind) aufbauen muß und vielleicht deswegen so allergisch reagiert. Wie in allen psychoanalytisch orientierten Therapien geht es aber auch in Selbsthilfegruppen darum, die moralische Haltung durch die verstehende Haltung zu ersetzen. Anders ist Konfliktarbeit nicht möglich.

An diesem herausgegriffenen Beispiel der Lüge werden wesentliche Probleme einer Anleitung deutlich. Wenn wir verstehen, warum wir lügen, finden wir einen neuen Zugang zu uns selbst, wir gewinnen Einblick in jene Seiten, die wir sonst vom Bewußtsein abgespalten hatten. Wir können diese Anteile jetzt in unsere Person integrieren. Was geschieht aber, wenn wir der Regel folgen, nicht zu lügen? Wir übernehmen eine moralische Haltung und unterdrücken unsere Lügenhaftigkeit. Da aber sonst nichts weiter verstanden ist, kommt es entweder zur Symtomverschiebung oder viel einfacher zur Verleugnung der Lüge. Wir meinen dann sogar, ehrlich zu sein, wenn wir lügen. Das schlimmste ist also, daß sich die Beziehung zu uns selbst durch solche Gebote verzerrt. Ein Programm, so gut es gemeint sein mag, hat also erhebliche seelische Nebenwirkungen:

1. Es betont die Außensteuerung und verringert die Selbstbestimmung.
2. Es schwächt das Ich.
3. Es ersetzt die persönliche Erfahrung durch äußere Maßstäbe. Es verändert die Beziehung zu sich selbst (zum Beispiel in Richtung einer moralischen Haltung), fördert die Verdrängung und riegelt das Unbewußte ab.
4. Es legt Zustände fest und geht dadurch an der Entwicklungsqualität der Selbsthilfegruppen vorbei. Es verleiht einzelnen Verhaltensweisen (zum Beispiel Lügen) außerhalb ihres Zusammenhangs zuviel Gewicht, setzt sie absolut, fördert eine oberflächliche Symtomorientierung und geht an den vielfachen Bedeutungen und mehrfachen Wurzeln eines Verhaltens vorbei.
5. Es schränkt die freie Entfaltung der Konflikte ein. Es irritiert also die gesamte gruppendynamische Steuerung und mindert damit die therapeutische Effektivität.
6. Es verhindert die beste innere Abstimmung zwischen konkreten aktuellen therapeutischen Bedürfnissen und Möglichkeiten des einzelnen und der Gruppe.

Diese Nebenwirkungen sind so erheblich, daß man den haltgebenden und richtungsweisenden Wert eines Programms allein deswegen niedriger einzuschätzen hat. Noch fraglicher aber wird ein Programm, wenn man weitere Konsequenzen bedenkt. Vollends ungeeignet erscheint eine Anleitung schließlich, wenn man den haltgebenden und richtungsweisenden Wert selbst befragt und in Vergleich setzt zur Wirkung der ungeschriebenen Orientierung durch therapeutisches Arrangement, Wertvorstellungen und Prinzipien.

Die Gießener Selbsthilfegruppen haben nach und nach eine anfänglich bestehende Themenzentrierung („Kontaktschwierigkeiten", „Arbeitsprobleme", „Sexualität" und so weiter) und Programmwahl aufgegeben. Sie folgen demzufolge dem Programm der Programmlosigkeit. Man kann das mit dem Erlernen einer Fremdsprache vergleichen. Auch hier stehen zwei Wege offen: entweder geht man unmittelbar in das Land selbst oder man unterzieht sich einem Sprachunterricht. Zwar wird beim Erlernen einer neuen Sprache in der Regel der programmierte Weg gewählt, aber ja nur deswegen, weil man sich einen längeren Auslandsaufenthalt kaum leisten kann. Doch gilt die offenere Methode als die günstigere. Sie wird zum Beispiel heute als „Totalimmersion-System" in Sprachschulen imitiert. Wie im Land selbst hört und spricht man ohne weitere Vorkenntnisse nur in der fremden Sprache. Das gleicht dem spontanen Weg der Selbsthilfegruppen. Er ist nicht nur gangbar, er dürfte auch der bessere sein. Nichts kann die ständige unmittelbare Herausforderung, die Aktivität, die persönliche Erfahrung und die direkte Modellbildung „im Milieu selbst" ersetzen. Darüber hinaus geht es ja in Selbsthilfegruppen gar nicht nur um eine Sprache, in der man sich zurechtfinden muß, es geht um das Aufnehmen und Herstellen von Beziehungen zu Menschen in einer Gruppe und um die Selbstentdeckung. Dabei liegen nun Programme fast nur noch quer.

Selbsthilfegruppen müssen also von ihrer Aufgabe her nichtdirektiv sein. Programme im Sinne zu befolgender Gebote sind mit der Gruppenselbstbehandlung kaum zu vereinbaren. In der Praxis können sich Selbsthilfegruppen im übrigen ausgefeilte Programme auch nicht leisten. Sie sind zu teuer.

Inwieweit es sich lohnt, die wachsende Erfahrung der Selbsthilfegruppen in Empfehlungen weiterzugeben, muß zunächst offenbleiben. Es ist etwas ganz anderes, ob eine Gruppe durch zunehmende Entdeckung gemeinsam an Erfahrung gewinnt oder ob sie durch Hinweise von außen, sozusagen künstlich, in einen höheren Stand der Erfahrung versetzt werden soll. Hier scheint mir der direkte und fortlaufende Erfahrungsaustausch der Selbsthilfegruppen in einem Gesamttreffen der aussichtsreichste Weg.

Wegen ihrer unabsehbaren Nebenwirkungen werden wir den Nutzen von Regeln sorgfältig erwägen müssen. Sehr schnell kann eine ursprünglich spontane Bewegung in den Prozeß einer Verschulung geraten und erstarren. Es gibt aber auch Regeln und Programme zur Förderung von Autonomie, Selbstverantwortlichkeit und

Spontaneität. Es mag sein, daß solche Anleitungen nötig sind, um aus einer Welt herauszukommen, in der durch Familienleben, Arbeitssituation und Alltag ununterbrochen Abhängigkeiten, Unterwerfung unter Autoritäten und spontanitätserstickende Rücksichtnahme gefordert und eintrainiert werden. Vielleicht gilt das insbesondere für sozial sehr unterdrückte Gruppen wie Arme, Alte, langfristig eingesperrte chronische Patienten und Strafgefangene.

Die Gruppenselbstbehandlung beruht jedoch in ihrer ursprünglichen Form auf Selbstregulation und persönlicher Erfahrung, nicht auf Anleitung und guten Ratschlägen. Wenn einmal Hinweise oder Empfehlungen unerläßlich scheinen, sollten drei Gesichtspunkte beachtet werden:

- so wenig wie möglich,
- so einfach wie möglich,
- und so weit wie möglich aus der Erfahrung der Teilnehmer stammend.

Die Programmierung von Selbsthilfegruppen läßt zur Zeit zwei Dimensionen erkennen, die auch künftig als wesentliche Bedingungen bei der Einschätzung jeder Form von Gruppenselbstbehandlung zu berücksichtigen sind:

1. Das Ausmaß der Regulierung überhaupt: Die Selbsthilfegruppen arbeiten völlig ohne Anleitung (offene Gesprächsgruppen), mit wenig (EA), mehr (AA) oder sehr viel Regulierung (Synanon).
2. Das Ausmaß der Expertenbeteiligung: Die Regeln stammen von Experten (Recovery Inc.) oder überwiegend von Experten mit Beteiligung der Selbsthilfegruppen (z.B. das Selbsthilfe-Psychotherapiemodell nach *Thomas J. Scheff*). Sie sind eher von Teilnehmern mit Hilfe von Experten (Integritätsgruppen) oder ausschließlich von Teilnehmern (AA) entworfen.

Die exakte Anleitung bei sogenannten Selbstkontrollgruppen verfolgt einen ganz anderen Weg. Sie ist für einen Lernprozeß bestimmt, etwa mit dem Ziel, sich ein angemesseneres soziales Verhalten anzueignen. Der Grad der außengesteuerten Vorstrukturierung ist hoch. Vielleicht aber ist gerade deshalb die Wirksamkeit der Selbstkontrollgruppen bei Arbeitsstörungen von Studenten so günstig, wie *Jörg Fengler* mir berichtete, da es hier um außenbezogene Leistungen geht, die die Entwicklung spezieller organisatorischer

Ich-Funktionen erfordert. Ich glaube, daß man Selbstkontrollgruppen wegen ihrer ganz anderen Zielsetzung deutlich von Selbsthilfegruppen abgrenzen sollte. Es sind notwendigerweise direktive Gruppen. Dennoch dürfte auch hier der bei uns geplante Erfahrungsaustausch wechselseitig sehr anregend wirken.

Fragen wir nach dem haltgebenden und richtungsweisenden Wert von Programmen. In Gießen haben zum Beispiel mehrere Gruppen mit einem Programm nach *Schwäbisch-Siems* begonnen. Es enthält soziale Übungen für elf Sitzungen. So kann jeder in einer Vertrauensübung lernen, dem anderen mehr zu vertrauen. Er kann dabei auch sein eigenes Mißtrauen besser kennenlernen. Zunächst leuchtet die Vorstellung ein, daß die Gruppe hiermit einen guten Einstieg findet. Man kann das auch im Rahmen ihres ganzen Vorhabens nicht als unsinnig bezeichnen. Vielmehr könnte man argumentieren, die Gruppe überwinde so leichter ihre angstbesetzte und mißtrauensvolle Anfangsphase; sie gewinne Halt. Nach einigen Versuchen sehen wir die Sache aber doch anders. Im Vergleich nämlich zu den Selbsthilfegruppen, die nicht mit dem Programm beginnen, ist das Vertrauen in diesen programmierten Gruppen keinesfalls höher. In elf Sitzungen haben auch die programmlosen Gruppen ein solidarisches Gruppengefühl entwickelt. Darüber hinaus sind sie sogar an gemeinsamen Erfahrungen reicher.

Zugegeben, die ersten Sitzungen einer programmlosen Selbsthilfegruppe machen wohl manchmal einen katastrophalen Eindruck. Nichts will gehen. Einer ängstigt sich mehr als der andere. Keiner will sich das anmerken lassen. Man fragt sich, was das nun alles solle, ob das immer so weiter gehe; das bringe doch nichts. Angst, Mißtrauen, Zurückhaltung und Oberflächlichkeit prägen diese Sitzungen.

Wie munter dagegen eine *Schwäbisch-Siems*-Gruppe! Hier hat man das Programm greifbar in den Händen und beginnt planmäßig mit der ersten Sitzung: „Sich-Kennenlernen", 165 Minuten, 6 Stufen. Beim nächsten Mal folgt „Metakommunikation in Gruppen", das heißt Reflektieren über den Ablauf eines Gespräches, 180 Minuten, 7 Stufen. An diesem Spalier wächst die Gruppe weiter und folgt meist begierig dem Programm. Ich möchte betonen, daß die „Anleitung zum sozialen Lernen" von *Lutz Schwäbisch* und *Martin Siems* sehr viel bietet, was wirklich ausgezeichnet ist. Nicht zufällig haben sich gerade Selbsthilfegruppen dafür erwärmt. Denn fast alles, was hier geboten wird, läßt sich mit dem Geist der Selbsthilfegruppen verbinden. Es geht hier aber nicht so sehr um den sinnvollen Inhalt, sondern um den Nutzen des Ganzen am Anfang einer Selbsthilfegruppe. Zunächst ist zu vermerken, daß einige Gruppen das Programm abgebrochen haben. Warum? Sie hätten wohl gelernt und gelernt, war die Antwort, aber die persönlichen Probleme seien nicht zum Zuge gekommen; der Aufschub sei zu groß. Andere, die mit allen elf Sitzungen durchgekommen waren, standen dann sozusagen wieder am Anfang: Plötzlich hätten sie gar nicht gewußt, was nun weiter werden sollte. Einige Gruppen lösten sich auf.

Wir standen also vor der Tatsache, daß die Vertrauensbildung durch das haltgebende Moment des Programms zwar vonstatten ging, sich aber auf die spezielle Tätigkeit beschränkte, die der Gruppe die Struktur gab. *Schwäbisch-Siems-Gruppen* sind eben wohl oder übel Arbeitsgruppen, keine Therapiegruppen. Dieser Unterschied ist wichtig. Er verändert die ganze Gruppengestalt. *Alfred Katz* und *Eugene Bender* diskutieren das auf dem Hintergrund einer schon vor drei Jahrzehnten vorgeschlagenen Einteilung von Gruppen in „psyche-groups" und „socio-groups". Während psyche-groups („Seelengruppen") der Primärgruppe, wie zum Beispiel der Familie, ähnlich sind und sich durch eine persönliche, spontane und emotional sehr beeindruckende Atmosphäre auszeichnen, haben die socio-groups („Arbeitsgruppen") einen formellen und eher unpersönlichen Charakter. Die heutige Gruppenforschung könnte noch eine Fülle weiterer Merkmale herausstellen. Es genügt aber, *Helen H. Jennings* Definition zur Kenntnis zu nehmen: die psyche-group-Mitglieder wählen sich danach, ob sie miteinander gut zusammensein und zusammenleben können; socio-group-Teilnehmer wählen sich nach dem ganz anderen Gesichtspunkt aus, ob sie zusammen arbeiten können. Schon die Wahl findet also nach unterschiedlichen Fähigkeiten und Eigenschaften statt.

Das ist auch in Gießen deutlich zu erkennen, wenn sich im Rahmen eines größeren Anfangstreffens *Schwäbisch-Siems*-Gruppen und Freie Gesprächsgruppen bilden. Es kommt allein dadurch zu einer ganz anderen Gruppenzusammensetzung. Die Aufgabe selbst bedingt dann darüber hinaus noch ein ganz anderes Gruppenhandeln. Die Gruppencharaktere unterscheiden sich also erheblich. Nach ihren offiziellen elf Sitzungen muß sich die *Schwäbisch-Siems*-Gruppe von einer Arbeitsgruppe in eine Therapiegruppe wandeln. Die Vertrauensbildung bezog sich bisher auf die gewohnte Arbeitsgruppenexistenz. Das so gewonnene Vertrauen hilft nur wenig bei dem Vorhaben, sich jetzt mit sich selbst in offener Interaktion auseinanderzusetzen. Die Gruppe steht also nicht nur wieder am Anfang. Vielmehr muß sie eine innere Umstrukturierung zustande bringen. Und das ist besonders schwierig.

Eine unprogrammierte Selbsthilfegruppe hat aber in der Zwischenzeit etwas Unersetzliches durchlebt: die Erfahrung der eigenen Ängste und des wechselseitigen Mißtrauens, das zunehmende Bekanntwerden und das zögernd wachsende Vertrauen; oft auch die große Entlastung, freier sprechen zu können oder einfach nur schweigend dabei zu sein. Kurz: die Gruppe hat ihre Bildungsphase selbst erfahren, ohne durch irgendwelche Regeln in diesem Prozeß gestört oder aufgehalten zu werden. Die Anfangserfahrung, das Wachstum der therapeutischen Beziehungen aus einer offenen Situation, ist den Teilnehmern nicht genommen worden. Es war ihnen und ihren konkreten Bedürfnissen und Chancen überlassen, wie sich die ersten Schritte entwickelten. Es ist ihr eigenes Erleben und ihre eigene Leistung, was wiederum Selbstverantwortlichkeit und Autonomie mobilisiert. Und sie haben die Schwierigkeiten kennengelernt, die sich aus ihrem Verhalten selbst ergeben. Sie sind gewappnet. Insofern sind sie viel besser orientiert als diejenigen, die mit einem Programm begonnen haben.

Kurzum, der haltgebende Wert des Programms ist fragwürdig, weil er eine ganz andere Gruppenkonstellation zugrunde legt und der orientierende Wert kann niemals die Orientierung durch die eigene Erfahrung ersetzen. Es erscheint also als ein Umweg, sich zunächst von einem Programm abhängig zu machen, um sich dann von dieser Abhängigkeit wieder mühsam zu lösen – wenn diese Unabhängigkeit dann überhaupt noch zu erreichen ist. Was für das *Schwäbisch-Siems*-Programm gesagt wurde, gilt ähnlich für alle anderen Anleitungen – besonders, wenn sie den ganzen Gruppenprozeß durchstrukturieren. Eine völlig andere Situation ist gegeben, wenn sich laufende Selbsthilfegruppen für Übungen zu interessieren beginnen und damit im Rahmen ihrer Gruppenarbeit auch experimentieren. Solche Bedürfnisse entstehen aus dem selbsttätigen Gruppenprozeß, sie sind durch Eigenständigkeit gegenüber dem Programm charakterisiert.

16. Hauptprobleme der Arbeit in Gesprächsgemeinschaften

Für die praktische Arbeit der Gesprächsgemeinschaften ergeben sich nach unseren Erfahrungen sechs Kernprobleme, die nicht zuletzt auch das Verhältnis dieser Kleingruppen zu ihrer regionalen Arbeitsgemeinschaft, zu ihrer übergreifenden Selbsthilfeorganisation und die Zusammenarbeit mit den Ärzten betreffen. Ich will sie im folgenden kurz benennen:

1. Wie kann eine Gruppe *von den Erfahrungen der anderen lernen*? Das bedeutet konkret: Wie läßt sich die Gruppenselbsthilfe verbessern? Wie lassen sich Probleme angehen, die eine Gruppe als Ganzes nicht lösen zu können meint? Wie läßt sich Fehlentwicklungen vorbeugen – etwa der Entwicklung zu einem reinen Ratschlagverein oder Diskutierclub? Wie ließe sich wechselseitige Gruppenberatung realisieren?
2. Wie kann gemeinsames Reden und gemeinsames Handeln zugleich erreicht werden? Mit anderen Worten: Wie läßt sich *Selbstveränderung* (also Reflexion des eigenen Erlebens und Verhaltens und damit Aufarbeitung seelischer Belastungen) verbinden mit *Sozialveränderung* – das heißt gemeinsamer Planung für Initiativen, die als Konsequenz des Erkenntnisgewinnes in den Gruppen anzusehen sind? Wie ist die international zu beobachtende Spaltung des integrierten Selbsthilfegruppenziels in Gesprächsgruppen einerseits und Aktionsgruppen andererseits (etwa in Form der großen Selbsthilfeorganisationen) zu beheben? Gibt es überhaupt eine Chance, introspektive Besinnung mit handlungsorientierten Planungen gleichzeitig zu realisieren?
3. Wie können *neue Interessenten* kontinuierlich informiert und aufgenommen werden, ohne daß die Gruppenarbeit gestört wird und ein Kampf gegen ständige Gruppenvergrößerung geführt werden muß?

4. Wie lassen sich gemeinsame alltägliche Aufgaben im Rahmen der *Selbstorganisation möglichst wirksam lösen* – so etwa Raumbeschaffung und vor allem die meist vernachlässigte Bekanntgabe nach außen? Wie ist eine maximale Entlastung von organisatorischem Aufwand für einzelne Gruppen zu realisieren?
5. Wie soll die *Zusammenarbeit mit Fachleuten* vonstatten gehen, ohne die Eigenständigkeit der Gruppen zu gefährden? Wie können Selbsthilfegruppen Fachleute nach Bedarf zur eigenen Information gewinnen? Wie ist auch umgekehrt der Kontakt der Gruppen zu Fachleuten möglich – etwa, wenn andere Betroffene erreicht werden sollen? Ja, wie können Fachleute die Selbsthilfegruppenarbeit kennenlernen – und noch mehr: von ihnen lernen?
6. Wie ist der *Neigung zu vereinzeltem Arbeiten der Gruppen* zu begegnen, die so häufig zu enttäuschendem Zerfall oder einer Art Selbstghettoisierung führt? Das bedeutet: Wie ist ein größerer Zusammenhang herzustellen, der unbürokratisch bleibt und doch eine Möglichkeit eröffnet, für die eigenen Belange politisch wachsamer und handlungsfähiger zu werden?

17. Der Verbund im monatlichen Gesamttreffen

Für die gleichzeitige Behebung dieser sechs Kernprobleme gibt es keine geeignetere Lösung als die eines konkreten Verbundes mehrerer ähnlicher Selbsthilfegruppen/Gsprächsgemeinschaften in einer Region. Dieser Zusammenschluß realisiert sich in einem institutionellen Rahmen, wie sie z.B. die „Frankfurter Regionale Arbeitsgemeinschaft“ darstellt, und in einer machbaren gemeinsamen Aktivität: im monatlichen Gesamttreffen. Es handelt sich um einen etwa zweistündigen Termin, der zusätzlich zu den üblichen wöchentlichen Gruppensitzungen vereinbart wird und meistens an einem gesonderten Ort stattfindet. Das Gesamttreffen ist also sozusagen die Selbsthilfegruppe der Selbsthilfegruppen. Es kann von den regionalen Arbeitsgemeinschaften, den Bundes-Selbsthilfeorganisationen und von Fachleuten organisatorisch angeregt und unterstützt werden. Die Sitzung findet in Form eines offenen Gesprächs statt. Zu ihm kommen nur in besonderen Problemfällen alle Mitglieder der Gruppen, in der Regel jedoch zwei bis drei Vertreter, die nicht immer dieselben sein sollten (rotierende Delegierte). Die Bedeutung des Gesamttreffens ergibt sich aus den sogenannten Kernproblemen. Es ist also ein praxiserprobtes Modell, dessen sechs wesentliche Aufgaben folgendermaßen zu formulieren wären:

- Offener Erfahrungsaustausch im Sinne wechselseitiger Beratung zur Optimierung der Gruppenarbeit,
- Planung von Initiativen,
- Information der Neuen mit Angebot, sich Gruppen anzuschließen oder neue zu gründen,
- gemeinsame Selbstorganisation wie Raumbeschaffung und Öffentlichkeitsarbeit.
- Zusammenarbeit mit Fachleuten im Sinne einer gleichgestellten Partnerschaft, damit Nutzung des professionellen Wissens und die Beeinflussung der Fachwelt,
- höheres sozialpolitisches Bewußtsein durch Kontakt zu anderen Gruppen und damit Vorbeugung der Selbstghettoisierung.

Ein Beispiel (von meinem damaligen Mitarbeiter *Jürgen Matzat* formuliert):

> „Das Gesamttreffen der Selbsthilfegruppen für Berufstätige: Es sind ca. 25 Personen anwesend, davon sieben neue Interessenten und Vertreter aus allen vier existierenden Gruppen. Der Gruppenaustausch erfolgt in der fast schon gewohnt positiven Weise. Dabei berichten die beiden Geschwistergruppen (Montag, Dienstag), daß sie momentan in einer gewissen Stagnation stecken. Die meisten Gruppenmitglieder hätten nun etwas von sich erzählt, man würde sich ein wenig kennen, wisse aber jetzt nicht so recht, wie es weitergehen solle. Im Verlauf des Gesprächs wird immer deutlicher, daß es im Grunde um die Angst vor zunehmender emotionaler Verwicklung geht. Aus einer der beiden Gruppen wird berichtet, daß es sehr viele Außenaktivitäten von Subgruppen gibt, meistens Zweier- oder Dreiergruppen, und daß zwischendurch viel telefoniert wird. Auf diese Weise kommen zwar viele intensive Gespräche zustande, die jedoch nicht in die Gruppe zurückgemeldet werden. Das Gesamttreffen weist die Gruppe deutlich darauf hin und macht sie darauf aufmerksam, daß der Gruppenprozeß dadurch ziemlich behindert werde. Ich habe den Eindruck, daß die Mitglieder dieser Gruppe davon tatsächlich betroffen sind und heute ganz schön kritisiert werden. Eine Frau sagte: „Ich finde uns trotzdem ganz toll!". Nach dem Gesamttreffen zu urteilen, hat die jüngste Gruppe (Freitag) recht gut zueinander

gefunden und sich auf einen anspruchsvollen psychotherapeutischen Weg gemacht. Von den sieben neuen Interessenten gehen zwei (Frauen) in die Donnerstagsgruppe, die mittlerweile nur noch aus ca. sechs Mitgliedern besteht, wobei „Männerüberschuß" herrscht. Vier neue Interessenten gründen eine neue Gruppe, die sich auch freitags treffen will. Ein Interessent kann sich nicht zur Teilnahme entschließen."

18. Zur Bedeutung der Selbsthilfegruppen im Gesundheitswesen

Selbsthilfegruppen bieten mit gutem Erfolg wenigstens eine „psychologische Basistherapie". Ihre weiteren Vorteile machen sie zu einer bedeutenden Entwicklungslinie innerhalb der psycho-sozialorientierten Medizin, Versorgung und Erziehung:

- Sie sind von jedermann einfach einzurichten und zu erhalten.
- Sie sind für jedermann leicht erreichbar.
- Sie können in unbeschränkter Zahl entstehen, das heißt, ihre Kapazität ist unbegrenzt.
- Ihre Anwendungsbereiche sind außerordentlich vielseitig.
- Sie sind sehr flexibel, können also rasch auf neue Bedürfnisse reagieren.
- Sie bieten bei gleichem Grundkonzept eine Vielzahl von Variationsmöglichkeiten: Einzelpersonengruppen, Paargruppen, Familiengruppen, Jugendgruppen, Kindergruppen, Angehörigengruppen usw.
- Die Probleme, mit denen sie sich beschäftigen, sind alltagsnah. Die Teilnehmer sprechen ihre eigene Sprache, und bei entsprechender Anregung bleibt ihr Angebot nicht nur auf eine soziale Schicht beschränkt.
- Sie lassen sich, falls die oft versteckte Dominanz der Experten vermieden wird, in vielfältiger Weise mit professioneller Versorgung oder Ausbildung verbinden.
- Nicht zuletzt: sind sie praktisch kostenlos. Die Kostenfrage ist ähnlich wie beim Sport zu sehen: ihn auszuüben, kostet oft nichts und ist dem Entschluß des Einzelnen überlassen – hilfreich aber ist dafür ein Rahmen, also sportliche Institutionen wie Sportplätze, Hallen usw. Solche erleichternden Angebote sollten – ohne mit besonderen Bedingungen verknüpft zu werden – von der öffentlichen Hand auch den Betroffenen von Selbsthilfegruppen gemacht werden. Das geschieht mit der Psychosozialen Ambulanz und in Zukunft wohl auch mit der Frankfurter Arbeitsgemeinschaft Selbsthilfegruppen.

Wie bei jeder neuen Entwicklung gibt es noch reichlich Fragen zu stellen und zu beantworten: nach Ängsten vor Selbsthilfegruppen bei Laien und Fachleuten, nach Widerständen gegen diese neuartige Vorgehensweise, nach Schwierigkeiten, nach speziellen Problemen, nach Grenzen und Gefahren. Die am häufigsten gestellte Frage macht allerdings zur Zeit kein Problem, die Frage nach ihrer Effizienz: Die Gruppen helfen mehr, als manchem lieb ist.

19. Die Medizin als Schleuse zu Selbsthilfegruppen und der Beitrag der Fachleute

Die Zusammenarbeit von Selbsthilfegruppen und Experten wird meines Erachtens die Zukunft einer auch stärker psychosozial orientierten Medizin prägen müssen, da die umfangreichen Aufgaben anders nicht bewältigt werden können. Die Ärzte und andere berufliche Helfer können sich auf diesem Weg als Schleuse zu Selbsthilfegruppen neu verstehen. Sie können vor allem zwei Aufgaben versehen:

1. in der Sprechstunde oder Beratung als Vermittler zu Selbsthilfegruppen,
2. auf dem Gesamttreffen als Begleiter von Selbsthilfegruppen. Zunächst ist es wesentlich, die Eigenständigkeit und Selbstverantwortlichkeit der künftigen Gruppenteilnehmer hervorzuheben. Daher kann es auch keine „Überweisung" in die Selbsthilfegruppe geben. Nötig ist es aber, im Beratungsgespräch auf die noch zu wenig bekannte Form der Gruppenselbsthilfe in eigenständigen Gesprächsgruppen aufmerksam zu machen. Der Patient sollte sich selbständig entschließen. Er ist ja auch in der Selbsthilfegruppe nicht mehr unmittelbar in der Patientenrolle. Insofern muß er letztlich eine Selbstindikation stellen. Hilft ihm eine Selbsthilfegruppe, wird er in der Regel dabei bleiben.

Aufgabe des Arztes oder Beraters wäre:

1. auf die Möglichkeit und die therapeutische Chance der Selbsthilfegruppen hinzuweisen;

2. auf die Eingewöhnungszeit von etwa zehn Sitzungen aufmerksam zu machen und mit dem Patienten zu klären, daß erst dann eine fundierte Entscheidung von ihm getroffen werden kann;
3. alle zwiespältigen und ängstlichen Gefühle des Patienten zu erörtern, die seine Entscheidungen erschweren. Sie konzentrieren sich in der Regel auf die bereits genannten Ängste.

Als Berater der Selbsthilfegruppen kann der Arzt oder ein anderer beruflicher Helfer wie Psychologie, Sozialarbeiter oder Krankenschwester usw. am monatlichen Gesamttreffen teilnehmen. Im Gegensatz zum traditionellen Abhängigkeitsverhältnis des Patienten zum Arzt ist hier die gleichgestellte Beziehung zu beachten. Der Arzt soll also nicht die Gruppen beraten, sondern *mit* ihnen beraten. Ein Internist in der Nähe von Bremen arbeitet inzwischen mit 17 Selbsthilfegruppen zusammen. Das Wartezimmer wird zum Kommunikationsraum für Selbsthilfegruppen. Bei der teilweise großen Scheu vieler Ärzte wird es künftig wohl eine interessante neue Aufgabe für Patienten geben: ihren Arzt zur Zusammenarbeit mit Selbsthilfegruppen stärker zu ermutigen.

Die heutigen großen Ärzteorganisationen beginnen in Gemeinschaft mit der Deutschen Arbeitsgemeinschaft Selbsthilfegruppen diese Entwicklung zu fördern, indem sie Adressenlisten von Selbsthilfegruppen zusammenstellen. Zwar lockt die Gesundheitspolitiker natürlich auch die drastische Senkung der Gesundheitskosten, die mit einer solchen Konzeption verbunden ist, doch liegt das wesentliche Argument für Selbsthilfegruppen in der Emanzipation der helfenden Beziehung. Ihr steht zur Zeit als größte Barriere allerdings noch das traditionelle Rollenverständnis von Therapeuten und Patienten entgegen. Der Umstrukturierungsprozeß wird viel Zeit benötigen; dennoch haben Selbsthilfegruppen ohne Zweifel bereits eine stille Revolution im Bereich der Medizin eingeleitet und zahlreiche Experten zu einer neuen therapeutischen Beziehung in der Zusammenarbeit mit ihnen gefunden.

20. Unser Zwiespalt angesichts der Selbsthilfegruppen

Der wirksamste Widerstand gegen eigenständige Gesprächsgruppen ist m.E. in unserer gesamtgesellschaftlichen Situation zu sehen.

Als Individuen sind wir im Grunde Bruchstücke von Gruppen. Unter dem Einfluß zunehmender Verdünnung, Verkürzung und Versachlichung menschlicher Beziehungen haben wir das jedoch nahezu vergessen. Vereinzelung und Individualismus sind deshalb zugleich die stärksten Kräfte *gegen* Selbsthilfegruppen wie auch *für* sie. Einerseits haben sie uns von der Gruppe entfremdet: Unser Gefühl für Gruppenvorgänge ist nur noch wenig entwickelt, ja, direkte Abneigung gegen Gruppen ist weit verbreitet. Andererseits aber führt gerade unser übersteigerter Individualismus dazu, daß der einzelne, um individuelle Enge, Schwäche und Isolation aufzuheben, das Bedürfnis hat, sich kleinen Gruppen anzuschließen, in der Hoffnung, dort eine freiere, gemeinschaftsfähige Individualität zu gewinnen. Dieser Widerstand der Kräfte führt nicht nur äußerlich dazu, daß die Selbsthilfegruppen Gegner und Fürsprecher finden; er zeigt sich in jedem Interessierten auch als innerer Konflikt, den er selbst lösen muß.

Der Vater des Psychodramas, das ja sehr viele Selbsthilfegruppenelemente enthält, *Moreno*, prägte in Einsicht dieser Zwiespältigkeit einmal ein Motto schwankender Hoffnung, mit dem ich auch schließen möchte: „Käme der liebe Gott noch einmal auf die Erde, käme er als Gruppe".

Literatur

Badura, B., Chr. v. Ferber (Hrsg.), Selbsthilfe und Selbstorganisation im Gesundheitswesen, Oldenbourg, München, 1981.

Daum, K.-W., Selbsthilfegruppen. Dissertation (Humanbiologie, Fachbereich Humanmedizin), Justus Liebig-Universität Gießen, 1984, (Broschüre).

Daum, K.-W., J. Matzat, M.L. Moeller, Psychologisch-therapeutische Selbsthilfegruppen. Ein Forschungsbericht, Schriftenreihe des Bundesministers für Jugend, Familie und Gesundheit, Kohlhammer, Stuttgart, 1984.

Daum, K.-W., J. Matzat, G. Sauer, Psychologisch-therapeutische Selbsthilfegruppen – eine Fallstudie, 1979.

Daum, K.-W., M.L. Moeller, Therapieresultate bei Selbsthilfegruppen, Manuskript, 1984.

Dewar, T., Professionalized Clients as Self-Helpers, in: *A. Gartner, F. Riessmann* (Hrsg.), a.a.0., 1976, S. 77 ff.

Elias, N., Der Prozeß der Zivilisation, Bd. 1 u. 2, Suhrkamp, Frankfurt am Main, 1958.

Gartner, A., F. Riessmann (Hrsg.), Self Help and Health: A Report, New Human Services Institute, New York, 1976, (Broschüre).

Grunow, D. et al., Gesundheitsselbsthilfe im Alltag, Enke Copythek, Stuttgart, 1983.

Kickbusch, I., A. Trojan (Hrsg.), Gemeinsam sind wir stärker. Selbsthilfegruppen und Gesundheit, Fischer alternativ, Frankfurt am Main, 1981.

Lieberman, A., G.R. Bond, The Problem of Being an Woman. A Survey of 1700 Women in Consciousness Raising Groups, J. Appl. Behav. Sci. 12, (1976), 3. S. 363 ff.

Lieberman, A., L.D. Borman et al, Self-Help Groups for Coping with Crisis, Jossey-Bass Publishers, San Francisco, 1979.

Moeller, M.L. Selbsthilfegruppen. Selbstbehandlung und Selbsterkenntnis in eigenverantwortlichen Gesprächsgruppen, Rowohlt, Reinbek, 1978.

—,Das demokratische Arbeitsbündnis in Selbsthilfegruppen. Einige Folgen der Deprofessionalisierung für die Therapeutische Beziehung, psychosozial 2 (1979), S.36-66.

—,Anders helfen, Selbsthilfegruppen und Fachleute arbeiten zusammen, Klett Cotta, Stuttgart, 1981a.

—,Gesundheit, die ansteckt, psychologie heute, Nr. 5, (1981b), S.47-53.

—,Gruppenselbsthilfe chronisch Kranker und ihrer Angehörigen, in: *M. Angermeyer, O. Dörner* (Hrsg.), Chronisch kranke Kinder und Jugendliche in der Familie, Enke, Stuttgart, 1981c.

—,Selbsthilfegruppen. Bedeutung für die ärztliche Praxis, *Medizinische Klinik* 76, (1981d), 6. S.16-21.

—,Arbeitsplatz-Selbsthilfegruppen und Organisationsentwicklung, *Zeitschrift Organisationsentwicklung* 1 (1982), S. 30-38.

—,Möglichkeiten, Grenzen und Gefahren psychotherapeutisch arbeitender Selbsthilfegruppen. Psychotherapie, Psychosomatik, *Medizinische Psychologie* 33, (1983a), S. 69-77, Sonderheft 2.

—,Gruppenpsychotherapie und Selbsthilfegruppen, *Gruppenpsychoth. Gruppendynamik* 19, (1983b), S.142-157.

—,Destruktive Friedfertigkeit. Ein psychoanalytischer Beitrag zum unbewußten Mißbrauch der Friedensbewegung. Vortrag im Rahmen der Ringvorlesung „Friedensarbeit an der Universität", Johann Wolfgang Goethe-Universität, Frankfurt am Mein, 26.01.1984 (Manuskript), 1984.

Stübinger, D.K., Psychotherapeutische Selbsthilfe-Gruppen in der BRD. Eine Untersuchung über Sozialstruktur und therapeutische Prozesse in den Gruppen, Med. Dissertation, Gießen, 1977.

Stunkard, A.J., The Success of TOPS, a Self-Help-Group, *Post Graduate Medicine* 18 (1972). S.143-147.

Tracy, G.S., Z. Gussow, Self-Help Health Groups: A Grass Roots Response to a Need for Services, *Journal Appl. Behav.Sci.* 12 (1976), S. 381 ff.

Verband der Niedergelassenen Ärzte Deutschlands (NAV) e.V., Strukturen ärztlicher Versorgung im Wandel, 1983 (Broschüre zu beziehen über: Belfortstraße 9, 5000 Köln 1).

Der vorstehende Beitrag ist der Text eines öffentlichen Vortrags und Antrittsvorlesung zur Einleitung der 1. Frankfurter Selbsthilfegruppentage
Frankfurt/Main, am 11.5.1984.

Selbsthilfe bei Eß-Störungen – Ein gangbarer Weg?

Beatrix Grünewald-Faxel

In diesem Artikel geht es um die Darstellung der Selbsthilfearbeit mit eßgestörten Männern und Frauen bei DICK & DÜNN e.V. in Berlin aus der Sicht einer Mitarbeiterin. In einem ersten Teil werden die verschiedenen Ausprägungen von Eßstörungen vorgestellt.Im zweiten großen Abschnitt geht es um den Selbsthilfeansatz von DICK & DÜNN e.V. Er umfaßt die Darstellung des Ansatzes, auf dem die Arbeit basiert, die Konzeption der Selbsthilfegruppenarbeit, weiterhin das Protokollbeispiel einer ersten Gruppensitzung, die im Anschluß daran kommentiert und um einige Informationen ergänzt wird. Im Anschluß daran findet die Geschichte der ehemaligen SHG[1] DICK & DÜNN ihre Darstellung. Es folgen Hinweise auf andere Behandlungsmöglichkeiten bei Eßstörungen sowie eine kurze Stellungnahme zur Verbindung von Selbsthilfe und professioneller Hilfe.

1. Gestörtes Eßverhalten

Im folgenden wird zwischen vier Formen eßsüchtigen Verhaltens, der Anorexia Nervosa (Magersucht), der Bulimie (Eß- und Brechsucht), der latenten Eßsucht (Eßsucht ohne Übergewicht) und Adipositas (Eßsucht mit Übergewicht) unterschieden. Bisher zeigen sich 10 % des männlichen und 90 % des weiblichen Geschlechts als Betroffene.

Hohe Dunkelziffern, Geschlecht und Krankheitsbild betreffend, lassen keine genauen Zahlen über die reale Verbreitung der Eßstörungen zu. Bezüglich der Bulimie wird in der Fachliteratur von 600.000 Betroffenen in der BRD gesprochen.

1 (Selbsthilfegruppe)

Bei Betrachtung der geschlechtlichen und krankheitsspezifischen Verteilung in den von DICK & DÜNN angeleiteten und gegründeten SHG, (seit 1985 ca. 1200 Teilnehmende) hat sich herausgestellt, daß es sich um 50 % von Eßsucht Betroffene (latent und adipös), um 35 % Bulimiebetroffene und 15 % Magersüchtige handelt; die 10 % Männer verteilen sich im gleichen Prozentanteil auf die Störungsmuster.

Die Magersucht

Sie zeichnet sich durch abnorm niedriges Körpergewicht aus. Es wird erreicht durch, über längere Zeit, anhaltende Auswahl und Einnahme niedrigkalorischer Lebensmittel. Viele Betroffene sagen, die Gewichtsabnahme sei einfach so geschehen (depressive Reaktion), andere haben sehr bewußt die Nahrungszufuhr beschränkt, um schlank zu werden. Es gibt die originäre (Pubertäts-) Magersucht und eine sekundäre Magersucht (Unterscheidung nach *H. Bruch*, 1965), die im späteren Leben in Krisenzeiten auftreten kann.

Magersüchtige halten sehr am Eßverhalten fest, kümmern sich stark um die Nahrungsaufnahme der Familienmitglieder und Freunde. Sie sind sehr ehrgeizig in der Schule und im Beruf, sie zeigen eine erstaunliche Leistungsfähigkeit im Sport. Ihre Lebensgestaltung ist von Aktivität geprägt. Sie vereinbaren viele Termine, treiben häufig Sport, gönnen sich wenig Ruhe und Schlaf. In einer hyperaktiven Weise werden große Entfernungen zu Fuß zurückgelegt, der Verzicht auf die Benutzung öffentlicher Verkehrsmittel wird der eigenen Leistungsanforderung, dem Ziel schlank zu bleiben, untergeordnet. Eine vorerst, in Anfangsstadien der Erkrankung asketisch anmutende Verhaltensweise, wird letztendlich zu einem selbstzerstörerischen Verhalten, bei dem der Körper als Kampffeld benutzt wird. In dem Kampf geht es um die Unterdrückung und Zerschlagung aller passiven Bedürfnisse der Betroffenen, deren Sieg mit der Assoziation des Verlusts der Unabhängigkeit verbunden ist.

Unabhängigkeit wiederum impliziert Schlank-sein, Ich-sein, Abgrenzungs- und Kontrollfähigkeit. Die immense Angst vor dem Verlust der Unabhängigkeit resultiert aus der Vorstellung bei Verlust derselben gänzlich offen zu sein für den Einfluß von außen, dick zu werden, von anderen mißbraucht zu werden, egoistisch und faul zu werden.

Der extreme Leistungsanspruch an sich selbst zwingt die Betroffene den anderen, das Selbst- und Identitätskonzept bedrohenden Teil des Lebens, nämlich die Gelassenheit, die Weichheit und Weiblichkeit immer rigider zu verdrängen. Die körperlichen Folgen sind Gewichtsverlust, Amenorrhöe, Lanugobehaarung, Bradikardy, verlangsamter Grundstoffwechsel, Verstopfung, erniedrigte Körpertemperatur, Ödeme an den Beinen, Lichtempfindlichkeit. Seelische und soziale Folgen sind nicht unerheblich. Die Gedankenfixierung auf das Essen führt zum Rückzug auf sich selbst. Das spezifische Hungererleben ist gekennzeichnet durch Gefühle von Macht und Autonomie, was gleichzeitig ein Anwachsen der Angst vor Kontrollverlust und Verlust der Unabhängigkeit verstärkt.

Die Bulimie

BulimikerInnen zeichnen sich durch Verschlingen von Nahrung in Heißhungeranfällen aus, die sie als nicht kontrollierbar erleben. Dabei werden große Nahrungsmengen aufgenommen, häufig in bestimmter Reihenfolge und mit sehr viel Flüssigkeit, damit das Essen anschließend wieder erbrochen werden kann. Das Erbrechen erfolgt in einigen Fällen leicht, andere nehmen den Finger oder andere Hilfsmittel, um die Nahrung wieder ‚loszuwerden'. Das Verhalten wird von fast allen als sehr schuldbesetzt erlebt. Viele erkennen die Vergeudung von Geld und Nahrungsmitteln, die im Klo weggespült werden, trotzdem können sie nicht anders, da dieser Vorgang für sie lebenswichtig ist. Das Essen und Erbrechen ermöglicht ihnen unkontrolliert zu sein, alle Nahrungsmittel, vor allem die eigentlich Verbotenen, unbeschränkt aufzunehmen, sich zu füllen, bis es nicht mehr geht, um danach alles wieder zu erbrechen. Alle Spuren dieses emotionalen Durchbruchs, dieses Sich-Gehen-Lassens werden so wieder beseitigt.

Das Erbrechen erfolgt anfangs nur gelegentlich, wird aber immer regelmäßiger als Spannungsabfuhr benutzt. Die zunächst als optimale Problemlösung für Essens- und Schlankheitsbedürfnisse entdeckte Möglichkeit wird zum Teufelskreislauf mit zahlreichen Folgen körperlicher, seelischer und sozialer Art.

Das Körpergewicht ist vordergründig für Bulimiebetroffene ein zentraler Wert im Leben. Sie sind meistens normal- bis gering untergewichtig. Es gibt aber auch hier Ausnahmen. Einige BulimikerInnen sind sehr übergewichtig, einige BulimikerInnen sind fast als magersüchtig zu bezeichnen. Die Waage wird in vielen Fällen zum Regulativ der täglichen Selbstakzeptanz, des Selbstwertgefühls, der Selbstsicherheit, Stimmung und Angstfreiheit. Sattsein wird wie von Magersüchtigen als Dick-werden und Dick-sein erlebt. Es herrscht wenig Akzeptanz gegenüber körperlichen Bedürfnissen. Die Folgen auf körperlicher Ebene äußern sich in Zahnverfall, Verstopfung, Nierenschäden, Kopfschmerzen, Mattigkeit, Herzrhythmusstörungen und Kalium-/ Magnesiummangel.

Die Folgen im sozialen und psychischen Bereich zeigen sich im schwachen Selbstwertgefühl, der Annahme abnorm zu sein, Scham, Selbstekel, Schuldgefühle, Depressivität, Selbstmordgedanken. Aus Angst, angebotenen Speisen nicht widerstehen zu können, keinen Ort der Entleerung zu finden, erfolgt ein Rückzug aus sozialen Kontakten. Interessensverlust und finanzielle Schwierigkeiten sind weitere Folgeerscheinungen.

Eßsüchtige mit Übergewicht

Übergewichtige Eßsüchtige fühlen sich unfähig, ihr Eßverhalten über längere Zeit zu regulieren. Sie essen dauernd, anfallsartig oder grundsätzlich mehr als ausreichend. Sie lehnen ihren Körper häufig ab. Das Übergewicht erleben sie als äußeres Zeichen ihrer Unfähigkeit zu essen. Das ‚Zu-Dick-sein' wird als Ursache für Mißerfolg, für Unglücklichsein, für fehlende Zuneigung betrachtet. Die Vorstellung ‚Schlank zu sein' wird für sie daher mit der Lösung aller Probleme assoziiert. Zahlreiche Diätversuche und andere medizinische Eingriffe zur Abnahme werden verfolgt, um möglichst schnell das ersehnte Ziel zu erreichen. Die Folge der Abnahme durch eine erfolgreiche Diät zeigt sich bald im Nachholen alles Versäumten in Form von Essen. In kürzester Zeit ist ein noch höheres als das Ausgangsgewicht erreicht.

Die körperlichen Folgeschäden sind Überlastung des Herzens, Kreislaufs und Knochenbaus. Das Gewicht begünstigt eine Disposition zu Krankheiten wie Diabetes, Bluthochdruck, Herzinfarkt, Leberschäden u. a..

Für die Betroffenen steht der gesundheitliche Aspekt meistens im Hintergrund, entscheidend ist der ästhetische Aspekt des ‚Schlank-seins'. Dicke werden ja tatsächlich erheblich diskriminiert. Die Scham wegen des Körpers verhindert folglich auch die Bewegung. Der Bewegungsmangel und die fehlende Lust am Körper, über Körperwahrnehmung, verstärken das Übergewicht. Eßsüchtige leiden unter Hemmungen, Minderwertigkeitsgefühlen. Sie halten sich selbst für unattraktiv, faul, unbeherrscht, und sie assoziieren mit dem ‚Schlank-sein' Attraktivität, Dynamik und Selbstsicherheit.

Latente Eßsucht (Eßsucht ohne Übergewicht)

Die Betroffenen essen ihr ganzes Leben lang kontrolliert, diätetisch. Ihnen fehlt das Vertrauen in die eigenen Hungergefühle, Körpersymptome und Bedürfnisse. Die Angst vor dem Kontrollverlust, vor Maßlosigkeit und Zügellosigkeit läßt sie nicht das Vertrauen in die eigenen Bedürfnisse erlernen. Ihr soziales und seelisches Wohlbefinden kann massiv gestört sein und zu einem starken Leidensdruck führen.

Fazit

Allen Betroffenen gemeinsam ist die Schwierigkeit mit Essen umzugehen, Nahrung aufzunehmen ohne Schuld- und Schamgefühle vor, während und nach dem Essen ohne die permanente Angst zuzunehmen, ohne an Versagensgefühlen nach der Mahlzeit zu leiden. Ihnen gemeinsam ist der Verlust des Genusses und der Gelassenheit im Umgang mit Mahlzeiten. Essen und Nahrung wird kaum mehr als Quelle von Energie, Wärme und oraler Lust- und Bedürfnisbefriedigung erlebt. D. h. Nahrungsaufnahme ist nicht motiviert durch Hunger und Appetit, sondern dient zur Befriedigung anderer Bedürfnisse, wie z. B. nach Zärtlichkeit, Nähe, Kontakt; oder dient auch zur Verdeckung der Bedürfnisse nach Ausdruck von Ärger, Wut, Aggression. Essensaufnahme ist bei allen Eßstörungen, ob sie zu Über- oder Untergewicht führt oder durch das Erbrechen gewichtsmäßig nicht niederschlägt, mit starker Abwehr und Angst verbunden.

Essen bedeutet für die Betroffenen Versagen, nicht-durchhalten-können, schwach-sein, schuldig-sein. Nicht-Essen dagegen wird mit den Gefühlen von Stärke, Unabhängigkeit und Macht assoziiert. Die meisten Eßgestörten essen nicht mehr zu den sogenannten normalen Essenszeiten, sondern unterwegs, zwischendurch und heimlich. Sie vermeiden Zusammenkünfte zum Essen, vermeiden gemeinsame und in Gesellschaft eingenommene Mahlzeiten. Heimliches Essen zu allen möglichen Tages- und Nachtzeiten, nur nicht als regelmäßig zu bezeichnen, kennzeichnet viele Eßsüchtige, Eß- und Brechsüchtige und Magersüchtige. Eßstörungen sind kein Ausdruck von mangelnder Willenskraft, sondern Ausdruck für Unsicherheit in bezug auf die eigenen Gefühle und Bedürfnisse, Mangel an Selbstbestätigung, an befriedigender Sexualität, an Autonomie. Eßstörungen üben eine Schutzfunktion aus – Essen ist zur Ersatzhandlung geworden.

Es gibt immer wieder Mischformen unter den Eßstörungen. Die Hälfte der Anorektikerinnen erlebt Phasen der Eß- und Brechsucht. Diejenigen, die unter Eßanfällen leiden, kennen auch Zeiten, in denen sie wie Magersüchtige oder latent Eßsüchtige leben. Die Magersucht kann sich auch zu einer Eßsucht mit Übergewicht entwickeln.

Der oft übermäßige Gebrauch von Laxantien, Diuretika, Appetitzüglern, Psychopharmaka oder auch Alkohol geht bei vielen Betroffenen mit der Eßstörung einher. Das Bedürfnis, die Nahrung durch den Körper zu jagen, sie möglichst schnell wieder loszuwerden, nicht das Gefühl verspüren zu müssen wieder versagt zu haben, kann als Motiv für die Einnahme anderer potentieller Suchtmittel genannt werden.

2. Die Kraft der Selbsthilfe – ein Ansatz in der Arbeit mit Eßstörungen.

Die Arbeit mit den Selbsthilfegruppen bei DICK & DÜNN basiert auf der Ansicht, daß eine frühe Erfahrung zur Wahl dieses Verhaltens in Krisenzeiten beiträgt. Mit Krisenzeit ist vor allem die Pubertät gemeint, eine Entwicklungsstufe, in der viele Lernschritte vollzogen werden in bezug auf Körper, anderes Geschlecht, eigene Zukunft, Autonomie u.a. mehr. Gleiche Probleme können zu anderen Krisenzeiten im Leben wie Scheidung, Trennung, Tod auftreten.

Eßstörungen sind auch als Form des spezifischen Protests von Frauen gegen die ihnen zugewiesene Rolle zu sehen, die Eigenschaften wie schön, schlank und nett sein vorschreibt. Ihre Fixierung auf die Beschäftigung mit dem Essen, die zur Sucht, nämlich zur andauernden Beschäftigung werden kann, bedeutet gleichzeitig Ausschluß aus verantwortungsvollen Aufgaben in der Gesellschaft. Die Energien fließen in die Beschäftigung mit dem Essen und dem Bemühen wieder abzunehmen ein. Eßsucht bedeutet doppelte Abhängigkeit: zum einen vom Essen, zum anderen von den gesellschaftlichen Normen, wie z. B. dem Schlankheitsideal. Die Störung wirkt gleich einem Ventil für verdeckte Bedürfnisse, die nicht bewußt wahrgenommen und darum auch nicht befriedigt werden können. Alle Bedürfnisse, Wünsche, Sehnsüchte werden als Hunger wahrgenommen, oder mit unwiderstehlichem Verlangen nach Nahrungsaufnahme beantwortet. Für die konkrete Situation der Betroffenen hat das Eßverhalten die konkrete Funktion des Schutzes gegen Anforderungen, denen „frau" nicht begegnen kann, weil sie es nicht gelernt hat oder weil die Forderungen in sich widersprüchlich sind. So verhindert Essen oder Nicht-Essen, daß „frau" lernt, ihr Leben selbst zu bestimmen, ihre Sexualität selbst zu gestalten, zu essen was und wann sie will, zu tun und zu lassen was sie will. Die Ventilfunktion soll bewußt werden, es soll erkannt werden, was frau/man, die/der diesen Ausdruck wählt, wirklich machen möchte. Das herauszufinden und zu lernen ist in einer Gruppe leichter möglich, in der eine Auseinandersetzung mit ähnlich Betroffenen stattfindet.

SELBSTHILFE, das heißt, sich selbst helfen lernen zusammen mit anderen in einer festen Gruppe. Im Gespräch über die eigenen psychischen und sozialen Probleme wird versucht, die Ventilfunktion des Essens bewußt zu machen, werden die eigenen Selbstheilungskräfte wiederentdeckt, neue Verhaltensmöglichkeiten entwikkelt und eingeübt. Die Gruppe gibt den Schutz, um Neues auszuprobieren und die eigenen Fähigkeiten wahrzunehmen und schätzen zu lernen.

Teilnahme an einer Selbsthilfegruppe

Der Selbsthilfegruppenteilnahme geht ein Beratungsgespräch voraus. In diesem wird die Form der Betroffenheit, Vorerfahrungen mit Therapie oder Gruppen und die Motivation zur Veränderung geklärt. Nicht in jedem Fall kristallisiert sich der Wunsch nach Teilnahme an einer Selbsthilfegruppe heraus. Einige entscheiden sich für andere Möglichkeiten der Hilfe, ambulante Therapien u.a., über die sie informiert werden. Ist die/der Betroffene motiviert an einer Selbsthilfegruppe teilzunehmen, dann kommt sie/er zum nächsten Gruppengründungstreffen, das einmal pro Monat stattfindet. Hier finden sich 20-30 Betroffene ein, die zu Mitgliedern einer neuen Selbsthilfegruppe werden wollen. Auf diesen Gruppengründungstreffen wird den „Betroffenen" empfohlen, sich in mehrere Gruppen einzuteilen. Wir unterscheiden bei der Aufteilung zwischen Magersucht- und Bulimiebetroffenen, die wir in eine Gruppe fassen und von Eßsucht Betroffene in eine andere. Die GruppenteilnehmerInnen entscheiden auf dem Gründungstreffen über Inanspruchnahme einer zehnmaligen Anleitung und über den Termin für das wöchentlich stattfindende Treffen. Die Anleitung zur Selbsthilfe in Anspruch zu nehmen, bedeutet sowohl Hilfestellung von geübten und selbsterfahrenen Personen zu erhalten, als auch methodische Unterstützung im Aufspüren der eigenen Selbsthilfekräfte zu erfahren.

Aufzeichnungen einer ersten neugegründeten Selbsthilfe-Gruppensitzung

Zu Anschauungszwecken werde ich jetzt die protokollarische Beschreibung einer ersten Gruppensitzung geben. (Formale Mitteilungen an die Gruppe in der ersten Sitzung und die Erklärungen z. B. vom Blitzlicht lasse ich weg, um sie im anschließenden Absatz auszuführen.):

Die Gruppe weist die optimale Teilnehmerzahl zur Gründung auf, nämlich neun, davon ist ein Teilnehmer männlich, ähnlich der tatsächlichen Präsenz von betroffenen Männern im Bereich Eßstörungen.

Wir starten mit einem Blitzlicht. Die TeilnehmerInnen berichten von ihrer Unsicherheit und Aufregung. Sie fühlen sich aufgefordert etwas zu bringen, gut zu sein und gut zu wirken. Es wird auch die Befürchtung geäußert, daß Informationen aus dem Kreis weitergetragen und zum Nachteil verwendet werden könnten. Diese Angst wird von zwei Frauen geäußert, die in derselben Firma tätig sind und sich hier zufällig trafen. Das Blitzlicht ermöglicht eine Offenlegung der Befürchtungen der einzelnen und trägt deutlich zur ersten Spannungserleichterung und Annäherung der TeilnehmerInnen bei. Anschließend schlage ich ein Kennenlern-Spiel vor.

Da neun Personen anwesend sind, sollen sich 3 x 3 Gruppenmitglieder zusammensetzen. Jedes Mitglied dieser 3er Gruppe soll sich zehn Minuten Zeit nehmen, um sich den anderen vorzustellen. Nach zehn Minuten soll ein Wechsel an die jeweils nächste Person der Kleingruppe erfolgen. Die Kleingruppen sind aufgefordert, anschließend in die große Runde zurückzukehren und sich dort gegenseitig vorzustellen. Nach Beendigung des ersten Teils dieses Spiels sprechen wir über die Gefühle der einzelnen TeilnehmerInnen, welche sie während des „Vorgestellt-werdens" sowie der Vorstellung einer anderen Person wahrgenommen haben. Im Austausch wird deutlich, daß einerseits die Unsicherheit besteht, zuviel über den anderen zu erzählen, es könnte für die andere Person peinlich oder schamhaft sein; oder zu wenig zu berichten und damit zu zeigen, selbst nicht ausreichend zugehört zu haben, die oder der andere könne enttäuscht oder ärgerlich reagieren. Ein signifikanter Punkt ist die Abhängigkeit des Selbstwertgefühls der Handelnden von der Meinung der anderen. Dabei handelt es sich um unbekannte Menschen, die, bis auf zwei, in keiner Beziehung zueinander stehen.

Hier wird eine Schwierigkeit deutlich, die charakteristisch ist für von Eßstörungen Betroffene: Die Wünsche, Bedürfnisse und Erwartungen anderer sind wichtiger und deshalb vorrangig zu beantworten. Die eigenen Wünsche sind kaum wahrnehmbar und werden als unwichtig erlebt. Das eigene Selbstwertgefühl ist abhängig von der Zufriedenheit und Anerkennung der anderen. Es schließt sich ein Gruppengespräch an, über „Dick-sein", dazu stehen können, sich selbst anerkennen und langsam abnehmen wollen. Eine Frau berichtet sehr persönlich über ihre Erfahrungen mit dem Essen und berichtet von der Erkenntnis, ihr „Fett" als Schutz vor Nähe, vor Ablehnung und als Form des Nein-Sagens zu benötigen.

Es folgt – wie in jeder Sitzung – ein Schlußblitzlicht. Die Rückbesinnung jedes/jeder Teilnehmenden auf sich selbst hat folgende Ergebnisse: Von vielen wird eine Erleichterung wahrgenommen und der Gruppe mitgeteilt. Die anfängliche Spannung und länger andauernde Aufregung sei einer als angenehm erlebten Angeregtheit gewichen. Einige äußern, Spaß gehabt zu haben, einige fühlen sich vertraut, andere haben das Bedürfnis, sich erstmal mit den neuen Eindrücken und Erfahrungen zurückzuziehen.

Erläuterungen und Ergänzungen

Aus diesen Aufzeichnungen wird eine typische erste Phase der Gruppenbildung deutlich: die Eingewöhnungsphase. Fremdheit, Mißtrauen und Scheu weichen einer Erleichterung, nachdem durch den Austausch im Blitzlicht klar wird, daß es den anderen auch so geht. Gerade in den ersten Sitzungen sind Kennenlernen, Annäherung, Vertrauensbildung, Mitteilung eigener Erfahrungen und Austausch zentrale Anliegen der TeilnehmerInnen.

Zur Durchführung einer ordentlichen Sitzung gehört es, daß die Anleitung die Funktion des Blitzlichts erklärt, das, zu Anfang einer Gruppensitzung eingesetzt, dem einzelnen Mitglied die Zeit einräumt, den gegenwärtigen Gefühlszustand wahrzunehmen und zu verbalisieren. Dieses Mittel verhilft dem/der einzelnen dazu, Zugang zu seiner Körpersprache zu finden und den anderen seine/ihre Wahrnehmung mitzuteilen. Erwartungen und Wünsche an die Gruppe können auch Bestandteil des Blitzlichts sein. Aus dem Anfangsblitzlicht entwickeln sich die Themen der Stunde. Die Gruppe wird in ihrem Prozeß durch die Einführung von Kommunikationsregeln unterstützt. Zu den wichtigsten Regeln zählt der vertrauliche Umgang mit Informationen aus der Gruppe. Zuverlässigkeit, verbunden mit rechtzeitiger Ankündigung eigener Abwesenheit und Pünktlichkeit sind weitere Empfehlungen für einen guten Verlauf. Die Direktheit im Austausch und die Auseinandersetzungsfähigkeit sollen gelernt werden. Das geschieht z. B. dadurch, daß nicht von „man", sondern von „ICH" gesprochen wird; wenn versucht wird, andere nicht zu interpretieren und stattdessen selbst zu spüren, was Gesagtes bei einem auslöst; zu stören, d. h. eigene Unruhe, Ärger und gedankliches Weggleiten den anderen Gruppenmitgliedern mitzuteilen, ist ebenfalls Gruppenregel (zurückgehaltene Energie, wie Angst, Freude und Unruhe beeinflussen den Gruppenprozeß und die Dynamik in beschränkender Weise. Ein Mitteilen löst Spannung auf und ermöglicht ein Weiterarbeiten für alle).

Durch die Kommunikationshilfen lernen die TeilnehmerInnen, sich selbst mit ihren Gefühlen und Bedürfnissen in der Gruppe zu vertreten. Sie lernen, sich Raum zu nehmen und sich selbst wichtig zu fühlen.

Jede/r wirkt an der Gestaltung der Gruppe selbstverantwortlich mit. Durch Gespräche und Übungen werden die Frauen (es handelt sich zum großen Teil um weibliche Teilnehmer) sensibler für ihre wahren Bedürfnisse und lernen, mit dem Rückhalt in der Gruppe andere Verhaltensweisen einzuüben, anstatt wie gewöhnlich, ihre Gefühle „wegzuessen". Die Frauen und Männer lernen, sich selbst zu ändern und helfen dadurch auch den anderen in der Gruppe dabei, Essen nicht mehr als ausschließliches Problemlösungsmittel zu sehen und geben dadurch dem Mittel Essen nicht mehr soviel Macht über sich. Betroffene lernen, langsam ihre Ohnmachtsgefühle gegenüber dem Essen abzubauen, indem sie durch bewußteren Umgang mit ihren Gefühlen und Konflikten sich selbst und ihrer Fähigkeiten sicherer werden.

Es handelt sich bei dieser positiv verlaufenden Gruppenbeschreibung um einen Prozeß, der sich über Wochen, Monate, Jahre hinzieht. In den ersten Wochen wird eine neue Gruppe angeleitet, wenn sie es wünscht und wird bei der Anwendung der Kommunikationsregeln unterstützt. Danach begleitet die Anleitung noch drei Sitzungen in 14tägigem Abstand, so daß die Gruppe allein tagen und wahrnehmen kann, welche Schwierigkeiten auftreten. Je weniger dominant die Anleitung ist, je weniger sie der Gruppe an Hilfsmitteln anbietet, um so selbstverständlicher übernimmt die Gruppe die Funktion der Leitung.

Weitere Phasen, die in den nächsten Sitzungen als Entwicklung zur festen SHG zu erkennen sind:

2. Die Machtphase: Konflikte, Machtkämpfe und Rollenverteilung
3. Die Intimphase: Bindungen werden tiefer, Gefühle offener, aber von den Gruppennormen abweichendes Verhalten wird nicht akzeptiert.

4. Die Toleranzphase: Individualität und Andersartigkeit werden akzeptiert, jetzt werden aktiv Schritte zur Problemlösung erarbeitet (vgl. *Moeller, M.L.* 1981).

Hat die Gruppe nach einiger Zeit das Gefühl nicht mehr weiterzukommen, kann sie die ehemalige Anleiterin verständigen und sogenannte Krisensitzungen vereinbaren. Eine andere Einrichtung, diesen Krisen zu begegnen, sind die regelmäßig stattfindenden GESAMTTREFFEN aller SHG mit Eßstörungen. Delegierte der einzelnen Gruppen treffen sich, um eine gegenseitige Beratung bei Konflikten in der Gruppe zu leisten. Diese Treffen zielen darauf, die professionelle Unterstützung abzulösen und durch die gegenseitige Beratung das Selbstbewußtsein der GruppenteilnehmerInnen zu stärken. Themen der Gesamttreffen sind z. B. Lustlosigkeit, Aggressionsscheu, Erfahrungen mit Übungen und Körperübungen in den Gruppen, Verständnis von Erfolg in der Gruppe – oder was ist Mißerfolg, u.a..

Die DICK & DÜNN-Geschichte:

Die DICK & DÜNN e.V. Geschichte begann 1985 in Berlin. Die Form der Selbsthilfegruppe diente damals einigen Frauen mit Eßstörungen dazu, sich selbst zu helfen. Diese bei SEKIS (Kontaktstelle für Selbsthilfegruppen in Berlin) tagende SHG (Selbsthilfegruppe) für Eßstörungen fand regen Zulauf und zahlreiche Zuschriften, so daß sich einige betroffene Frauen mit Nicht-Betroffenen zusammenschlossen und Gruppengründungen für die vielen Frauen initiierten, die Teilnehmerinnen einer SHG werden wollten. Es wurde Öffentlichkeitsarbeit für das Problem Eßstörung geleistet und Mittel beim Senator für Gesundheit und Soziales in Berlin beantragt.

Erste Honorarmittel wurden Ende 1985 genehmigt, die Arbeit der für die Gruppenanleitung engagierten externen Psychologinnen konnte honoriert werden. Die Organisations- und Verwaltungsarbeit nahm größeren Umfang an, so daß sich zum einen der Mitarbeiterinnenstamm erweiterte, nämlich auf acht Frauen aus verschiedenen sozialen und psychologischen Bereichen, und andererseits eine größere finanzielle Förderung nötig wurde, um die anfallenden Zuschriften aus der ganzen BRD zu bewältigen, die Gruppengründungstreffen zu organisieren, die Gruppen anzuleiten, Beratungen durchzuführen und Informationsmaterial zum Thema zu erstellen.

1987 wurde die Selbsthilfeinitiative eingetragener gemeinnütziger Verein und als Projekt in stärkerem Umfang vom Senat aus dem „Selbsthilfetopf" unterstützt. Eigene Räume wurden bezogen und zwei Halbtagsstellen konnten mit zwei Frauen besetzt werden. Seit 1985 sind die Zahlen der gegründeten Gruppen und Beratungen stark angestiegen.

Die schwerpunktmäßige Tätigkeit des Projekts ist die Gründung von SHG. Jeden Monat gründen sich 2-3 Gruppen. Pro Woche kommen durchschnittlich fünf Betroffene zu jedem der drei Beratungstermine. Ca. 1200 Betroffene waren seit 1985 Mitglied in einer Selbsthilfegruppe. Durch die Herstellung von Öffentlichkeit zu diesem Thema, in Form von Vorträgen, Veranstaltungen und der Durchführung einer Unterrichtseinheit zum Thema Essen, Diät etc., ist der immense Bedarf nach Unterstützung dieser Art deutlich geworden. Darüber hinaus haben sich zwei Angehörigengruppen entwickelt, die diese Treffen als sehr entlastend für den Familienfrieden erleben. Viele professionelle Einrichtungen schicken Betroffene zu DICK & DÜNN in die Beratung. Professionelle Therapeutinnen und Therapeuten und SozialarbeiterInnen in Wohngmeinschaften fragen nach Beratungsterminen. Kontakte zu psychosomatischen und psychiatrischen Stationen in Berliner Kliniken sind entstanden, um eine Vorbereitung auf die Selbsthilfe noch während der stationären Therapie zu beginnen.

Aus einer SHG ist eine vielgliedrige Einrichtung geworden mit professionellen Ansätzen, die leider nur erst durch Selbsthilfemittel gefördert wird. Die Entdeckung eines großen Bedarfs nach Unterstützung bei zahlreichen von Eßstörungen Betroffenen, die ihre Isolation lange nicht aufzuheben wußten, hat eine enorme, noch zunehmende Resonanz ausgelöst und eine weitreichende Problematik aufgedeckt, die zusätzlich zu bestehenden Angeboten professionell koordiniert und unterstützt werden müßte.

Hilfsmöglichkeiten für Betroffene

Es gibt zahlreiche andere Angebote bei Eßstörungen. So gibt es die Möglichkeit, ambulante Therapie in Anspruch zu nehmen. Die anerkanntesten Therapieformen sind Psychoanalyse, Verhaltenstherapie, Gesprächstherapie, Familientherapie, Gestalttherapie. Sie gelten als die bekanntesten Verfahren. Daneben existieren besonders im klinischen Bereich, im Rahmen einer stationären Therapie, zahlreiche körperorientierte Techniken, die insbesondere bei Eßgestörten großen Anklang finden; zu nennen sind Tanztherapie, Gestaltungstherapie, Musiktherapie, Konzentrative Bewegungstherapie, Bioenergetik u.a. Die meisten dieser therapeutischen Techniken können auch ambulant in Anspruch genommen werden. Fast alle Therapieangebote können in Einzel- und Gruppenarbeit durchgeführt werden.

Selbsthilfe und Therapie?

Aus den Erfahrungen der DICK & DÜNN-Arbeit seit 1985 ist zu resümieren, daß für viele der ca. 1200 GruppenteilnehmerInnen, die durchschnittlich 1 ¾ Jahr Mitglied waren, eine Kombination von Selbsthilfegruppe und ambulanter Therapie als günstig angesehen wurde. Die GruppenteilnehmerInnen haben zum Teil erst während der Gruppenteilnahme ihr Bedürfnis gespürt, sich intensiver mit ihren Konflikten zu befassen und professionelle Hilfe in Anspruch zu nehmen. Andere haben von Anfang an beide Möglichkeiten für sich genutzt. Anderen wiederum ist die Selbsthilfegruppe durch die/den TherapeutIn empfohlen worden. Auch nach einer stationären Therapie wählt ein Teil der Betroffenen den Weg in die Beratung und will an einer Gruppe teilnehmen. In diesen Fällen wird von unserer Seite unbedingt zu einer zusätzlichen ambulanten Therapie geraten. Die stationäre Therapie hat einen intensiven Charakter und sollte therapeutisch nachbetreut werden.

Verfasserin:
Dipl.-Päd. Beatrix Grünewald-Faxel
DICK & DÜNN
Beratung bei Eß-Störungen e.V.
Innsbrucker Straße 42
1000 Berlin 62
Tel. 030/782 25 77

Agoraphobie und Selbsthilfe

Brigitte Hartmann/Andrea Kropf/Claudia Stoll

Im Herbst 1986 wurden in Berlin die ersten, von Psychologinnen zeitlich begrenzt angeleiteten Selbsthilfegruppen für AgoraphobikerInnen[1] initiiert. Dies war, nach vorliegenden Kenntnissen, der bundesweit erste Versuch, Selbsthilfepotentiale dieser Betroffenengruppe gezielt zu fördern und nutzbar zu machen. Anfang 1988 wurde das durch den Senat von Berlin geförderte „Selbsthilfeprojekt Agoraphobie e. V." gegründet. Die Projektarbeit umfaßt heute folgende Bereiche: Beratung für Betroffene und Angehörige; Initiierung und Koordination von stadtteilbezogenen Selbsthilfegruppen; Vermittlung und Durchführung psychologischer Gruppenanleitung; Organisation von Gesamtgruppen-, Vereinstreffen und Informationsabenden; Gruppenarbeit in Kooperation mit weiteren Selbsthilfeprojekten; Erstellung von Informationsmaterial und Öffentlichkeitsarbeit.

Welche Möglichkeiten, Probleme und Grenzen sich in der professionell unterstützten Selbsthilfe bei Agoraphobie zeigen, soll im Folgenden dargestellt werden. Dabei handelt es sich um ein vorläufiges Resümee, das der weiteren Reflexion und Bearbeitung unterliegt.

Das agoraphobische Syndrom

Unter einer Agoraphobie wird hier eine Symptomatik verstanden, die neben den allgemeinen Merkmalen von Phobien[2] durch die Angst vor einer Vielzahl sozialer bzw. öffentlicher Situationen zu kennzeichnen ist. Die angstauslösenden Objekte und Situationen variieren je nach Einzelfall. Angstauslösend können bei einer Person sowohl die räumliche Weite und das Alleinsein als auch räumliche Enge und Menschenmengen sein; im Verlauf der Symptomatik nicht nur bedingt durch die reale, sondern auch gedankliche Konfrontation oder die Wahrnehmung körperlicher Angstkorrelate. Die Bewertung der angstauslösenden als bedrohliche Situationen wird durch die Antizipation von Kontrollverlust, Hilflosigkeit und damit verbundener Handlungsunfähigkeit hervorgerufen.

Sich jederzeit in die vertraute Umgebung zurückziehen, bzw. eine Situation sofort verlassen zu können, wirkt oft angstmindernd, weshalb bei den meisten Betroffenen eine ausgeprägte Vermeidungshaltung charakteristisch ist. Eine Einschränkung der „Fluchtmöglichkeit" wird mit zunehmender Entfernung von der Wohnung, aber auch im räumlichen oder zeitlichen Festgelegtsein erlebt, wie z. B. beim Zahnarzt, Friseur, im Restaurant, in der U- Bahn, im Fahrstuhl, in der Warteschlange im Supermarkt etc..

Bei einer starken Ausprägung des agoraphobischen Syndroms kann die Generalisierung und Häufigkeit des Angsterlebens gleich zu Beginn oder im weiteren Krankheitsverlauf derart zunehmen, daß die Betroffenen ihre Wohnung nur noch in Begleitung oder überhaupt nicht mehr verlassen können. In solchen Phasen sind Ängste in der eigenen Wohnung keine Seltenheit und sie werden zunehmend diffuser als „Angst vor der Angst" wahrgenommen, womit die differentialdiagnostische Unterscheidung von der Angstneurose (vgl. *Mentzos*, 1984) wesentlich erschwert ist.

In der Regel geht die Agoraphobie mit sog. Panikattacken einher, die aufgrund der auch plötzlich auftretenden, extremen physiologischen Reaktionen (vgl. DSM-III-R) wie z. B. Herzrasen, Atembeschwerden, Zittern, Schweißausbrüche, Schwindel, etc. bis zur Todesangst führen können. Das Erleben der Ängste (mit und ohne Panik) wird von den Betroffenen als nur ein Aspekt ihres Leidens genannt. Ebenso bedeutsam sind die durch die Einschränkung der persönlichen Handlungsfähigkeit bedingten psychosozialen Folgen in allen Lebensbereichen. In der Studie von *Wittchen/v. Zerssen* (1987) klagen AngstneurotikerInnen/PhobikerInnen zu 53 % über erhebliche Probleme im Arbeitsbereich, 65 % benennen Schwierigkeiten in der Partnerschaft, und 72 % der Betroffenen leiden unter einem extremen Mangel an Sozialkontakten. Die zunehmende Isolation von AgoraphobikerInnen ist in den meisten Fällen durch den eigenen Rückzug von FreundInnen/KollegInnen usw. bedingt. Grundlegend dafür sind neben dem begrenzten Aktionsradius die befürchtete oder auch erfahrene negative Reaktion der Umwelt auf die Symptomatik. So finden wir einerseits dieVerheimlichung der

Agoraphobie mit gleichzeitigem Rückzug aus der Öffentlichkeit, andererseits die massive Abhängigkeit von wenigen Bezugspersonen, die von den Betroffenen, wenn nicht emotional abgelehnt, ambivalent erlebt wird[3].

In denjenigen Fällen, in denen die Betroffenen keine materielle Unterstützung/Absicherung durch eine/n PartnerIn erhalten, ist mit fortschreitender Symptomatik die wachsende Unsicherheit bezüglich der materiellen Lebensbasis verbunden. Eine häufige oder langfristige Arbeitsunfähigkeit führt in vielen Fällen zum Arbeitsplatzverlust, vorzeitiger Berentung und damit zu materiellen Einbußen und sozialem Abstieg. Besonders bei langjährig Erkrankten stellen sich als Folge der psychosozialen und symptomspezifischen Komponenten Depressionen ein, deren Ausprägungen die zugrundeliegenden Agoraphobien u. U. verdecken.

Über das Ausmaß der Agoraphobie in der Gesamtbevölkerung der BRD können beim gegenwärtigen Forschungsstand keine gesicherten Aussagen gemacht werden, da epidemiologische Studien keine eindeutigen Ergebnisse aufweisen. Die divergenten Angaben sind im wesentlichen auch auf Klassifikationsprobleme zurückzuführen. So ist die Unterscheidung von Angstneurose und Agoraphobie für den diagnostizierenden Praktiker ebenso problematisch wie die hohe Komorbiditätsrate von Agoraphobie und Depression sowie Suchterkrankung.

Beachtenswerte epidemiologische Ergebnisse für die BRD (Stand 1987) finden wir z. B. bei Wittchen/v. Zerssen (a.a.O.). Die in der Feldstudie ermittelte Lebenszeitprävalenz für Agoraphobien beträgt 5,74 %, wonach in der BRD, ohne Berücksichtigung der neuen Bundesländer, von ca. 3,5 Millionen behandlungsbedürftigen AgoraphobikerInnen auszugehen ist. Gleichzeitig wird auf die schlechte Versorgungslage Angsterkrankter, die auffällig negative subjektive Beurteilung der erfahrenen fachärztlichen und psychotherapeutischen Behandlung durch die Betroffenen und eine hohe Chronifizierungsrate bei Agoraphobie verwiesen. Als ursächlich für derartige Ergebnisse sind eine zu spät begonnene Behandlung (oft bedingt durch mangelhafte Diagnostik), eine ausschließlich allgemeinmedizinische Versorgung aufgrund der vegetativen Begleiterscheinungen der Angst oder eine einseitig pharmakologisch orientierte Behandlung zu vermuten. Darüber hinaus weisen auch die psychotherapeutischen Behandlungen in vielen Fällen nicht die gewünschten Erfolge auf.

Das Berliner Selbsthilfeprojekt

Die bisher umrissene symptom- und versorgungsbedingte Problematik von AgoraphobikerInnen führte dazu, daß das Selbsthilfeprojekt gegründet wurde, um der Verringerung konkreter Informations- und Versorgungsdefizite bei Agoraphobie zu dienen. Daß die Initiative und bisherige Entwicklung des Projekts maßgeblich von den mitarbeitenden Psychologinnen abhängig war, ist eine Tatsache, die mit dem hier zugrundeliegenden Selbsthilfeanspruch und -ziel vereinbar ist. Es wird davon ausgegangen, daß bei einer Betroffenengruppe mit dem Leitsymptom der Angst zunächst professionelle Unterstützungsangebote erforderlich sind, die eine Initialwirkung hinsichtlich der Selbsthilfe beinhalten.

Aktuell bestehen in Berlin insgesamt 22 Agoraphobie-Selbsthilfegruppen, davon 13 mit regelmäßiger, zwei mit intermittierender psychologischer Anleitung und sechs Gruppen nach Abschluß der Anleitungsphase, sowie eine Angehörigen- und eine „offene" Gruppe.

Beratung als Bestandteil der Hilfe zur Selbsthilfe

Persönliche Beratungsgespräche sind ein wesentlicher Teil der Projektarbeit und können unabhängig vom Interesse an einer Gruppenteilnahme genutzt werden. Den jeweiligen, oft erschreckend geringen Kenntnissen der Betroffenen entsprechend, werden in diesem Rahmen zunächst umfassende Informationen zur Symptomatik selbst, den verschiedenen psychotherapeutischen Behandlungsmöglichkeiten und der Selbsthilfekonzeption gegeben.

Wird eine Gruppenteilnahme angestrebt, dienen die Beratungsgespräche auch der Relativierung der damit verbundenen Ängste und den überhöhten Erwartungen an die Effektivität einer Selbsthilfegruppe. Neben der Motivation und den positiven Vorstellungen bzgl. der Teilnahme werden auch die von den Betroffenen zunächst nicht genannten Vorbehalte und Ambivalenzen thematisiert. Diese

Vorbereitung soll eine reflektierte Entscheidung für oder gegen die Selbsthilfe ermöglichen und damit auch die Fluktuation innerhalb der Gruppen verringern. Desweiteren findet in den Beratungsgesprächen die diagnostische Abklärung statt. Sie ist daran orientiert, nicht agoraphobisch Angsterkrankte, z. B. bei diffusen Lebensängsten, bei psychotischem oder auf Drogeneinfluß zurückzuführendem Angsterleben, etc., in eine qualifizierte Behandlung oder an spezifische Selbsthilfeinitiativen weiterzuleiten. Diese Selektion erfolgt, da der gemeinsame Erfahrungs- und Verständigungshintergrund der Betroffenen als wesentliche Basis dieser Selbsthilfegruppen eingeschätzt wird.

Die Konzeption der gemeinsamen Beratung durch eine ehemals Betroffene und eine Dipl.-Psychologin erwies sich als schwierig. Der Versuch, den unterschiedlichen Zugang zur Problematik auf der Basis von persönlicher Betroffenheit einerseits und dem Fachwissen andererseits als die jeweils spezifische, sich ergänzende Verständnisgrundlage und Kompetenz in den Beratungsgesprächen zu verbinden, ist durch die Belastbarkeit der betroffenen Mitberaterinnen begrenzt. Aus diesem Grund werden die Beratungen derzeit nahezu ausschließlich von den professionellen Helferinnen durchgeführt.

Erfahrungen aus der psychologischen Anleitung von Agoraphobie-Selbsthilfegruppen

Bei der Zusammensetzung der Gruppen hat sich gezeigt, daß die Teilnahme für viele Betroffene erleichtert wird, wenn sich die Gruppe hinsichtlich verschiedener Merkmale, wie z. B. Ausprägungsgrad und Dauer der Symptomatik, Geschlecht, Alter, Bildungsstand, usw. als relativ homogen erweist. Eine Wahl der Gruppe ist allerdings wegen der eingeschränkten Bewegungsfreiheit vieler AgoraphobikerInnen nicht möglich, und die Gruppenteilnahme findet dann unter dem Gesichtspunkt der kürzesten Wegstrecke statt. Das führt dazu, daß die Betroffenen, die gemeinsam an einer Selbsthilfegruppe teilnehmen, sich hinsichtlich der o.g. Aspekte sowie den Behandlungs- und Psychotherapieerfahrungen und in ihrer Motivation sehr unterscheiden.

Aussagen über die Wirkung der unterschiedlichen Voraussetzungen bei den Betroffenen und weiterer Selektionsfaktoren, die die Teilnahme an einer SHG ermöglichen oder verhindern, können derzeit nicht gemacht werden, da diesbezügliche Forschungsergebnisse noch ausstehen[4]. Festzustellen ist jedoch, daß die Teilnahme an sehr heterogenen Gruppen wesentlich häufiger abgebrochen wird.

Die Entscheidung zur Teilnahme an einer Selbsthilfegruppe wird sowohl unter dem Gesichtspunkt einer unspezifischen weiteren oder der aktuell einzigen Chance auf Bewältigung der Symptomatik, als auch auf der Basis einer bewußten Wahl getroffen. Bei der letztgenannten Gruppe ist diese mit dem Ziel verbunden, Unterstützungs- und Veränderungswünsche nicht mehr nur an die jeweiligen engen Bezugspersonen und Fachleute delegieren zu wollen. In diesen Fällen wird deutlich, daß trotz der starken Verunsicherung der Betroffenen durch die Symptomatik, verbunden mit dem auffällig geringen Selbstwertgefühl, das Angebot von Selbsthilfegruppen die Autonomietendenzen von AgoraphobikerInnen aktiviert[5]. Damit verbunden ist die Aktualisierung des der Agoraphobie zugrundeliegenden, unbewußten Konflikts zwischen Abhängigkeit und Autonomie, der sich bei allen Betroffenen im Verlauf der Gruppenteilnahme auch in der Ambivalenz gegenüber den Bewältigungs- und Veränderungstrategien äußert.

Die häufig festzustellende, vorübergehende Zunahme der Angst Einzelner in der ersten Gruppenphase wird dementsprechend nicht nur auf die mangelnde Abgrenzungsfähigkeit (Ich-Schwäche) der AgoraphobikerInnen zurückgeführt, sondern auch auf die „Gefahr", die durch die Realisierung von konkreten Veränderungsmöglichkeiten entsteht.

Die psychologische Anleitung

Bestätigt durch die Erfahrungen aus der Gruppenanleitung wird die Auffassung vertreten, daß die „reine" Form der Selbsthilfe, d. h. ohne fachliche Betreuung, bei dieser psychischen Störung nur sehr eingeschränkt greifen kann. Im Unterschied zu den verschiedensten Gesundheitsselbsthilfegruppen handelt es sich bei den AgoraphobikerInnen nicht primär um die Bewältigung der Folgeerscheinungen ihrer Erkrankung, da diese gleichzeitig Teil der Störung sind. Wichtige Voraussetzungen für die Initiierung und das Funktionieren einer Selbsthilfegruppe sind zunächst bei den Betroffenen schwach ausgebildet, wie z. B. Kontaktfähigkeit, Belastbarkeit, Initiative, Vertrauen in die vorhandenen Kompetenzen, Problemanalyse und Entwicklung von Bewältigungsstategien, etc..

Die Arbeit in den angeleiteten Selbsthilfegruppen ist dementsprechend nicht nur auf die Bewältigung isolierter Angstsituationen bezogen, sondern auch auf die Bewältigung der gravierenden psychosozialen Probleme, insbesondere der Kontakt- und Beziehungsstörung. Eine professionelle Anleitung sollte solange bereitgestellt werden, bis die o.g. psychischen Qualitäten bzw. Fähigkeiten im Ansatz herausgebildet oder stabilisiert werden konnten, damit nicht das Wachstum einer Gruppe in einem ungesteuerten Prozeß am Ende lediglich ein Filtrat der gesündesten Teilnehmer darstellt (vgl. *Probst*, 1985).

Nach den bisherigen Erfahrungen wird von einer Anleitungsphase mit ca. 30 Sitzungen ausgegangen, was der fast einjährigen Begleitung einer Gruppe entspricht. Grundlegendes Ziel der professionellen Gruppenanleitung ist, die Stärkung der bei AgoraphobikerInnen schwach ausgeprägten Ich-Grenzen sowie die Stärkung ihres geringen Selbstwertgefühls anzubahnen. Dies geschieht, an dem Erfahrungsstand und Erlebensraum der jeweiligen Gruppe orientiert, über die Förderung des bewußten Zugangs zur Problematik und deren Bewältigungsmöglichkeiten.

Da die TeilnehmerInnen auf ihre eigene Initiative hin das Gruppenangebot wahrnehmen, formulieren sie ihre Interessen und Zielsetzungen selbst. Die Funktion der anleitenden Psychologin ist, in diesem Zusammenhang dafür zu sorgen, daß auch im weiteren Verlauf die Ziele und Werte der Gruppe immer wieder reflektiert werden, um Veränderungen Einzelner und Entwicklungsprozesse der Gruppe transparent zu machen. Der Austausch der TeilnehmerInnen über ihre Erfahrungen im Umgang mit angstbesetzten Situationen wird bei Bedarf um fachliche Informationen erweitert, z. B. indem aufgezeigt wird, wie die Umwelt strukturierter wahrgenommen und auch positive Situationsaspekte dem Erleben wieder zugänglich gemacht werden können.

Auf der Beziehungsebene wird die Verringerung der Konfluenz, der mangelnden Abgrenzung zwischen dem Ich und dem Anderen/der Außenwelt, über das Sich-Bewußtmachen und konkrete Formulieren von eigenen Wünschen, Bedürfnissen, Handlungsabsichten und Lebenszielen in der Gruppe eingeleitet. Den Ansatzpunkt dafür bilden die ähnlichen Erfahrungen von AgoraphobikerInnen, die sich aus der Lebensgeschichte und den aktuellen Kontakt- und Beziehungsproblemen ergeben.

In den Gruppengesprächen wird bspw. thematisiert, inwieweit die Selbstunsicherheit Folge eines „falschen" und unvollständigen Selbstbildes und/oder Folge nicht verfügbarer sozialer Kompetenzen ist. Psychologische Hilfestellung beinhaltet hierbei z. B. die Aufdeckung irrationaler Gedanken (von keinem Menschen abgelehnt werden wollen oder keinen Einfluß auf sich und die Umwelt zu haben). Ebenso werden die Orientierungen an einem zu hohen Anspruchsniveau sowie die Fehlattribuierungen von eigenem Erfolg und Mißerfolg transparent gemacht. Dem Selbstvertrauen, d. h. der Erwartung, effizient handeln zu können (vgl. *Hoefert*, 1982), steht der eingeengte Blick auf die persönlichen Defizite im Wege. Erst durch den Abbau überhöhter Erwartungen können auch geringe Veränderungen wahrgenommen und positiv als Kompetenzen erlebt werden, wodurch die Motivation zur Erprobung weiterer Schritte erhöht wird.

Da AgoraphobikerInnen dazu neigen, im einmal Gelernten und Gewohnten zu verharren, ist es besonders wichtig, die Wahrnehmung vorhandener Fähigkeiten zu fördern sowie realistische Veränderungsschritte zu erarbeiten, indem Problemschilderungen in Hinblick auf Entstehungsbedingungen und mögliche Veränderungsperspektiven analysiert werden. Die hieraus gewonnenen Erkenntnisse bieten den Betroffenen die Grundlage für die selbstständige Entwicklung alternativer Bewältigung. Besonders in der Anfangsphase einer Gruppe sehen wir eine zentrale Aufgabe der anleitenden Psychologin darin, die einzelnen TeilnehmerInnen und die Gruppe vor Überforderungen zu schützen. In schwierigen Gruppensituationen steht sie als Ansprechpartnerin und Modell für mögliche Umgangsformen bei zwischenmenschlichen Konflikten zur Verfügung. In Ausnahmefällen ist es evtl. auch erforderlich, die Auseinandersetzung oder Entlastung eines schwierigen Gruppenmitgliedes zu übernehmen. Diese Form der Unterstützung ist gerade bei AgoraphobikerInnen erforderlich, da ihre Ängste vor ablehnendem, konkurrierendem und aggressivem Verhalten besonders ausgeprägt sind. Ihrem Selbstbild entspricht eher das der Selbstlosigkeit im Umgang mit anderen Personen, was leicht zu verdeckten Aggressionen gegen einzelne TeilnehmerInnen und deren Fortbleiben führen kann.

Derartige Interventionen der Anleiterin führen ebenfalls in der Anfangsphase leicht dazu, daß die Gruppe ein TherapeutIn-KlientIn-Verhältnis anstrebt und damit die Verantwortung weiterhin an fachliche Kompetenz delegiert. Die damit verbundene Gefahr der Fixierung auf die TherapeutIn wird verhindert, indem über eine partielle Hilfsverweigerung und gezielte Delegation der Vermeidung von realistischer Eigenverantwortlichkeit entgegengewirkt wird. Die wesentliche Erfahrung für die TeilnehmerInnen besteht darin, feststellen zu können, daß die hier erlebte Verweigerung erwünschter Hilfe nicht zwangsläufig zu dem angstauslösendem Gefühl von Hilflosigkeit führen muß, da das Beziehungsangebot der Anleiterin erhalten bleibt. Diese Erfahrung in der Gruppe zu ermöglichen, setzt auf der Seite der Anleiterin voraus, daß sie ihre Rolle, ihre eigenen Ziele und Bedürfnisse in einer Gruppe ständig reflektiert, um nicht selbst dem langfristig angestrebten Verselbstständigungsprozeß entgegenzuwirken.

Die oben geschilderte inhaltliche Arbeit wird formal dadurch unterstützt, daß die professionelle Anleitung zunächst auf ca. 30 Sitzungen begrenzt ist. Nach ca. 10 bis 15 Sitzungen wird die Leitung eines Gruppenabends im Wechsel von den Betroffenen übernommen und eingeübt. So können mit der Unterstützung der professionellen Helferin die persönlichen Fähigkeiten in dieser Rolle geübt und überprüft werden. Gegen Ende der psychologischen Anleitung (nach ca. 22-25 Sitzungen) wird die Anleitung in die intermittierende Betreuung übergeleitet. Die Psychologin bleibt im Wechsel der Gruppe fern, und steht in der jeweils folgenden Sitzung bei der Reflektion der Erfahrungen und Probleme sowie der Erarbeitung von Lösungsmöglichkeiten zur Verfügung.

Wirkmechanismen der Selbsthilfegruppe bei Agoraphobie

Isolation, Informationsdefizite und gesellschaftlich präformierte subjektive Krankheitstheorien führen auch bei AgoraphobikerInnen zu dem Gefühl des individuellen Versagens und der Befürchtung „verrückt" zu sein. Der Austausch mit anderen ähnlich Betroffenen entlastet von diesem Gefühl und führt auch zur Einbeziehung gesellschaftlicher Hintergründe für individuelles Leiden. Die Teilnahme an einer auch zunächst angeleiteten Selbsthilfegruppe fördert gerade bei AgoraphobikerInnen die Auseinandersetzung mit einem grundlegenden Aspekt ihrer Problematik: der Fixierung auf die eigenen Defizite und Schwächen. Vorhandene Fähigkeiten und Potentiale können im Austausch mit anderen erkannt und stabilisiert, langfristig alternative Handlungsweisen entwickelt und ausprobiert werden. Der Ansatzpunkt der Selbsthilfe, der die Förderung von Eigenverantwortlichkeit und Selbstbestimmung beinhaltet, führt dazu, daß im Verlauf der Gruppenteilnahme persönliche Veränderungen und Erfolge eher den eigenen Fähigkeiten zugeschrieben werden können als auf externe Einflüsse. Dadurch erscheint im Lauf der Zeit die Umwelt als weniger bedrohlich.

Die Ängste der AgoraphobikerInnen in sozialen Beziehungen und Situationen sind auf mögliche Konflikte bezogen und mit der Antizipation einer negativen Bewertung der eigenen Person verbunden. Die Angst unangenehm aufzufallen, kritisiert oder gar abgelehnt zu werden, führte sie bisher zum sozialen Rückzug. Eine Gruppe bietet hier die Möglichkeit, die Interaktionsfähigkeit zu erweitern. Anhand der Reaktionen der Gruppenmitglieder können gezeigtes Verhalten und Gefühle überprüft und die sozialen Ängste langfristig gemindert werden.

Da AgoraphobikerInnen in hohem Maße introspektiv sind, beschäftigen sie sich intensiv mit ihrer psychischen und physischen Symptomatik. Diese stark selbstzentrierte Orientierung bewirkt einerseits die Reduzierung der Handlungseffizienz, da wichtige Informationen aus der Umwelt für die Planung und Realisierung von Handlungen nicht wahrgenommen werden (*Lantermann*, 1982), andererseits ist sie Ausdruck der massiven Beziehungsstörung. Gruppengespräche lenken, quasi selbstverständlich, die Aufmerksamkeit auch auf andere Personen und deren Problematik und führen so zu einer Erweiterung der Selbst- und Fremdwahrnehmung. Da die Probleme zunächst bei anderen Personen gesehen und erst in einem zweiten Schritt auf die eigenen Anteile übertragen werden, sind die Widerstände gegen die Selbsterkenntnis geringer.

Ungewohnte und damit ängstigende Verhaltensweisen und Bewältigungsschritte können in der Gruppe nicht nur entwickelt, sondern in dieser relativ „geschützten Situation" zunächst erprobt werden. Insbesondere AgoraphobikerInnen, die einen Teil ihrer Probleme bereits gelöst haben, können den anderen Betroffenen als Modell dienen. Allein die Tatsache, daß sie Bewältigungsstrategien erfolgreich einsetzen/ten, motiviert und ermutigt andere. Es ist zu beobachten, daß dadurch die bei AgoraphobikerInnen häufigen depressiven Phasen abnehmen.

Möglichkeiten und Grenzen der Selbsthilfe bei Agoraphobie

Aussagen über Veränderungen, die die Teilnahme an einer Selbsthilfegruppe für AgoraphobikerInnen bewirkt oder unterstützt, können z. Zt. lediglich aus den Erfahrungen und subjektiven Eindrükken der Mitarbeiterinnen abgeleitet werden.

Daß während einer längerfristigen Teilnahme an einer Gruppe einerseits die Reduktion der Symptomatik und der Depressivität, andererseits die Zunahme von Kompetenzen im Umgang mit Alltagsanforderungen sowie in sozialen Kontakten eintreten, kann bei vielen Betroffenen festgestellt werden. Konkrete Indikatoren für die positive Wirkung sind zudem: die Verhinderung des sozialen Abstiegs, d. h. die Abwendung vorzeitiger Berentung, Wiederaufnahme der Berufstätigkeit während der Krankengeldphase, Aufrechterhaltung der Berufstätigkeit trotz Symptomatik; die Verringerung der Inanspruchnahme von medizinischen Versorgungseinrichtungen wie Krisenstationen, Erste Hilfe Einrichtungen; die Reduktion bzw. das ärztlich kontrollierte Absetzen von Psychopharmaka, Abnahme des Alkoholkonsums, etc..

Gleichzeitig ist zu berücksichtigen, daß eine Selektion der SelbsthilfeteilnehmerInnen vorliegt, da nur diejenigen Betroffenen die Gruppen aufsuchen, denen das Zurücklegen der Wegstrecke möglich ist, und die darüber hinaus genügend Motivation zur Veränderung aufbringen. Daß sich Betroffene nach den ersten Kontakten zur Gruppe ohne Rückmeldung zurückziehen, führt in einigen Gruppen zu einer hohen Fluktuation, die die Kontinuität erschwert und Frustration bei den verbleibenden TeilnehmerInnen auslöst.

Über die Beweggründe, die zu diesem Rückzug aus den Gruppen führen, fehlen die Informationen der Betroffenen. Es wird vermutet, daß die Verarbeitung eines solchen Abbruchs zum Teil unter dem Aspekt eines weiteren Mißerfolges in der Kette von Behandlungs- und Selbstbehandlungsversuchen für die Betroffenen ausgesprochen negativ verlaufen kann. Diese Erfahrung in Einzelgesprächen zu reflektieren, wird von den Gruppenanleiterinnen angeboten, doch nur selten genutzt.

Grundsätzlich wird die Selbsthilfearbeit bei einer Symptomatik wie der Agoraphobie nicht als Therapieersatz gesehen. Eine psychotherapeutische Behandlung wird in jedem Fall für notwendig erachtet, damit den Erfordernissen des Einzelfalls Rechnung getragen wird. Die Selbsthilfe wird als sinnvolle und ergänzende Maßnahme während oder nach einer psychotherapeutischen Behandlung eingeschätzt. Die angestrebte Kombination von psychotherapeutischen und Selbsthilfeangeboten kann allerdings nicht immer verwirklicht werden, z. B. bei Betroffenen mit chronifizierter Agoraphobie nach mehreren wenig erfolgreichen psychotherapeutischen Behandlungen.

Abschließend soll darauf hingewiesen werden, daß neben den Chancen, die Selbsthilfegruppen für einzelne Betroffene bieten, nicht übersehen werden darf, daß sie gesundheitspolitische Maßnahmen und deren Verbesserungen nicht ersetzen. Wie allgemein für den Selbsthilfebereich gültig, ergibt sich auch hier die Gefahr des Mißbrauchs von Selbsthilfeanstrengungen und -potentialen zu Zwecken der reinen Kostendämpfung im Gesundheitssektor, ohne daß die Mißstände langfristig behoben werden. Andererseits kann die häufig geäußerte Befürchtung, daß Professionelle die zahlenmäßig rapide ansteigenden Selbsthilfegruppen vereinnahmen, bzw. unter ihre Kontrolle bringen, abgeschwächt werden, sofern das vorgegebene Ziel der Förderung und Unterstützung von Selbsthilfepotentialen selbstkritisch reflektiert wird.

Hinweise für ein erfolgversprechendes Vorgehen

Die Gruppenanleitung ist in der Regel auf 30 Sitzungen beschränkt. Aus unserer Erfahrung sind folgende formale und inhaltliche Aspekte für ein erfolgversprechendes Vorgehen zu berücksichtigen:

- Aufgrund der geringen Mobilität der Betroffenen müssen weite Wege zum Gruppentreffpunkt vermieden werden, um eine längerfristige Teilnahme zu ermöglichen. Diesem Punkt sollte mehr Beachtung geschenkt werden als der üblichen Mindestzahl von Teilnehmenden.
- Klärung der Rahmenbedingungen
  Da leicht zu übersehende Nebensächlichkeiten die Gruppenarbeit negativ beeinflussen können, regen wir an, die Frage des Essens, Trinkens und Rauchens während der Sitzungen, das Zuspätkommen, die Pausen, das Absagen usw. anfangs verbindlich zu klären. Die gemeinsamen Vereinbarungen müssen nicht als etwas Statisches verstanden, sondern können zu einem späteren Zeitpunkt erneut thematisiert werden.
- Erarbeitung von Kommunikationsregeln
  Kommunikationsregeln helfen einer Gruppe, sich selbst zu regulieren (vgl. *Cohn*, 1970). Im Laufe eines Gruppenprozesses können spezifische Kommunikationsstörungen identifiziert und zur Grundlage für die Konzeption von Regeln in dieser Gruppe werden. Diese Gruppen- oder Kommunikationsregeln umfassen meist sehr ähnliche Verhaltensempfehlungen, wie sie auch von *Schwäbisch* (1984) zum sozialen Lernen entwickelt wurden und sollen deshalb an dieser Stelle nicht wiederholt werden.
- Vermittlung von Kommunikationsinstrumenten
  Eines der empfohlenen Kommunikationsinstrumente ist das „Blitzlicht". Zu Anfang und zum Schluß einer Sitzung hat das „Blitzlicht" die Funktion, die Gruppe zusammenzuführen bzw. noch einmal jedes Mitglied zu Wort kommen zu lassen. Dadurch werden die informellen Gespräche vor und nach einer Sitzung sinnvoll abgegrenzt. Auch zu jedem anderen Zeitpunkt des Gruppengeschehens kann auf diese einfache und deutliche Weise Metakommunikation ermöglicht werden. Desweiteren bieten wir

Einblick in die Techniken des Rollenspiels, des Soziogramms, der Phantasiereise, etc.

- Bei Bedarf werden Angstbewältigungstechniken erklärt, z. B. die Methode der graduellen Angstkonfrontation, Entspannungstechniken, Tagesprotokolle, Gedankenstop und positive Selbstverbalisierung. Dabei ist zu berücksichtigen, daß, auf den Einzelfall bezogen, nicht jede dieser Techniken indiziert ist.
- Überführung von der angeleiteten zur eigenverantwortlichen SHG. Bereits nach wenigen Gruppensitzungen wird nach dem Prinzip der routierenden Leitung die Gruppenarbeit fortgeführt. Die Regel, daß die Betroffenen im Wechsel die Leitung selbst übernehmen, hilft, den persönlichen Fähigkeiten und der eigenen Durchsetzungskraft zunehmend zu vertrauen und stärkt die Eigenverantwortlichkeit. Gegen Ende der psychologischen Anleitung wird diese in die intermittierende Betreuung übergeleitet. Die Psychologin bleibt im Wechsel der Gruppe fern, um in der jeweils folgenden Sitzung bei der Reflektion der Erfahrungen und Probleme sowie der Erarbeitung von Lösungsmöglichkeiten anregend mitzuwirken.

Anmerkungen

1) Diese Schreibweise wird im folgenden Text zur Kennzeichnung beider Geschlechter verwandt.

2) Eine Agoraphobie ist zu kennzeichnen durch die allgemeinen Merkmale phobischer Störungen:
   1. die Angst/Furcht steht in keinem Verhältnis zu den Anforderungen der Situation
   2. die Angst/Furcht kann nicht durch rationale Erklärungen gelöst werden
   3. sie liegt jenseits der freiwilligen Kontrolle
   4. führt zur Vermeidung der gefürchteten Situation
   5. zeigt eine hohe Persistenz über lange Zeiträume
   6. ist durch Exzessivität und/oder große Häufigkeit des Auftretens gekennzeichnet (in *Fiegenbaum* 1986)

3) In folgender Literatur wird der Partnerdynamik von Agoraphobiker/innen besondere Beachtung geschenkt (vgl. *Frances, A./Dunn, P.* 1975; *Schaper, W.W.F.* 1973; *Symonds, A.* 1971).
   Nach unseren Erfahrungen und eigenen Forschungsergebnissen (*Hartmann* 1987) kann sowohl die Vermeidung der Unabhängigkeit (bei vorhandenem Trennungswunsch) als auch die Sicherung der Abhängigkeit im Zusammenhang bei der

Entstehung und Funktion der agoraphobischen Symptomatik psychodynamisch wirksam sein.

4) Mit entsprechenden Faktoren beschäftigt sich das Forschungsprojekt zum Thema: „Agoraphobikerinnen – Analyse ihrer Versuche der Krankheitsbewältigung hinsichtlich der Nutzbarmachung für die Selbsthilfe". Dipl.-Psychologinnen Brigitte Hartmann, Rita Jenewein, Maritta Zentgraf, FU Berlin, Fachbereich I, Habelschwerdter Alle 45, 1000 Berlin 33.

5) In der Erklärung allgemeiner Wirkmechanismen von Selbsthilfegruppen beziehen wir uns vorwiegend auf den Ansatz von *Moeller* (1981, 1983).

Literatur

Beck, A.T., Emery, G.: Kognitive Verhaltenstherapie bei Angst und Phobien, München 1981.

Behrendt, J. U., u.a.: Selbsthilfegruppen vor der Vereinnahmung? in: *Badura, B.*: Selbsthilfe und Selbstorganisation im Gesundheitswesen, München 1981.

Breton, S.: Angst als Krankheit, Angstanfälle, Panikattacken, Platzangst, Stuttgart 1989.

Butollo, W.: Die Angst ist eine Kraft, München 1986.

Caplan, G.: Support systems and community mental health, New York, Behavioral Publications, 1974.

Cohn, C.: Das Thema als Mittelpunkt interaktioneller Gruppen, in: *Gruppenpsychotherapie und Gruppendynamik*, Bd. 3, 2, Göttingen 1970.

Collin, H., Dane, E.: Agoraphobie und Ehe, in: DGVT, Klinische Psychologie – Fortschritte in Diagnostik und Therapie, 1979.

English, H.B., English, A.C.: A comprehensive dictionary of psychological and psychoanalytical terms: A guide to usage, New York 1958.

Ermann, M.: Zur Psychotherapie strukturell ich-gestörter Angstpatienten, in: *Helmchen, H.* (Hrsg.): Psychotherapie in der Psychiatrie, Berlin 1982.

Fiegenbaum, W.: Agoraphobie – Theoretische Konzepte und Behandlungsmethoden, Opladen 1986.

Frances, A., Dunn, P.: The attachment-autonomy conflict in agoraphobia, International of Psychoanalysis, Bd. 56, 1975.

Freud, S.: Neue Folge der Vorlesungen zur Einführung in die Psychoanalyse, Gesammelte Werke, Bd. 15, S.2 – 197, Frankfurt 1960.

Hartmann, B.: Agoraphobien bei Frauen, Eine theoretische und empirische Studie zur Ätiologie, Unveröffentlichte Diplomarbeit, TU Berlin 1987.

Helmchen, H., Linden, M. (Hrsg.): Die Differenzierung von Angst und Depression, Berlin 1986.

Hoefert, H.-W.: Ansätze zu einer kompetenzspezifischen Situationstaxonomie, in: *Hoefert, H.-W.* (Hrsg.): Person und Situation, Göttingen 1982.

König, K.: Angst und Persönlichkeit. Das Konzept vom steuernden Objekt, Göttingen 1981.

Lantermann, E. D.: Integration von Kognitionen und Emotionen in Handlungen, in: *Hoefert, H.-W.* (Hrsg.): Person und Situation, Göttingen 1982.
Mathews, A., u.a.: Platzangst, Berlin 1988.
Mathews, A., u.a.: Agoraphobie, Berlin 1988.
Mentzos, St. (Hrsg.), Angstneurose, Psychodynamische und psychotherapeutische Aspekte, Frankfurt/Main 1984.
Moeller, M. L.: Anders helfen. Selbsthilfegruppen und Fachleute arbeiten zusammen, Stuttgart 1981.
Moeller, M. L.: Gruppenpsychotherapie und Selbsthilfegruppen, in: *Gruppenpsychotherapie und Gruppendynamik*, Bd. 19, Göttingen 1983.
Probst, B.: Sind Selbsthilfegruppen ehemaliger Psychiatriepatienten möglich?, in: *Gruppenpsychotherapie und Gruppendynamik*, Bd. 21, Göttingen 1985.
Rahm, D.: Gestaltberatung, Grundlagen und Praxis integrativer Beratungsarbeit, Paderborn 1986.
Reinecker, H.: Angst und Phobie, in: DGVT: Verhaltenstherapie und psychosoziale Praxis, Tübingen 1988.
Schneider, M.: Professionelle Initiierung von Selbsthilfegruppen, in: DGVT, Verhaltenstherapie und psychosoziale Praxis, Tübingen 1988.
Schwäbisch, L., Siems, M.: Anleitung zum sozialen Lernen, Hamburg 1984.
Symonds, A.: Phobias after marriage: Women's decleration of dependence, in: *American Journal of Psychoanalysis*, Bd. 31, 1971.
Ullrich, R.: Einüben von Selbstvertrauen und sozialer Kompetenz, Bd. 1,2,3, 1976.
Weiss, E.: Ichstörungen bei der Agoraphobie und verwandte Erkrankungen im Lichte der Federnschen Ichpsychologie, in: *Psyche* 12.
Westphal, C.: Agoraphobie: Eine neuropathische Erscheinung, *Archiv für Psychiatrie und Nervenkrankheiten*, 1872, 3, S. 138 – 161.
Wittchen, H.U., Zerssen, v., D.: Verläufe behandelter und unbehandelter Depressionen und Angststörungen, Berlin, Heidelberg, N.Y. 1987.

Verfasserinnen:
Dipl.-Psych. Brigitte Hartmann,
Dipl.-Psych. Andrea Kropf,
Dipl.-Psych. Claudia Stoll,

Kontaktadresse:
Beratungsstelle des Selbsthilfeprojekts „Agoraphobie e. V."
Albrecht-Achilles-Str. 65
1000 Berlin 31

Gruppen für Spieler – Hilfe für Spieler?

Ilona Füchtenschnieder, Günther Thomas

Im Jahre 1988 kam auf 1021 Einwohner der Stadt Herford ein Briefkasten, auf 367 eine Telefonzelle und auf 159 Einwohner ein „Glücksspielautomat"! Hier sind die Glücksspielautomaten, im folgenden „Automat" genannt, in Kneipen miteingerechnet.

Jeder gut laufende Automat bringt im Monat einen effektiven Reingewinn von „spielend 4.000,– bis 8.000,– DM" (der Leiter der Gaststättenbehörde beim Amt für öff. Ordnung Stuttgart, *Der Spiegel* 1988 Nr. 6). Nach der Umfrage des Dt. Institutes für Urbanistik liegt die Zahl der genutzten Automaten bei knapp 200.000 in ca. 15.000 Spielhallenstandorten. Der weiter ansteigende Trend ist ungebrochen: die Spielhallenstandorte haben sich 1988 um weitere 7,3 % vermehrt, die Automaten in Spielhallen um 8,5 %. In 43 % der deutschen Städte ist ein weiterer Anstieg feststellbar, in 11 % war er rückläufig. Zwar sind diese Steigerungsraten um die Hälfte geringer als im Vorjahr, jedoch waren jene auch die größten seit 1980 überhaupt. Aufgrund der novellierten Spielverordnung von Ende 1985 sind die Einzelerlaubnisse kaum noch angestiegen (1,2 %). Es konnte wegen der legalen Umstellungsanträge nach neuem Recht trotzdem nicht das erhoffte Ergebnis erreicht werden, insofern wurden „durch die neue Spielverordnung Umstrukturierungen und Konzentrationen gefördert" (Dt. Inst. f. Urb., S.2).

Auffällig ist in der BRD ein ausgesprochenes Nord-Süd-Gefälle, in Norddeutschland und im Ruhrgebiet ballen sich Spielhallen ebenso in Städten mit bereits hoher Spielhallendichte und in Großstädten. Auffallend ist weiterhin, daß die Zahl der Automaten in Städten ansteigt, in denen die Zahl von Erwerbslosen bzw. Noch-Nicht-Erwerbstätigen (Auszubildende) sehr hoch liegt. Erfahrung ist auch, daß Spielen am Automaten mit finanziellen Sorgen und meist mit Kriminalität verbunden ist.

Es ist inzwischen bekannt, daß der Verband der Spielautomatenindustrie über erhebliche Summen verfügt, daß wissenschaftliche Vorhaben, insbesondere zur Spielerproblematik, finanziert werden können. Dies wird z. B. von Herrn Prof. *Hand* nicht geleugnet, schließlich „beeinflusse dies ja nicht die Ergebnisse". Auch in Heften von „*Jugend und Gesellschaft*", die Herr Prof. *Gernet* im Auftrag der katholischen Landesarbeitsgemeinschaft Jugendschutz NW e.V. herausgibt, wird die Gefahr einer Suchterkrankung negiert, wenn nicht der freizeitaktive Spieler selbst übermäßig seelisch belastet sei. Der Automat selbst kann schließlich nicht gefährdend sein! Verwunderlich ist bei dieser Argumentation nur, daß 1983 in Frankreich sämtliche 65.000 Automaten abgeschafft wurden.

Warum Spielhallen nicht unter die Gesetze fallen, wie sie für Spielbanken gelten, bleibt nach wie vor uneinsichtig und lädt in der Tat zu Interpretationen ein, die die Glaubwürdigkeit der staatlichen Regelungsfähigkeit nicht stützen. *Meyer* (1983) hat nachweisen können, daß aufgrund der kurzen Auszahlungsintervalle und hohen Ereignisfrequenz und besonders der Suggestion, durch „Risikotaste" und Sonderserien einen hohen Grad an persönlicher Steuerung ausüben zu können, Automaten relativ leicht zur Abhängigkeit konditionieren können. Dies ist trotz umfangreicher Studien, die z. T. vom Verband der Spielautomatenindustrie finanziert oder mitfinanziert wurden, nicht widerlegt. (Einer der Autoren hat es z. B. selbst erlebt, daß Studenten einer Münchner Fachhochschule für Diplom-Arbeiten motiviert wurden, in denen von diesen Studenten erfragte Spielerangaben und -daten dargestellt wurden, die anschließend von Auftragsarbeiten weiterbenutzt wurden, ohne daß es die Studenten wußten.)

Was aber können wir unter „Abhängigkeit" oder „Sucht" bei Spielern verstehen?

Dazu die zwei folgenden Texte von Spielern:

Ein(e) Spieler(karriere) von 1980 – 1989

Es fing alles ganz harmlos an. Ich (heute 26 Jahre alt, verheiratet, 1 Kind – 2 Jahre alt) war gerade 18 Jahre alt, als meinem Elternhaus gegenüber eine Spielhalle eröffnete. Meine Mutter war Alleinerzieherin zweier Kinder, außerdem berufstätig, d.h. eigentlich selbständig. Sie war Pächterin einer Gastwirtschaft. Die Spielhalle eröffnete, als sich bei uns im Ort eine Frühjahrsmesse befand. So bekamen wir, meine Schwester und ich, von den Stammgästen immer etwas Messegeld, so ungefähr DM 150,– am Messewochenende. Finanziell sehr gut gepolstert betrat ich aus Neugierde die Spielhalle. Ich spielte zuerst mit den Telespielen, später an den Geldautomaten. Ich hatte ein Riesenglück. Zwei Stunden später verließ ich die Spielhalle mit ca. DM 250,– in der Tasche. Am nächsten Tag dasselbe noch einmal. Dann war Fortuna fort. Ich verlor zwar nichts, gewann aber auch nichts. Ich hielt mich während des nächsten halben Jahres fast ständig in der Spielhalle auf. Das Girokonto war schon leicht belastet. Mit DM 500,– Lehrgeld kommt man ja nicht weit. Mein erster Gesellenlohn ging für eine Taschenuhr drauf und für die Spielhalle. Ich wurde unzuverlässig. Freunde und Freundin wurden mir auch gleichgültig. Im Nachhinein betrachtet habe ich mich sehr verändert. Ich sprach nicht mehr von mir oder über meine Probleme. Warum auch, ich hatte ja die Spielhölle. Mein Denken und Handeln war nur auf das Zocken ausgerichtet. Wo bekomme ich Geld her? Wieviel Zeit habe ich für Zocken? Zu dieser Zeit hatte ich die Leitung und Schlüsselgewalt im Jugendzentrum, welches von der Stadt gefördert wurde. Ich war dermaßen unzuverlässig, daß ich das Amt als 1. Vorsitzender abgeben mußte. Schade eigentlich. Es war eine Aufgabe, die mir sehr viel Spaß gemacht hatte. Aber zocken war wichtiger. Ich zog dann von zu Hause aus zu einem „Freund". Ich bezahlte die Miete nicht. Ein großer Schuldenberg kam auf mich zu. Dann kamen Arbeitslosigkeit und noch mehr Schulden. Ich habe dann die Einberufung zur Bundeswehr erhalten. Nach der Grundausbildung habe ich mich dann auf zwei Jahre dienstverpflichtet, des Geldes wegen. Dann nach drei weiteren Monaten hatte ich einen schweren Verkehrsunfall, bei dem ich knapp dem Tod entwischt bin. Ich lag fast ein halbes Jahr im Krankenhaus. Durch den Unfall, der meinerseits unverschuldet war, bekam ich DM 26.500,– Schmerzensgeld zugesprochen. Es reichte gerade für einen Fernseher und einen Hi-Fi-Turm. Der Rest ging für Schulden drauf. Als ich noch im Krankenhaus lag, ist meine Freundin mit meinem Wohnungsgenossen durchgebrannt. Inzwischen haben wir uns ausgesprochen (nach ca. 5 Jahren) und verstehen uns sehr gut. Als ich aus dem Krankenhaus entlassen wurde, habe ich noch eine Woche Dienst geschoben, bin dann 16 Tage unerlaubt vom Dienst ferngeblieben. Das hatte zur Folge, daß ich zum Wehrpflichtigen zurückgestuft wurde. Den Dienstgrad hatte man mir auch weggenommen. Ich hatte jetzt noch ca. 21 Tage zu dienen. Acht Tage Bau mußte ich auch absitzen. In dieser Zeit lernte ich meine Frau kennen. Wir lebten zwei Jahre zusammen und haben dann geheiratet. Ich lernte Renate in einer Spielhölle kennen. Sie wußte, daß ich spielte. Wir wollten eine Familie gründen. Ich hatte auch Schulden bei Renate. Ich habe oft gesagt, daß ich aufhören wollte mit dem Zocken. Ich habe es auch manchmal geschafft für vier bis fünf Monate. Die Ehe kriselte. Verheiratet mit Kind, und ich war am Zocken. Ich fand den Weg einfach nicht, wie ich aufhören konnte.

Der Zweifel

Oft, wenn ich Geld verspielt hatte, standen mir Tränen in den Augen, dachte an Selbstmord. Wenn Maik, mein Sohn, nicht gewesen wäre, glaube ich, daß ich heute schon tot wäre. Ich habe nächtelang wach gelegen in dem Bewußtsein, daß ich etwas tun muß. Aber immer, wenn ich Geld hatte, mußte ich spielen gehen.

Die Rettung

Das letzte Mal, als ich spielen war, hatte mich mein Freund aus der Spielhölle geholt, im Auftrag meiner Frau. Ich bin mit ihm einen Kaffee trinken gegangen, weil ich mich nicht nach Hause getraut habe. Ich dachte an die Anonymen Spieler, weil ich mal einen Fernsehbericht gesehen hatte. Es hat lange gedauert, bis ich eine Telefonnummer bekommen habe. Ich habe erzählt, daß ich Spieler bin und *Hilfe* brauche! Ich wurde zu einem Gespräch gebeten. Mit Angst und Hoffnung bin ich zur Spielerberatung und habe mir alles von der Seele geredet. Ich bin in der Gruppe herzlich aufgenommen worden, denn nur Spieler können Spieler sehr gut verstehen, kennen die Problematik, die ja immer das Gleiche wiederspiegelt.

Die Hoffnung

Nach anfänglichen Zweifeln (bringt die Gruppe was) bin ich schon sehr bald davon überzeugt gewesen, daß ich es nur mit Hilfe der Gruppe schaffen kann. Nirgendwo anders stellte ich mich so offen vor meine eigenen Probleme. Inzwischen bin ich auch bereit, mich Gesprächen zu stellen, etwas, was ich seit Jahren nicht mehr getan habe. Ich trete jetzt auch in der Firma und sonst selbstbewußter auf. Ich versuche auch, meine jetzigen Interessen durchzusetzen.

Meine Ziele lauten jetzt, eine faire Partnerschaft zu führen, ein guter Vater zu sein, selbstbewußt und offen für andere Meinungen zu sein sowie immer daran zu denken, daß ich nie wieder zocken will. Ich habe auch einen starken Willen, den ich einsetzen werde, ja sogar muß. Denn ohne Wille hilft auch die beste Gruppe nichts.

Die Gruppe ist ein tolles Gefühl, weil jeder jedem helfen möchte, und jeder hilft sich selbst.

E N D E !?!?!

(Christian M.)

An meinen „Freund" den Automaten

Ich sitze hier und denke an die Zeit, in der ich „Dir" stumm gegenüber saß. Angefangen hat es mit einem „Besuch" bei „Dir", bei dem „Du" mich reichlich beschenkt hast. Die „Besuche" häuften sich, waren aber meiner finanziellen Situation angepaßt und durchaus tragbar. Ab und an verließ ich „Dich" als „Sieger" und ich empfand dieses Spiel zwischen „Dir" und mir durchaus amüsant. Doch aus diesem Spiel wurde mit der Zeit ein Kampf zwischen uns beiden. Ein Kampf, bei dem ich nicht früh genug bemerkte, daß „Du" mir keine Chance läßt. Ich wollte „Dich" besiegen, „Dich" eine Maschine, die keinen Emotionen ausgesetzt ist und durch modernste Elektronik auf Sieg, auf Profit eingestellt ist. Eine Art Selbstzerstörung stellte sich bei mir ein. Nicht nur auf finanzieller Basis, nein, viel schlimmer. Meine Psyche wurde angegriffen. Meine Umwelt nahm ich nicht mehr so bewußt auf, wie es vor unserem „Kampf" war. Meine Gedanken kreisten um „Dich". Alles andere wurde zur Nebensache. Ich war nicht mehr ich selber. Mein Verstand war abgeschaltet, ausgeschaltet wie ein Lichtschalter. Ich belog und betrog die Menschen, die ich liebe. In mir baute sich ein Druck auf die Psyche aus, dessen Beschreibung Seiten ausfüllen würde und doch unbeschreiblich ist. Ich habe dann angefangen, meine eigene Existenz anzuzweifeln. Eine Abschirmung zur Außenwelt habe ich in mir ausgebaut. Jede Minute, die nicht verplant war, habe ich dann bei „Dir" verbracht. „Du" hast mich innerlich so ausgehöhlt, so eine Leere in mir hervorgerufen. Irrationale Gedanken umkreisten mich. Ich hatte die Kontrolle über mich verloren, die volle Abhängigkeit von „Dir" war da. Komisch, für einen Außenstehenden wohl unbegreiflich und in diesem Moment für mich eigentlich auch. Abhängig von einem Kasten, vollgestopft mit Elektronik, mit dem man nicht einmal ein Wort wechseln kann. Dieser Abhängigkeit werde ich mich so gut es geht entziehen. Denn eine „Freundschaft", die einen krank macht, der sollte man sich (ich) entledigen. „Dir" gegenüber empfinde ich nicht einmal Haßgefühle. Ich muß an mir arbeiten, wieder lernen mit dem Leben umzugehen, Gefühle aufzubauen und mich und meine Umgebung wahrzunehmen. Und in dieses Konzept paßt „Du" absolut nicht hinein.

Ich habe den Wunsch und den Willen, daß „Du" aus meinem Leben verschwindest!

(Klaus W.)

Abhängigkeit wird in der Regel bei Alkohol- und Medikamentenabhängigen durch Toleranzentwicklung gegenüber dem Suchtmittel, mit Dosissteigerung, schließlich mit dem sog. Kontrollverlust charakterisiert. Führt der Suchtkranke sich das Suchtmittel nicht mehr zu, kommt es zu Entzugserscheinungen. „Kontrollverlust" ist ein letztlich schwieriges Konzept für die Erfahrung, daß der Suchtkranke dann nicht mehr aufhören kann, wenn er das Suchtmittel konsumiert. Alle bisherigen Untersuchungen laufen darauf hinaus, daß dem Konzept des Kontrollverlustes nicht entscheidend widersprochen werden kann, wenngleich Zweifel nicht gänzlich ausgeräumt werden konnten.

Diese Merkmale an Suchterkrankten wird nur der erkennen können, der langjährig mit Suchterkrankten gearbeitet hat – wie auch nur der Zeichen einer Erkrankung erkennt, der Erfahrungen dort gesammelt hat.

Die Weltgesundheitsbehörde (WHO) hat sich 1988 dazu entschlossen, das pathologische Glücksspiel als eigenständige psychische Störung im Sinne einer Suchterkrankung in die neue, noch nicht fertig erstellte 10. Fassung des ICD (international classification of diseases) aufzunehmen. Dies stimmt mit der Erfahrung und Einschätzung der allermeisten Kollegen und besonders der Betroffenen völlig überein. Wir können nur hoffen, daß dieser Schritt bald auch in der BRD seine juristischen Konsequenzen haben wird. Bisher gibt es keinen „Leistungsträger" für ambulante oder stationäre Behandlungen. Will ein Spieler eine Behandlung eingehen, so stehen ihm nur professionelle Helfer zur Seite, deren Anstellung durch öffentliche oder karitative Träger gesichert ist, wie es z. B. in Suchtberatungsstellen der Fall ist. Ein niedergelassener Arzt kann – soweit ihm dieses Krankheitsbild überhaupt bekannt ist – mit der Krankenkasse nicht Behandlungen mit der Diagnose „Spielsucht" abrechnen. Eine stationäre Entwöhnungsbehandlung, wie sie glücklicherweise *Bachmann* (1989) darstellt, ist nur für Suchtkranke möglich, die Spielsucht als Nebendiagnose haben. Alle weiteren Fälle sind bisher noch Ausnahmen und ausschließlich dem besonderen Engagement von Betreuern zuzuschreiben, die mit viel Einsatz und Drängen eine Kostenzusage haben erringen können.

Der Leser vergegenwärtige sich noch einmal die obigen Zeilen der Betroffenen. „Sucht" wird als das „unwiderstehliche Verlangen nach einem bestimmten Erlebniszustand" definiert. Selbst der Erhalt der eigenen sozialen Existenz tritt in den Hintergrund, alles andere wird unwichtig, Spielen wird der einzige Lebensinhalt. Schleichend werden Alltagspflichten, Interessen und Sozialbeziehungen aus dem Bewußtsein verdrängt. Der entscheidende Unterschied zu neurotischen Erkrankungen liegt darin, daß während der akuten Erkrankungsphase, d.h. dem fortwährenden Spielen die Tätigkeit der Suchtmitteleinnahme (incl. spielen) grundsätzlich „ich-synton" erlebt wird, d.h. daß der Spieler während des Spielens keinen akuten Leidensdruck hat und kein Problembewußtsein entwickelt, also sein Verlangen nach Suchtmitteleinnahme als ein ihm zugehöriges, unproblematisches Bedürfnis auffaßt, das er nicht mehr kritisch hinterfragt. Ein Zwangskranker würde z. B. beim Waschzwang schon während der Tätigkeit des Waschens sein Tun als „ich-dyston" erleben, also ihm nicht-zugehörig, fremd und leidverursachend.

Die andere, in der BRD nicht so gebräuchliche Einteilung von Krankheitsbildern, das DSM (Diagnostic and statistical Manual) hält in der neuesten Fassung (DSM III-R) das pathologische Glücksspiel als Störung der Impulskontrolle nach wenigstens vier der nachfolgend aufgeführten Kriterien für bestätigt:

DSM III-R,

1. Ein Großteil der Zeit wird mit Spielen oder der Beschaffung von Geld zum Spielen verbracht.
2. Häufig werden größere Geldsummen verspielt oder die einzelnen Spielphasen über den eigentlich geplanten Zeitraum hinaus ausgedehnt.
3. Es besteht das Bedürfnis, die Höhe oder Häufigkeit der Einsätze zu steigern, um die gewünschte Erregung zu erreichen.
4. Besteht keine Möglichkeit zum Spielen, kommt es zu Unruhe und Reizbarkeit.
5. Es wiederholt sich die Wechselwirkung von Verspielen von Geld und Weiterspielen am nächsten Tag, um den Verlust zurückzugewinnen.
6. Wiederholt wird der Versuch unternommen, das Spielen einzuschränken oder ganz damit aufzuhören.
7. Es wird auch dann häufig gespielt, wenn berufliche oder private Verpflichtungen anstehen.
8. Wichtige Aktivitäten in Beruf, Privatleben und Freizeit werden vernachlässigt oder ganz aufgegeben, um spielen zu können.
9. Alle aus dem Spielverhalten resultierenden Probleme sind dem Spieler bekannt. Trotz wachsender, von ihm nicht mehr zu bezahlender Schulden und trotz der im sozialen, beruflichen oder juristischen Bereich aufkommenden Probleme ist er aber nicht in der Lage, das Spielen aufzugeben.

In den USA, wo die Forschungen, vor allem am Medical Center des Cleveland Administration Hospitals recht weit vorangeschritten sind, rechnet man inzwischen mit einer Rate von „pathologischen Spielern" von wenigstens 5 %.

In der BRD wird die Kategorisierung von abhängigen und anderen Spielern recht unterschiedlich gehandhabt. Zuverlässige Zahlen sind deshalb nicht erhältlich. Auffallend wiederum ist der große, völlig überwertige Anteil an männlichen Betroffenen, 75 % sind unter 35 Jahren alt. Ledige, nach der Schulbildung etwas besser gestellte und nicht erwerbstätige junge Männer stellen das Gros der Spieler. Offen daran ist die soziologische Bedeutung, daß Frauen vermutlich im Spielen an Automaten keine wirkungsvolle Entlastung oder Problembewältigung sehen, zumal das Spielen in dieser Form ein hochgradig kommunikationsloses Endprodukt einer menschlich entfremdeten und elektronisch automatisierten Maschinenkultur darstellt. Der Automat erzieht zur Einsamkeit und beutet unsozialisierte Bedürfnisse nach Glück hoffnungslos aus. Wo die Gefahr groß ist, ist auch die Rettung nicht weit. Nach dem Vorbild der Anonymen Alkoholiker haben sich die „Gambler Anonymous" gebildet. Sie verstehen wie Alkoholkranke ihre Fehlentwicklung als Suchterkrankung.

1957, zweiundzwanzig Jahre nach Gründung der Anonymen Alkoholiker in den USA, konstituierte sich in Los Angeles die erste Gruppe der Gamblers Anonymous (GA), in Großbritannien erfolgte die Gründung der ersten Gruppe im Jahre 1963, und in der Bundesrepublik war Tostedt bei Hamburg die erste Stadt, in der 1982 eine Gruppe der Anonymen Spieler (AS), wie sie sich hier nennen, gegründet wurde. Diese erste deutsche Selbsthilfegruppe für Glücksspieler wurde von einer inzwischen 70-jährigen Handelsvertreterin ins Leben gerufen, die erst im Alter von 58 Jahren zu spielen begonnen hatte. Ihre Lebensgeschichte – sowie die einiger anderer Spielerinnen und Spieler der ersten Stunde – ist in dem Buch „Droge Glücksspiel" (*Föhling*, 1984) nachzulesen. Mittlerweile gibt es bundesweit über 70 AS-Gruppen, eine Zahl, die eindrucksvoll belegt, wie gut sich der Selbsthilfeansatz auch bei Spielern inzwischen etabliert hat.

Den Rahmen für die Gruppenarbeit bildet das „Zwölf-Schritte-Programm", das ebenso wie die „Zwölf Traditionen" im wesentlichen dem Konzept der Anonymen Alkoholiker (AA) entspricht und auch von anderen Anonymous-Gruppen [Emotions Anonymous (EA), Overeaters Anonymous (OA) etc.] adaptiert worden ist. Das spirituelle Element – die Annahme einer höheren Macht, die die geistige Gesundheit wiedergeben kann – wird in einigen Gruppen kontrovers diskutiert. „Viele AA sperren sich zunächst ebenfalls gegen diesen Teil ihres Programms. Andere glauben allerdings, daß auf ihm der therapeutische Erfolg der Gemeinschaft beruht. Unter höherer Macht verstehen manche eben auch die Gruppe oder die Gemeinschaft der AA insgesamt.“ (*Meyer* 1985)

Die 12 Schritte der Anonymen Spieler (AS):

1. Wir gaben zu, daß wir dem Spielen gegenüber machtlos sind – und unser Leben nicht mehr meistern konnten.
2. Wir kamen zu dem Glauben, daß eine Macht, größer als wir selbst, uns unsere geistige Gesundheit wiedergeben kann.
3. Wir faßten den Entschluß, unseren Willen und unser Leben der Sorge Gottes – wie wir ihn verstanden – anzuvertrauen.
4. Wir machten gründlich und furchtlos eine moralische und finanzielle Inventur in unserem Inneren.
5. Wir gaben Gott, uns selbst und einem anderen Menschen gegenüber unverhüllt unsere Fehler zu.
6. Wir waren völlig bereit, all diese Charakterfehler von Gott beseitigen zu lassen.
7. Demütig baten wir ihn, unsere Mängel von uns zu nehmen.
8. Wir machten eine Liste aller Personen, denen wir Schaden zugefügt hatten, und wurden willig, ihn bei allen wiedergutzumachen.
9. Wir machten bei diesen Menschen alles wieder gut – wo immer es möglich war – es sei denn, wir hätten dadurch sie oder andere verletzt.
10. Wir setzten die Inventur bei uns fort, und wenn wir Unrecht hatten, gaben wir es sofort zu.
11. Wir suchten durch Gebet und Besinnung die bewußte Verbindung zu Gott – wie wir ihn verstanden – zu vertiefen. Wir baten ihn, nur seinen Willen erkennbar werden zu lassen und uns die Kraft zu geben, ihn auszuführen.
12. Nachdem wir durch diese Schritte ein seelisches Erwachen erlebt hatten, versuchten wir diese Botschaft an süchtige Spieler weiterzugeben und unser tägliches Leben nach diesen Grundsätzen auszurichten.

Die Traditionen der Anonymen Spieler

Aus unserer Erfahrung haben wir gelernt, daß folgende Punkte wichtig sind, um den Erfolg in unseren AS-Gruppen zu gewährleisten:

1. Unser gemeinsames Wohlergehen sollte an erster Stelle stehen; die Genesung des einzelnen beruht auf der Einigkeit der Anonymen Spieler.
2. Für den Sinn und Zweck unserer Gruppe gibt es nur eine höchste Autorität – einen lieben Gott, wie er sich in dem Gewissen unserer Gruppe zu erkennen gibt. Unsere Vertrauensleute sind nur betraute Diener, sie herrschen nicht.
3. Die einzige Voraussetzung für die AS-Zugehörigkeit ist der aufrichtige Wunsch, mit dem Spielen aufzuhören.
4. Jede Gruppe sollte selbständig sein, außer in Dingen, die andere Gruppen oder die Gemeinschaft der Anonymen Spieler, als Ganzes angehen.
5. Die Hauptaufgabe jeder Gruppe ist, unsere AS-Botschaft zu süchtigen Spielern zu bringen, die noch leiden.
6. Eine AS-Gruppe sollte niemals ein außenstehendes Unternehmen unterstützen, finanzieren oder mit dem AS-Namen decken, damit uns nicht Geld-, Besitz- und Prestigeprobleme von unserem eigentlichen Zweck ablenken.
7. Jede AS-Gruppe sollte sich selbst erhalten und von außen kommende Unterstützung ablehnen.
8. Die Tätigkeit bei den Anonymen Spielern sollte immer ehrenamtlich bleiben, jedoch dürfen unsere zentralen Dienststellen Angestellte beschäftigen.
9. Anonyme Spieler sollten niemals organisiert werden, jedoch dürfen wir Dienst-Ausschüsse und Komitees bilden, die denjenigen verantwortlich sind, welchen sie dienen.
10. Anonyme Spieler nehmen niemals Stellung zu Fragen außerhalb ihrer Gemeinschaft; deshalb sollte auch der AS-Name niemals in öffentliche Streitfragen verwickelt werden.
11. Unsere Beziehungen zur Öffentlichkeit stützen sich mehr auf Anziehung als auf Werbung. Deshalb sollten wir auch gegenüber Presse, Rundfunk, Film und Fernsehen stets unsere persönliche Anonymität wahren.

12. Anonymität ist die spirituelle Grundlage aller unserer Traditionen, die uns immer daran erinnern soll, Prinzipien über Personen zu stellen.

Inzwischen liegt eine umfangreiche empirische Untersuchung über „Glücksspieler in Selbsthilfegruppen" vor, die von *Meyer* im Auftrag des Bundesfamilienministeriums erstellt wurde, und deren erste Ergebnisse gerade veröffentlicht worden sind (*Meyer* 1989). Ihr gebührt u.a. auch deshalb große Beachtung, weil es sich um die erste größere „unabhängige" Studie handelt, alle vorangegangenen Untersuchungen wurden mehr oder weniger direkt durch die Automatenindustrie finanziert (vgl. *Wahl* 1988), die sich den Versuch, den Sucht-Ansatz zu individualisieren, nach wie vor einiges kosten läßt.

Inwieweit das Familienministerium die Ergebnisse der Studie in die Vorschläge zur Eindämmung der Spielhallenflut einbezieht, bleibt abzuwarten. Die ehemalige Bundesfamilienministerin und jetzige Bundestagspräsidentin, *Rita Süßmuth*, sprach sich 1988 deutlich für restriktive Maßnahmen aus:

> „... den Gefahren des pathologischen Vielspiels an Geldspielgeräten (müsse) durch Entschärfung des hohen Verlustrisikos begegnet werden. Die ursprünglich als harmlos angesehenen Geldspielgeräte seien durch elektronische Spielekoppelung inzwischen zu den Umsatzmagneten der Branche geworden, die in Spielhallen und Gaststätten eine Gefahr für Gutgläubige darstellten. *Rita Süßmuth* setzte sich in diesem Zusammenhang dafür ein, die gewerbliche Nutzung des Spielbetriebes neu zu bewerten. Was vor Jahrzehnten einmal harmlos begonnen habe, habe durch Nutzung von Umwegen und Nischen allmählich eine völlig andere Qualität erhalten ... Hier sei es an der Zeit, einmal gegen die Falschetikettierung anzugehen und klarzumachen, worum es wirklich gehe. Die Branche müsse erkennen, daß der Gesetzgeber vor Jahrzehnten keineswegs genötigt gewesen wäre, Geldspielgeräte mit Gewinnmöglichkeit und folglich auch Spielhallen mit solchen Geräten zuzulassen. Dies sei auch bis heute in fast keinem anderen europäischen Land der Fall" (Pressedienst des Bundesministers für Jugend, Familie, Frauen und Gesundheit 1988).

Wenn Äußerungen des zur Zeit als Vertreter der Automatenindustrie mit dem Ministerium verhandelnden Verbandsvertreters, *Paul Gauselmann*, zutreffen, so werden die zu erwartenden Maßnahmen weit hinter den Vorstellungen von Frau *Süßmuth* zurückbleiben, die in die Richtung gingen, dem Automatenspiel den Glücksspielcharakter zu nehmen. „Wir können da mit Frau Lehr wesentlich besser reden, als mit ihrer Vorgängerin." (Persönliche Mitteilung 26.7.1989). Im Gespräch sollen neben freiwilligen Selbstbeschränkungen der Branche z. B. auch Warnhinweise sein, ähnlich denen auf Zigarettenschachteln, die direkt unter dem Münzeinwurf der Geldspielgeräte – in Kleinformat versteht sich – angebracht werden sollen.

Nun zu den Ergebnissen der o.a. Untersuchung über „Glücksspieler in Selbsthilfegruppen". *Meyer*, der die Untersuchung zwischen Mai und November 1987 durchführte, befragte 437 Glücksspieler aus 54 Selbsthilfegruppen der „Anonymen Spieler" mit dem Ziel, diesen Personenkreis „hinsichtlich relevanter Merkmale pathologischen Glücksspiels, spezifischer Persönlichkeitseigenschaften und soziodemographischer Daten" zu beschreiben (*Meyer* 1989, S. 218).

Zusammenstellung ausgewählter Einzelergebnisse der Studie (vgl. *Meyer* 1989, S. 219-230)

Geschlecht	männlich 95 % weiblich 5 %
Altersdurchschnitt	31 Jahre
Schulabschluß	im Vergleich zur Gesamtbevölkerung insgesamt ein höherer Schulabschluß
Erwerbslosenquote	10,6 %
Glücksspielform	91,8 % Geldspielautomaten (Mehrfachnennung) 25,4 % Glücksspielautomaten in den Spielbank Dependancen 15,6 % Roulette 12,4 % illegales Glücksspiel 58,8 % spielten ausschließlich an Geldspielautomaten

Beginn des exzessiven Spielverhaltens (Exzessives Spielverhalten = 5 x in der Woche 4-5 Std. mit einem mittleren Einsatz von DM 350,–)	im Alter von 22,8 Jahren	
Durchschnittliche Dauer des exzessiven Spiels	5 ½ Jahre	
Summe des in dieser Zeit verspielten Geldes	DM 90.000,– im Durchschnitt	
Suizidgedanken	67,7 %	hatten Suizidgedanken
Suizidversuche	14,9 %	unternahmen einen Selbstmordversuch
Beschaffungskriminalität	54,5 %	beschafften sich auf illegale Weise Geld zum Spielen
	10,3 %	sind deshalb bereits verurteilt worden
Mehrfachabhängigkeit	22,4 %	hatten oder haben auch Probleme mit Alkohol, Drogen oder Medikamenten
	92 %	sind Raucher
Freiwilligkeit	56 %	suchten die Gruppe aus eigenem Antrieb auf
	44 %	auf Drängen von anderen Personen
Besuchsdauer d.Selbsthilfegruppe	im Durchschnitt ein knappes Jahr	
Beschreibung der Gruppenarbeit	„In einem Klima der gegenseitigen Zuneigung, Solidarität und Entlastung wird an den Problemen der Mitglieder gearbeitet, indem Gefühle, Gedanken und Erfahrungen mitgeteilt werden, der einzelne in den Schilderungen der anderen Gruppenmitglieder seine eigenen Probleme angesprochen findet und ermutigt wird, die Probleme und Konflikte zu bewältigen" (*Meyer* 1989, S. 229).	

Grenzen der Gruppenarbeit	„Bei vielschichtigen Krankheitsbildern, Mehrfachabhängigkeit, physischen Beschwerden, einem besonders schwierigen sozialen Umfeld und auf Dauer erkennbarer fehlender Bereitschaft, die eigenenProbleme aufzuarbeiten, rät die Gemeinschaft den Betroffenen, anderweitig psychosoziale Hilfe in Anspruch zu nehmen" (*Meyer* 1989, S. 230).	
Veränderung des Spielverhaltens	63,8 %	leben seit der Teilnahme glücksspielabstinent
	34,8 %	geben eine Besserung an
	1,3 %	verspürten keine Veränderung
Auswirkungen der Gruppenteilnahme auf das Befinden	95,3 %	geht es seitdem insgesamt besser, der Gruppenanschluß hat sich in allen Lebensbereichen günstig ausgewirkt, auf das seelische Wohlbefinden, die Lebensfreude, Partnerschaft/Familienleben, finanzielle Situation, Spielverhalten

Für Spieler, die regelmäßig an den Meetings teilnehmen, stellen Selbsthilfegruppen offensichtlich eine adäquate und erfolgreiche Behandlungsform dar. *Meyer* sieht die Effektivität der Selbsthilfegruppen für Glücksspieler durch die von ihm erhobenen Daten als nachgewiesen an. Dem ist zuzustimmen, die Untersuchungsergebnisse illustrieren dies anschaulich, dennoch gilt nach wie vor, worauf *Moeller* schon 1981 hingewiesen hat. „Die Existenz einer Selbsthilfegruppe ist der einfachste Nachweis ihres Erfolges" (*Moeller* 1981, S. 98).

Neben den Selbsthilfegruppen, die den unbestritten wichtigsten Beitrag zur Behandlung von Abhängigkeitserkrankungen – auch bei

Spielern – leisten, gibt es inzwischen vermehrt professionelle Therapieangebote, sowohl im ambulanten als auch im stationären Bereich. Suchtberatungsstellen, Ambulanzen (*Beckemeyer-Schweer* 1987, *Reuter* 1989, *Thomas* 1989) und Fachkrankenhäuser (*Bachmann* 1989, *Bellaire u. Caspari* 1989, *Kellermann* 1989, *Jahrreiss* 1989, *Schuhler* 1989) berichten über einen wachsenden Anteil von abhängigen Glücksspielern an ihrer Klientel. *Kellermann* teilt sogar mit, daß auf der Suchtabteilung des Allgemeinen Krankenhauses Ochsenzoll in Hamburg gegenwärtig mehr Glücksspieler behandelt werden als Medikamentenabhängige.

In Herford gibt es seit drei Jahren eine Beratungsstelle, die sich ausschließlich an Spielabhängige und ihre Angehörigen richtet. Träger ist der Synodalverein für Innere Mission des Kirchenkreises Herford. Die Spielerberatungsstelle ist ein „Kind" der zum gleichen Träger gehörenden Jugend- und Drogenberatungsstelle, an die sich schon 1984 die ersten Betroffenen wandten. Im Mittelpunkt des Beratungsgeschehens steht die Gruppenarbeit. Es existieren inzwischen drei Gruppen (zwei Spieler- und eine Angehörigengruppe) mit jeweils zwölf Teilnehmern. Es handelt sich dabei um professionell begleitete bzw. unterstützte Gruppen. Spielern, die es allein mit dem Besuch der Gruppe nicht schaffen, ihr problematisches Verhalten zu bewältigen, werden psychosoziale Beratung in Form von Einzel-, Paar- bzw. Familiengesprächen angeboten. In einigen Fällen reicht diese Form der ambulanten Hilfe nicht aus, die betreffenden Spieler werden in stationäre Therapiemaßnahmen vermittelt.

Der „typische" Klient der Beratungsstelle ist:

- männlich
- 28 Jahre alt
- hat eine abgeschlossene Berufsausbildung
- ist berufstätig
- hat eine feste Beziehung
- lebt mit der Partnerin zusammen oder noch bei den Eltern
- hat ca. 20.000,– DM Schulden
- hat sechs Jahre lang an Geldspielautomaten gespielt
- und ist bereits kriminell geworden.

Bei den genannten Daten handelt es sich um errechnete Durchschnittswerte, die im Anschluß in bezug auf Alter und Alter bei

Spielbeginn differenziert werden (Grundlage ist der Jahresbericht der Beratungsstelle für Spielabhängige und Angehörige aus dem Jahre 1988, in dem 66 Spieler und 40 Angehörige intensiv betreut wurden).

1. Alter

17 – 25	26 – 35	36 – 45	46 – 55	56–65
35	16	12	2	1

2. Alter bei Spielbeginn

11 – 16	17 – 18	19 – 25	26 – 35	36 – 47
14	18	19	10	5

Die Aufschlüsselung zeigt, daß über die Hälfte der betreuten Klienten bis 25 Jahre alt ist, und der Spielbeginn in sehr vielen Fällen in das frühe Jugendalter fällt. Ein Hinweis dafür, daß der Jugendschutz keineswegs so gut funktioniert, wie es seitens der Automatenindustrie immer wieder behauptet wird.* Handlungsbedarf besteht aber nicht nur für die Jugendschützer. Der Gesetzgeber ist aufgefordert, Maßnahmen zu treffen, die geeignet sind, dem Automatenspiel den Glücksspielcharakter zu nehmen, etwa durch Abschaffung von Risikotaste und Sonderspielsystemen. Der gutgemeinte Versuch z. B. des Landes Nordrhein-Westfalen, die Spielhallenflut durch Steuererhöhungen einzudämmen, gilt inzwischen als gescheitert. Die Betreiber zahlen die erhöhte Vergnügungssteuer nach wie vor aus der Portokasse. Gewinner dieser Maßnahme sind ausschließlich die Kommunen, deren Stadtsäckel erheblich angeschwollen sind. So wird z. B. die Stadt Bielefeld in diesem Jahr rund 2,2 Millionen DM an Vergnügungssteuer für die rund 1.050 aufgestellten Automaten in Spielhallen und gastronomischen Betrieben kassieren; in Herford werden es über 800.000 DM sein. Solange der weiteren Verbreitung und Legalisierung von Glücksspielen staatlicherseits kein Einhalt geboten wird, sollte ein Teil der Vergnügungs-

* vgl. z. B. *Der Automatenmarkt*, September 1989, S. 23.

steuer (10-20 %) zweckgebunden verwendet werden. Auf diese Weise könnten sich nicht nur die Kommunen moralisch entlasten, es könnten dringend notwendige Konzepte entwickelt werden, die sich allerdings nicht nur auf traditionelle ambulante Beratungs- und Therapieangebote beschränken dürfen. Ebenso wichtig sind niedrigschwellige Angebote, wie etwa das von der Caritas in Berlin initiierte „Cafe Beispiellos" oder die Einrichtung von Bürgschaftsfonds für hochverschuldete Spieler.

„Die Glücksspielbetreiber, allen voran der Staat, der mit dem Glücksspiel außerordentlich hohe Beiträge einnimmt, sowie die Kostenträger im Gesundheitswesen können sich ihrer moralischen und sozialen Verantwortung für pathologische Spieler sicherlich nicht dadurch entziehen, daß sie die Betroffenen einzig und allein zur Selbsthilfe auffordern. Notwendig ist ein vielfältiges Angebot. In diesem Rahmen können die Selbsthilfegruppen dann allerdings eine wichtige Aufgabe übernehmen. Sie sind sogar unentbehrlich, nicht nur in Verbindung mit anderen Methoden: Selbsthilfegruppen sind ohne weiteres verfügbar; für jedermann leicht erreichbar, effektiv und kostenneutral; sie haben zum Teil jahrelange Erfahrungen im Umgang mit abhängigen Glücksspielern und eine große Anzahl von Mitgliedern, die bereitstehen, um sofort zu helfen." (*Meyer* 1989, S. 230 f)

Verfasser:
Ilona Füchtenschnieder,
Beratungsstelle für Spielabhängige und Angehörige,
Auf der Freiheit 25,
4900 Herford

Dr. Günter Thomas,
Degerstraße 43
4000 Düsseldorf 1

Zentrale Anschrift der AS:
Anonyme Spieler, Interessengemeinschaft e.V.,
Kontaktstelle Deutschland, Eilbecker Weg 20, 2000 Hamburg 76

Literatur

American Psychiatric Association (1987): Diagnostic and Statistical Manual of Mental Disorders, 3. ed. revised (DSM-III-R). Washington DC.

Anonyme Spieler, Gamblers Anonymous GA: Informationsschrift o. J.

Bachmann, M.: Spielsucht (1989): Krankheitsmodell, Therapiekonzept und stationäre Behandlungsergebnisse. *Suchtgefahren*, 35: 56 – 64.

Beckemeyer-Schweer, M. (1987): Erfahrungen einer Beratungsstelle mit dem Problem Spielsucht, in: Landschaftsverband Westfalen-Lippe. Koordinationsstelle für Drogenfragen und Fortbildung (Hrsg): Tagungsbericht. Erfahrungsaustausch der Selbsthilfegruppen für Spieler mit ambulanten und stationären Beratungs- und Behandlungseinrichtungen, Hamm.

Bellaire, W.; Caspari, D. (1989): Die Behandlung von Spielern in der Universitäts-Nervenklinik-Psychiatrie (Homburg-Saar). *Praxis der Klinischen Verhaltensmedizin und Rehabilitation*, Heft 5: 15-18.

Der Automatenmarkt, September 1989.

Fröhling, U. (1984): Droge Glücksspiel, München (Mosaik Verlag).

Galski, T. (Ed) (1988): Handbook on pathological gambling, Springfield.

Hand, I. (1989): Spielen – Glücksspielen – Krankhaftes Spielen, in: *Korszak, D.* (Hrsg.): Die betäubte Gesellschaft, Frankfurt/Main (FiTb).

Jahrreiss, R. (1989): Zur Kontroverse um den Suchtbegriff bei pathologischem Glücksspiel. *Praxis der Klinischen Verhaltensmedizin und Rehabilitation*. Heft 5: 5-9.

Kellermann, B.; Meyer, G. (1989): Glücksspielsucht als Krankheit. *Deutsches Ärzteblatt* 86: A 161 – A 163.

Lempp, R. (1987): Spielsucht. *Neue Praxis* 17: 289-299.

Meyer, G. (1983): Geldspielautomaten mit Gewinnmöglichkeit. Objekte pathologischen Glücksspiels, Bochum (Studienverlag Dr. N. Brockmeyer).

Meyer, G. (1985): Erfahrungen aus Selbsthilfegruppen abhängiger Spieler, in: Deutsche Hauptstelle gegen die Suchtgefahren (Hrsg.): Süchtiges Verhalten. Grenzen und Grauzonen im Alltag, Hamm (Hoheneck Verlag).

Meyer, G. (1986): Abhängigkeit vom Glücksspiel. *Zeitschrift für Klinische Psychologie, Psychopathologie und Psychotherapie* 34: 140 – 156.

Meyer, G. (1989): Glücksspieler in Selbsthilfegruppen – erste Ergebnisse einer empirischen Untersuchung. *Suchtgefahren* 35: 217 – 234.

Moeller, M.L. (1981): Anders helfen. Selbsthilfegruppen und Fachleute arbeiten zusammen. Stuttgart (Klett Cotta).

Pressedienst des Bundesministers für Jugend, Familie, Frauen und Gesundheit (1988): Süßmuth für Beschränkungen bei Spielhallen, Nr. 69, 4. April 1988, Bonn.

Reuter, A. (1989): Erfahrungen in der ambulanten Arbeit mit Spielern. *Praxis der Klinischen Verhaltensmedizin und Rehabilitation*. Heft 5: 23-26.

Russner, H.-J. (1989): Determinanten pathologischen Glücksspiels. *Praxis der Klinischen Verhaltensmedizin und Rehabilitation*. Heft 5: 10-14.

Schuhler, P. (1989): Behandlung von Spielern in einer Fachklinik für psychosomatische und Suchterkrankungen: Falldarstellungen. *Praxis der Klinischen Verhaltensmedizin und Rehabilitation*. Heft 5: 19-22.

Der Spiegel (1988). Spielrausch: „Stärker als die Liebe". 8.8.1988, S. 206-218.

Thomas, G.J. (1989a): Basiskonzepte in der Arbeit mit Spielern. *Medizin, Mensch, Gesellschaft* 14: 150-161.

Thomas, G.J. (1989b): Der Angehörige in der Beratungsarbeit mit Spielern am Beispiel einer ambulanten Spieler-Paargruppe, in: Brakhoff, J. (Hrsg.): Glück-Spiel-Sucht, Freiburg (Lambertus).

Wahl, C. (1988): „Wes Brot ich eß" Über Spielsucht, Auftragsforschung und Öffentlichkeitsarbeit, in: *Wahl, C.* (Hrsg.): Spielsucht. Praktiker und Betroffene berichten über pathologisches Glücksspiel. Hamburg (Neuland Verlag).

Diabetes/Selbsthilfe

Monika Toeller/Karin Lange

Einführung

Diabetes mellitus ist eine der am weitesten verbreiteten chronischen Erkrankungen in der Bundesrepublik. Im Bewußtsein der Öffentlichkeit spielt sie jedoch immer noch nicht eine angemessen bedeutsame Rolle. Der zunächst über lange Zeit milde Verlauf und die lebenslang notwendige, für viele aber unspektakulär erscheinende Behandlung des Typ II-Diabetes mögen ein Grund dafür sein. Während ein Kind, das sich täglich Insulin injizieren muß (Typ I-Diabetes), vielleicht noch medienwirksam ist und Betroffenheit auslöst, finden die fast 2 Millionen älteren Diabetiker mit der häufigsten Form des Diabetes – Typ II-Diabetes – oft wenig Interesse. Für diese Menschen, für die eine ausgewogene Ernährung verbunden mit einem „gesünderen" Lebensstil die lebenserhaltende Behandlung darstellt, gibt es bisher noch zu wenig Unterstützung.

Die chronische Krankheit Diabetes verlangt auch heute von allen Betroffenen sehr viel aktive Selbsthilfe in dem Sinne, daß sie ihre Stoffwechselstörung täglich eigenverantwortlich behandeln müssen. Die Anforderungen an Wissen, Handlungsvermögen, Selbstdisziplin und Verantwortungsbewußtsein sind dabei hoch. „Urlaub vom Diabetes" ist nicht möglich. Dementsprechend groß sind auch die psychischen Belastungen im Alltag vieler Diabetiker. Selbsthilfegruppen – ob als überregionale Organisation oder Gesprächskreis im Stadtteil – kommt deshalb große Bedeutung bei der Bewältigung der vielfältigen Probleme zu. Viele Diabetiker haben bereits von ihnen profitiert und einen eigenen positiven Weg zum Leben mit Diabetes gefunden. Sie geben heute oft ihre Erfahrungen weiter an die, für die ein Leben mit Diabetes noch durch Einschränkungen, Ängste und geringe Lebensqualität beherrscht wird.

Diabetes Mellitus: Ein vielgestaltiges Syndrom und seine Behandlungsformen

Unter dem Begriff Diabetes mellitus werden eine Vielzahl von Stoffwechselstörungen zusammengefaßt, deren Gemeinsamkeit eine pathologische Erhöhung der Blutglukose ist. Zum besseren Verständnis der Situation von Diabetikern sollen im folgenden die wichtigsten Diabetestypen, deren unterschiedliche Behandlung und mögliche Risiken kurz skizziert werden (weiterführende Literatur im Anhang). Aus der Sicht der praktischen Betreuung und Schulung betroffener Patienten sind vor allem zwei Diabetestypen hervorzuheben: der klassische Insulinmangel-Diabetes (Typ I-Diabetes) und der Typ II-Diabetes, der durch verzögerte und unzureichende Insulinsekretion in Verbindung mit gestörter Insulinwirkung gekennzeichnet ist. Hinzu kommen eine Reihe seltener, auch sekundärer Diabetesformen, auf die hier nicht näher eingegangen werden soll.

Dem von den B-Zellen des Pankreas produzierten Hormon Insulin kommt eine Schlüsselrolle im Stoffwechsel zu. Nur die auf Nahrung und Lebensumstände extrem fein abgestimmte Insulinsekretion ermöglicht es dem stoffwechselgesunden Organismus, die ihm zugeführte Energie zu nutzen. Ist dieses Gleichgewicht beispielsweise durch einen absoluten Insulinmangel gestört, kommt es zu einer vital bedrohlichen Situation, die die sofortige lebenslange Behandlung mit Insulin erfordert.

TYP I-Diabetes

Bei dem auch als „jugendlicher Diabetes" bezeichneten Typ I-Diabetes liegt eine völlig fehlende oder nur sehr geringe Insulinproduktion vor. Erst nach der Entwicklung des ersten Insulinpräparats im Jahre 1922 durch Banting und Best konnte die zuvor innerhalb weniger Monate tödlich verlaufende Erkrankung erstmals erfolgreich behandelt werden. Heute geht man in der Bundesrepublik von ca. 100.000 Typ I-Diabetikern aus. Davon sind etwa 15.000 Kinder und Jugendliche unter 20 Jahren. In der Regel tritt die Erkrankung vor dem 40. Lebensjahr auf.

Behandlung des Typ I-Diabetes

Hauptziel der derzeitigen Behandlung des Typ I-Diabetes ist der möglichst genaue Ersatz des physiologischen Wirkungsablaufs des Insulins, um auch bei Diabetikern möglichst normnahe Blutzuckerwerte zu erreichen. Dazu injiziert sich ein Diabetiker je nach Therapieart zwei- bis sechsmal täglich Insulin ins Unterhautfettgewebe. Zur Erleichterung der immer mehr favorisierten Behandlung mit vier bis sechs Injektionen pro Tag (intensivierte Insulintherapie) stehen einfach handhabbare Plastikspritzen und Injektionshilfen, sogenannte Pens, mit dem Funktionsprinzip eines Füllfederhalters zur Verfügung. Ein weiterer Schritt ist die kontinuierliche Substitution des Basalinsulins durch eine tragbare Insulinpumpe. Sie ermöglicht es dem Patienten darüber hinaus durch „Knopfdruck" Zusatzraten des Insulins nahrungsadäquat abzurufen.Trotz vieler Fortschritte in der Diabetesbehandlung kann die physiologische Insulinsekretion durch Insulininjektionen nur unvollkommen nachgeahmt werden. Zuviele Parameter beeinflussen den komplexen Regelkreis des Stoffwechsels, als daß eine Festlegung der Insulindosis bei „unphysiologischer" Zufuhr über das subkutane Fettgewebe zu befriedigenden Ergebnissen führen könnte. Daraus erwächst die Notwendigkeit für die Patienten, ihre Erkrankung durch zusätzliche Maßnahmen täglich selbstverantwortlich zu behandeln:

- Die Nahrung muß insbesondere im Hinblick auf ihren Kohlenhydratgehalt mit der Wirkung des gespritzten Insulins abgestimmt werden. Je nach gewählter Insulinzufuhr (wenige oder mehrere Injektionen; Anteil an Verzögerungs- und Kurzzeitinsulin) sind dabei mehr oder weniger strenge quantitative und zeitliche Vorgaben an die Ernährung im Sinne eines Diätplans erforderlich.
- Tägliche mehrmalige Selbstkontrollen des Blutzuckers ermöglichen es erst, das Funktionieren des von außen gesteuerten Regelkreises zu überprüfen und gegebenenfalls zu korrigieren. Dazu wird Kapillarblut aus der Fingerbeere entnommen und der Blutzuckergehalt mit Hilfe von Teststreifen und eventuell zusätzlichen Blutzuckermeßgeräten eingeschätzt.
- Die Insulindosis kann je nach Blutzuckerhöhe angepaßt werden. Zum Beispiel können vermehrte Muskelarbeit, Krankheit oder

eine veränderte Nahrungszufuhr die Korrektur der Insulindosis notwendig machen.

Damit ein Diabetiker diese Behandlungsmaßnahmen lebenslang erfolgreich durchführen kann, benötigt er eine umfassende Information und wiederholte Schulung, sowie eine langfristige vertrauensvolle Kooperation mit seinem Arzt. Eine entsprechende Schulung für Diabetiker wird inzwischen in vielen Diabeteszentren und Kliniken durchgeführt. Adressen finden sich im Verzeichnis der Diabetes-Schulungszentren, das vom Ausschuß Schulung und Weiterbildung der Deutschen Diabetes-Gesellschaft herausgegeben wird (s. Anhang).

Risiken des Typ I-Diabetes

Die Bedeutung umfassender Information und Schulung wird besonders deutlich, wenn man die Risiken betrachtet, die sich ergeben, wenn es Diabetikern an Sicherheit und Kompetenz in der Selbstbehandlung mangelt:

- Akut bedroht sind Diabetiker durch Hypoglykämien (zu starkes Absinken des Blutzuckerspiegels). Die Hauptursachen sind zu hohe Insulindosen, zu wenig Nahrung, unkontrollierter Alkoholkonsum oder ungewöhnlich große körperliche Belastung. In der Regel haben Diabetiker gelernt, die Anzeichen von Hypoglykämien zu erkennen und rechtzeitig adäquate Maßnahmen zu ihrer Behandlung einzuleiten. Bleibt die Unterzuckerung jedoch unhandelt, kann es zu einer Bewußtlosigkeit kommen.
- Ansteigende Blutzuckerwerte erreichen heute nur noch selten das Ausmaß einer akut bedrohlichen Siuation wie das früher besonders gefürchtete und häufige diabetische Koma. Bei engmaschigen Blutzuckerselbstkontrollen können Diabetiker gefährliche Entwicklungen der Blutzuckerhöhe sehr früh erkennen und selbst korrigieren oder den behandelnden Arzt zu Rate ziehen.
- Das Hauptrisiko für die Lebensqualität und Lebenserwartung von Typ I-Diabetikern stellt eine jahrelang unzureichende Stoffwechseleinstellung mit zu hohen Blutzuckerwerten dar. Erhöhte Blutzuckerwerte beeinträchtigen die aktuelle Befindlichkeit häufig kaum, sie können jedoch langfristig zu vielfältigen Folgeschäden des Diabetes führen. Vor allem die kleinen Gefäße (Mikroan-

giopathie) an den Augen (Retinopathie) und den Nieren (Nephropathie) sowie das Nervensystem (Neuropathie) sind häufig betroffen. Auch die großen Gefäße (Makroangiopathie) am Herzen, im Gehirn und an den Beinen können geschädigt werden. Die Behandlung von Folgeerkrankungen ist häufig schwierig und leider manchmal auf den Erhalt des Status Quo begrenzt. Sehverlust bis zur Erblindung, Nierenversagen bis zur Notwendigkeit der Dialyse, schmerzhafte Neuropathien, Herzinfarkt und Schlaganfall sind Beispiele diabetischer Folgeerkrankungen, die es durch dauerhaft normnahe Stoffwechselwerte zu verhindern gilt. Daher kommt der Prävention der Risiken höchste Priorität zu.

Typ II-Diabetes

Landläufig wird der Typ II-Diabetes als Altersdiabetes bezeichnet. Er manifestiert sich vorrangig jenseits des 40. Lebensjahres. Im Gegensatz zum oft dramatischen Beginn eines Typ I-Diabetes wird die Manifestation eines Typ II-Diabetes häufig lange nicht wahrgenommen und zuweilen erst durch Zufall diagnostiziert. Zumindest zu Beginn ihrer Erkrankung weisen die meist übergewichtigen Typ II-Diabetiker noch eine erhöhte oder normale Insulinkonzentration im Blut auf. Die Ursache ihrer Erkrankung ist nicht ein absoluter Insulinmangel sondern eine verminderte Insulinsensivität, die durch Überernährung und einen zu hohen Anteil an Körperfett mit bedingt sein kann. Durch Überproduktion von Insulin wird versucht, der verminderten Insulinwirksamkeit entgegenzuwirken. Wird das Pankreas aber über längere Zeiträume in dieser Weise überfordert, kann sich die Insulinproduktion bei entsprechender genetischer Prädisposition so weit verringern, bis letztlich ein völliger Insulinmangel vorliegt.

Erschwerend für die Behandlung kommen bei vielen übergewichtigen Diabetikern typische Begleiterkrankungen wie Bluthochdruck (Hypertonus) und erhöhte Blutfette (Hypertriglyceridämie, Hypercholesterinämie) hinzu, die neben Bewegungsmangel und Rauchen die Hauptrisiken für die Lebenserwartung und Lebensqualität von Typ II-Diabetikern bilden.

Behandlung des Typ II-Diabetes

Das Übergewicht wird bei entsprechender genetischer Prädisposition als eine Hauptursache für die mangelnde Insulinsensivität zu Beginn der Erkrankung angesehen. Dementsprechend ist das Hauptziel der Behandlung eines Typ II-Diabetes die Normalisierung des Körpergewichts. Heute wird dazu eine ausgewogene Reduktionskost nach den folgenden Prinzipien empfohlen:

- Mehrere kleine Mahlzeiten
- Ballaststoffreich
- Energiearm (kalorienreduziert)
- Wenig Fett (besonders wenig gesättigte Fettsäuren)
- Wenig Alkohol und Zucker
- Wenig Zuckeraustauschstoffe und wenig kalorienreiche diätetische Lebensmittel

In der Regel gelingt es mit Hilfe einer solchen Kost durch Gewichtsreduktion den Blutzuckerspiegel und auch Blutfett- und Blutdruckwerte zu verbessern. Die Bemühungen zur Gewichtsreduktion durch gesundes Ernährungsverhalten sollten – wenn es der Gesamtzustand des jeweiligen Patienten erlaubt – durch tägliche körperliche Aktivität und Training unterstützt werden.

Im Alltag können Typ II-Diabetiker den Erfolg ihrer Behandlungsmaßnahmen mit Hilfe einer Körperwaage sowie mit Harnzucker- bzw. Blutzuckerteststreifen selbst überprüfen. Hinzu kommt die Möglichkeit der Selbstkontrolle des Blutdrucks für Patienten mit einem Hypertonus.

Ist bei Typ II-Diabetikern erwiesen, daß Gewichtsreduktion und geeignete Kost allein nicht ausreichen, um den Stoffwechsel zu normalisieren, können zusätzlich Tabletten (orale Antidiabetika) zur Behandlung versucht werden. Sulfonylharnstoffe wirken im Sinne einer Steigerung der Insulinsekretion der B-Zellen des Pankreas. Sie können jedoch nur dann wirken, wenn die Bauchspeicheldrüse noch über Insulinreserven verfügt. Als weitere orale Antidiabetika stehen Medikamente aus der Gruppe der α-Glucosidase-Inhibitoren und der Biguanide zur Verfügung. Ist es zu einem relativ starken oder sogar absoluten Insulinmangel gekommen, und der Stoffwechsel ist mit Diät und oralen Antidiabetika nicht mehr zu normalisieren, wird auch für einen Typ II-Diabetiker die Behandlung mit Insulin notwendig. Die Behandlung entspricht dann in ihren Grundlagen der von Typ I-Diabetikern.

Risiken des Typ II-Diabetes

- Hypoglykämien können bei Typ II-Diabetikern mit Sulfonylharnstoff- bzw. Insulintherapie auftreten, wenn diese z. B. unkontrolliert Nahrung reduzieren oder sich vermehrter körperlicher Arbeit aussetzen. Diabetiker, die nur mit Diät behandelt werden, unterliegen nicht der Gefahr von Hypoglykämien. Auch sind Hypoglykämien bei alleiniger Behandlung mit α-Glucosidase-Inhibitoren bzw. Biguaniden nicht zu erwarten.
- Akut bedrohliche Situationen durch zu hohe Blutzuckerwerte sind heute dank verbesserter Kontrollmöglichkeiten seltener geworden. In besonderen Belastungssituationen, wie beispielsweise einer zusätzlichen Krankheit, Infektion u.a. kann es jedoch zu einem gefährlichen Insulinmangel kommen.

Der relativ belastungs- und beschwerdefreie Verlauf des Typ II-Diabetes in den ersten Jahren führt häufig zu einer Bagatellisierung der Erkrankung und zur Verdrängung der Gesundheitsrisiken durch andauernd unbefriedigende Stoffwechselwerte. Gerade bei Typ II-Diabetikern findet sich aber eine Häufung typischer Risikofaktoren für die koronare Herzerkrankung und damit eine frühe und überhöhte Mortalität: Etwa 50 % der frisch entdeckten Typ II-Diabetiker weisen eine arterielle Hypertonie auf, bei mehr als 60 % sind Fettstoffwechselstörungen nachweisbar, ca. 80 % haben Übergewicht und sind kaum körperlich trainiert. Schließlich ist ein großer Prozentsatz dieser Patienten Raucher. Ebenso wie der Typ I-Diabetiker ist der Typ II-Diabetiker durch Folgeschäden des Diabetes bedroht. Im Vordergrund stehen vor allem makrovaskuläre Komplikationen mit entsprechenden Risiken des Herzinfarktes oder des Schlaganfalls. Aber auch mikrovaskuläre Komplikationen können bei unbefriedigender Stoffwechseleinstellung schon nach relativ kurzer Krankheitsdauer auftreten.

Diabetesbedingte Belastungen

Neben dem täglich notwendigen Aufwand für die Behandlung des Diabetes durch Diät, Selbstkontrollen und Medikation sind viele Diabetiker zusätzlich verschiedensten psychischen Belastungen ausgesetzt. Die Art dieser Belastungen ist vom Alter des Diabetikers, seiner Diabetesdauer, von der Behandlungsform sowie von seinem sozialen Umfeld abhängig.
Die Diagnose einer chronischen Erkrankung ist für jeden Betroffenen ein Schock mit entsprechend großem psychischen Streß. Angst, Verwirrung und Unsicherheit kennzeichnen die ersten Tage nach der Diabetesdiagnose. Die umfassende Information durch den Arzt und seine Mitarbeiter und der Erfahrungaustausch mit anderen Diabetikern helfen vielen neuentdeckten Diabetikern jedoch schnell, einen eigenen Weg zur aktiven Bewältigung der Krankheit zu finden. Die typischen Alltagsprobleme von Diabetikern sollen im folgenden etwas genauer betrachtet werden, um die Notwendigkeit sinnvoller Selbsthilfe aufzuzeigen.

Psychosoziale Belastungen von Kindern und Eltern

Sehr junge Kinder, die noch nicht zur Schule gehen, können die Notwendigkeit ihrer Behandlung noch nicht verstehen. Sie wehren sich gegen Injektionen und Selbstkontrollen, die für sie nur Schmerz bedeuten. Auch die Diät erleben sie nur als Einschränkung ihrer spontanen Wünsche. Krankheit und Behandlung werden von kleinen Kindern oft als Strafe mißverstanden. In vielen Familien mit einem sehr früh erkrankten Kind gibt der Diabetes daher fast täglich Anlaß für Konflikte. Als besonders belastend wird dabei von Eltern der enorme Anspruch an Betreuung und Aufmerksamkeit genannt, der sich ergibt, weil die Kinder beispielsweise ihre Hypoglykämieanzeichen noch nicht verstehen und die Kinder sich in Notfällen nicht von selbst bemerkbar machen.

Auch wenn Kinder im Grundschulalter die Notwendigkeit der Therapie verstehen, so können sie die komplexen Stoffwechselzusammenhänge noch nicht hinreichend überschauen, um ihre Behandlung selbstverantwortlich durchzuführen. Eine dauernde Kontrolle durch die Eltern ist auch bei ihnen notwendig. Spontaneität und der alterstypische Drang zum „Selbermachen" müssen deshalb häufig eingeschränkt werden. Viele Kinder dieser Altersgruppe verheimlichen, Diabetiker zu sein, um nicht als „krank" von Klassenkameraden und Freunden abgelehnt zu werden. Durch ungünstige Therapieschemata und mangelnde Schulung wird einer Isolation leider heute noch oft Vorschub geleistet. Unnötigerweise werden diabetische Kinder von Schulsport, Klassenausflügen, Kindergeburtstagen oder Sport in Vereinen ferngehalten, obwohl das Mitmachen bei kindgerechter Schulung durchaus möglich wäre.

Belastungen von Jugendlichen

Mit dem Eintritt ins Jugendalter ergeben sich für die Kinder zusammen mit der alterstypischen Pubertätsproblematik neue seelische Belastungen durch den Diabetes. Die Lebenslänglichkeit der Erkrankung rückt nun konkret ins Bewußtsein und beeinflußt das Selbstbild. Es können Minderwertigkeitsgefühle und Angst vor der Ablehnung durch die Freunde entstehen. Die altersgemäße Ablösung vom Elternhaus ist besonders dann schwierig, wenn die Jugendlichen noch nicht gelernt haben, ihren Diabetes selbstverantwortlich zu behandeln. Vor allem diabetische Kinder, die von ihren Eltern lange überbehütet wurden, reagieren in der Pubertät zuweilen extrem. Entweder sie verbleiben auf der hilflosen Stufe eines Schulkindes und werden zum Außenseiter in ihrer Altersgruppe, oder sie lehnen sich gegen die einengende Kontrolle durch ihre Eltern auf, indem sie die Behandlung des Diabetes völlig vernachlässigen. Durch Verdrängen und Negieren notwendiger Behandlungsregeln glauben sie in der Gruppe Gleichaltriger nicht aufzufallen und damit anerkannt zu werden. Streitereien mit ihren besorgten Eltern sind in dieser Situation zwangsläufig. Hinzu kommen häufig diabetesunabhängige Konflikte zwischen Eltern und Jugendlichen, die jedoch auf dem „Nebenschauplatz Diabetes" ausgetragen werden.

Alltagsbelastungen erwachsener Typ I-Diabetiker

Auch nach der Pubertät im jungen Erwachsenenalter spielt die Selbstwertproblematik eine große Rolle. Sie kann verstärkt werden durch Schwierigkeiten bei der Arbeitsplatzsuche (besonders wenn ein Schwerbehindertenausweis vorliegt) oder durch mangelndes Verständnis von Partnern und Freundeskreis. Auch Fragen der Familienplanung und Ängste, selbst ein diabetisches Kind zu bekommen, belasten junge Erwachsene.

Nachdem der Diabetes in der Pubertät häufig verdrängt wurde, wird erst vielen Erwachsenen das persönliche Gesundheitsrisiko und die eigene Verantwortung bewußt. Viele streben deshalb mit großem Engagement eine möglichst normnahe Stoffwechseleinstellung an. Nicht immer gelingt es ihnen jedoch, dieses Ziel zu erreichen. Berufliche Anforderungen lassen sich nicht immer mit den Notwendigkeiten der Diabetesbehandlung vereinbaren. Auch die Anforderungen der Familie konkurrieren oft mit den Bedürfnissen der Hausfrau und Mutter mit Diabetes. Schließlich mangelt es häufig an fundiertem praxisorientierten Wissen zur erfolgreichen Umsetzung komplizierter Therapieschemata im Alltag. Daraus resultierende unbefriedigende Stoffwechselwerte führen zu vermehrten Ängsten vor Folgeerkrankungen.

Die Diagnose erster Folgeerkrankungen trifft viele Diabetiker ebenso hart wie die Diagnose Diabetes. Die Angst vor Blindheit, Dialysebehandlung, Gefäßschäden, Impotenz oder dauernden Schmerzen durch Neuropathien beeinträchtigen deshalb oft schon die Lebensqualität vieler jüngerer Diabetiker. Mit zunehmender Diabetesdauer bleibt diese Angst bei vielen lebenslang bestehen und verstärkt sich mit jeder Veränderung ihres Gesundheitszustandes.

Belastungen von Typ II-Diabetikern mit Diät- oder Tablettenbehandlung

Im Gegensatz zum meist dramatischen Beginn eines Typ I-Diabetes wird die Diagnose des Typ II-Diabetes von den Betroffenen weniger einschneidend erlebt. Die Mehrzahl der Patienten ist bei der Diagnose zwischen 40 und 70 Jahre alt, steht noch aktiv im Leben und ist in Familie und Freundeskreis integriert. Seelische Belastungen durch den Diabetes entstehen jedoch auch bei ihnen, wenn alterstypische Ängste um den Erhalt des Arbeitsplatzes, der eigenen Bedeutung für die Familie, der Leistungsfähigkeit und Attraktivität und des sozialen Status verstärkt werden. Diabetes wird deshalb häufig negiert und gegenüber der Umwelt verschwiegen.

Andererseits haben manche Typ II-Diabetiker ebenfalls an Diabetes erkrankte Angehörige, die zum Teil schon unter erheblichen Folgeschäden leiden oder in deren Folge verstorben sind. Erfahrungen dieser Art können überzogene, zuweilen neurotische Ängste hervorrufen.

Die Behandlung des Typ II-Diabetes mit einer ausgewogenen Reduktionskost fällt vielen übergewichtigen Diabetikern sehr schwer. Berufliche und soziale Verpflichtungen konkurrieren mit den Bemühungen um Gewichtsreduktion. Nicht immer gelingt es, liebgewordene Lebensgewohnheiten zu ändern oder aufzugeben. Bleiben mehrere Versuche zur Normalisierung des Körpergewichts erfolglos, entsteht ebenfalls schnell eine resignative Haltung gegenüber der Erkrankung.

Belastungen von Typ II-Diabetikern mit Insulinbehandlung

Wenn nach längerer Dauer eines Typ II-Diabetes die Behandlung mit Insulin notwendig wird, haben viele Patienten ein hohes Alter erreicht, in dem es ihnen ausgesprochen schwer fällt, neue komplizierte Behandlungsmethoden zu erlernen und eingeschliffene Verhaltensbahnen zu verlassen. Je weniger das Therapieschema an die individuellen Lebensgewohnheiten und Fähigkeiten der älteren Diabetiker angepaßt ist, um so mehr fühlen sie sich durch diese belastet und überfordert. Vielfach trauen sich alte Menschen nicht mehr zu, die notwendigen Insulininjektionen korrekt durchzuführen. Sie benötigen die Hilfe von Angehörigen oder ambulanten Pflegediensten. Vor allem alleinlebende alte Menschen mit insulinpflichtigem Diabetes fürchten eine Hypoglykämie, in der sie sich selbst nicht mehr helfen können.

Das Bewußtsein einer solchen Hilflosigkeit, Abhängigkeit und der häufig anzutreffende Glaube an die eigene Nutzlosigkeit können latent vorhandene Spätdepressionen verstärken. Viele ältere Typ II-Diabetiker interpretieren die manchmal vom Arzt oft angedrohte und deshalb gefürchtete Insulinbehandlung als Signal ihres Versagens, ihrer Gebrechlichkeit und eines beginnenden Siechtums. Mangelnde oder der Altersgruppe unangemessene Information und Schulung zu Beginn der Insulinbehandlung können diese Gefühle der Insuffizienz verschlimmern. Durch altersgerechte individuelle Beratungskonzepte kann jedoch Resignation verhindert und aktive Selbsthilfe auch bei alten Menschen gefördert werden.

Psychosoziale Belastung von Diabetikern mit schweren Folgeerkrankungen

Die psychische Belastung von Diabetikern mit schweren Folgeerkrankungen kann wegen ihrer Komplexität hier nur grob skizziert werden. Typ I- und Typ II-Diabetiker können von ihnen in gleicher Weise, wenn auch in unterschiedlicher Ausprägung und in verschiedenen Lebensphasen, betroffen sein. Folgeschäden des Diabetes bedeuten für relativ junge Typ I-Diabetiker manchmal die Aufgabe der Berufstätigkeit und damit große finanzielle Probleme, den Verlust der Mobilität, Abhängigkeit von Angehörigen und Isolation. Diabetiker in dieser Situation benötigen erfahrene medizinische und psychologische Unterstützung, die in der Lage sein muß, der zuweilen sogar anzutreffenden Suizidgefahr angemessen zu begegnen. Angesichts der relativ schlechten medizinischen Prognose kommt Hoffnungslosigkeit und Resignation auf, die manchmal zusätzlich durch Ablehnung von Rehabilitations- oder Umschulungsmaßnahmen durch Arbeitsämter verstärkt wird.

Bedingt durch den späten Krankheitsbeginn treten schwere Folgeerkrankungen bei Typ II-Diabetikern oft erst jenseits des Rentenalters auf. Viele Betroffene sind dann durch ihre Hilflosigkeit gezwungen, den eigenen Hausstand aufzugeben und in ein Pflegeheim überzuwechseln. Als Pflegefall entstehen vielfältige Belastungen für den Diabetiker und seine Angehörigen. Unter Umständen kennzeichnet langes Siechtum das Schicksal beinamputierter, blinder, dialysepflichtiger oder durch einen Schlaganfall behinderter alter Menschen mit Diabetes.

Selbsthilfeinitiativen

Den vielfältigen Belastungen, Interessen und Problemen der oben geschilderten Diabetikergruppen entsprechend, finden sich heute eine Vielzahl von Initiativen, in denen sich Betroffene gegenseitig bei der Bewältigung ihres Alltags mit der chronischen Krankheit unterstützen. Das Spektrum reicht dabei von der politischen Interessenvertretung auf Bundesebene bis hin zu einer großen Zahl von Gesprächsgruppen im regionalen Bereich. Einige dieser Gruppen stehen dabei in engem Kontakt zu medizinischen Zentren, denen sie zum Teil auch organisatorisch angegliedert sind. Andere Gruppen verstehen sich als unabhängige Initiativen, deren Kontakte zu Medizinern und anderen Beratern auf wenige Informationstreffen beschränkt sind. Hier werden vorrangig persönliche Erfahrungen ausgetauscht und Kontakte geknüpft.

Die im folgenden näher vorgestellten Selbsthilfegruppen und -organisationen sollen als Beispiel für die vielfältigen Selbsthilfeaktivitäten im Bereich Diabetes dienen und gleichzeitig zu möglichem eigenen Engagement motivieren. Die Auswahl hat keinen Anspruch auf Vollständigkeit. Sie soll vielmehr exemplarisch Arbeitsschwerpunkte, Aktivitäten, Mitgliederstrukturen und Organisationsformen charakterisieren. Neben vielen schon erfolgreich genutzten Chancen der Selbsthilfe soll schließlich auf noch kaum oder ungenutzte Chancen eingegangen werden.

Überregionale Organisationen und Gruppen (Kontaktadressen im Anhang)

Der historisch ältesten Selbsthilfeorganisation der Diabetiker in Deutschland, dem 1931 gegründeten Deutschen Diabetiker Bund e.V. (DDB), kommt noch heute große Bedeutung zu. Bei seiner

Neugründung im Jahre 1951 lautete das erklärte Ziel: „Zuckerkranken in ihrer seelischen, körperlichen und materiellen Not zu helfen." Dabei lag schon damals der Schwerpunkt in der sogenannten „Diabetiker-Unterweisung", in der mit Unterstützung erfahrener Diabetologen Informationen über die tägliche erfolgreiche Behandlung des Diabetes weitergegeben wurden.

Derzeit sind ca. 15.000 Diabetiker aus der Bundesrepublik Deutschland Mitglied im Deutschen Diabetiker Bund. Information und Schulung von Diabetikern auf medizinischem, diätetischem und sozialrechtlichem Gebiet sind auch weiterhin die Schwerpunkte der Arbeit dieses Vereins. Daneben setzt er sich für die Interessen von Diabetikern auf versicherungs-, versorgungs-, steuer-, verkehrs-, arbeits- und sozialrechtlichem Gebiet ein. Durch gezielte Öffentlichkeitsarbeit bemüht sich der DDB darüberhinaus, das Wissen und das Verständnis der Allgemeinheit zu verbessern, um so die Integration von Diabetikern in vielen Bereichen des öffentlichen Lebens zu fördern.

Auf regionaler Ebene wird dem Schulungs- und Informationsgedanken durch Vorträge, Kochkurse, Fragestunden und Gruppengespräche Rechnung getragen. Die Veranstaltungen finden in der Regel in enger Kooperation mit Medizinern, Psychologen, Diätassistentinnen oder Diabetesberatern statt. Eigene Broschüren, die Zeitschrift „Diabetes Journal", die die Deutsche Diabetes-Gesellschaft gemeinsam mit dem Deutschen Diabetiker Bund herausgibt, und Großveranstaltungen ergänzen die Arbeit der örtlichen Initiativen.

Von besonderer Bedeutung sind schließlich regelmäßig stattfindende Gesprächskreise auf regionaler Ebene. In diesen überschaubaren, relativ festen Gruppen bietet sich ein Forum, um persönliche Probleme mit ebenfalls Betroffenen anzusprechen. Allein in der für Nordrhein-Westfalen gültigen Ausgabe der Vereinszeitschrift „Subkutan" (sie geht jedem Mitglied des DDB in NRW kostenlos zu) kündigen ca. 70 Gruppen ihre Termine und Treffpunkte an. Das Spektrum reicht dabei vom Diabetiker-Stammtisch über Diabetiker Gesprächskreise, den Kreis Eltern diabetischer Kinder, die Selbsthilfegruppe insulinanpassender Diabetiker, Kochkurse, Sportgruppen, Kegelabende, Jugendgruppen und vieles andere mehr. Obwohl die meisten Veranstaltungen jedem Diabetiker offen stehen, sind altersgemischte Gruppen, in denen Typ I- und Typ II-Diabetiker gemeinsam aktiv sind, selten. Vorherrschend sind homogene Gruppen, z. B. Eltern diabetischer Kinder, Jugendliche und junge Erwachsene, Diabetiker mit intensivierter Insulintherapie oder Typ II-Diabetiker. Bezogen auf ihren Anteil in der Gesamtpopulation der Diabetiker sind dabei Gruppen älterer Patienten deutlich unterrepräsentiert.

Die problemorientierte Differenzierung manifestiert sich auch organisatorisch in eigenen Vereinsgründungen einzelner Initiativen. Der Arbeitskreis der Pankreatektomierten e. V., der Bundesverband der Insulinpumpenträger e. V., der Förderkreis Eltern diabetischer Kinder und Jugendlicher e.V. und die Berliner Fördergemeinschaft junger Diabetiker e. V. sind dafür typische Beispiele.

Der zeitweise unabhängige Bund diabetischer Kinder und Jugendlicher e.V. mit ca. 3500 Mitgliedern ist inzwischen mit dem DDB in einer Diabetes-Union verbunden. Die Gruppe der „Insuliner“, versteht sich als Zusammenschluß örtlicher Selbsthilfegruppen jugendlicher Diabetiker. Die Jugendlichen und jungen Erwachsenen der Insuliner behandeln ihren Diabetes mehrheitlich mit intensivierten Formen der Insulintherapie. Viele „Insuliner“ sind gleichzeitig Mitglieder des DDB.

Die Arbeit der Selbsthilfegruppen „vor Ort"

Eltern diabetischer Kinder

Betrachtet man die relativ kleine Zahl diabetischer Kinder, so fällt hier die große Zahl der aktiven Selbsthilfegruppen von Eltern besonders ins Auge. Deren Größe schwankt zwischen fünf und ca. zwanzig Elternpaaren, die sich regelmäßig zu Gesprächen über ihre Alltagssorgen treffen. Typische Themen wie: Erziehung zu Selbständigkeit, überflüssige und schädliche Überfürsorglichkeit, Diabetes als Druckmittel, Naschen, Angst vor Hypoglykämien, Injektionen oder Blutzuckerselbstkontrollen, Geschwisterrivalität, Integration in Schule und Freizeit, die Last der Verantwortung auf Seiten der Eltern oder die Pubertätsproblematik werden immer wieder angesprochen. Hinzu kommen medizinische Fragen, die von Grundlagen der Behandlung bis hin zu den Perspektiven neuester Forschungsprojekte reichen. Häufig werden dazu Fachkräfte aus Diabeteszentren oder entsprechenden Kliniken zu Vorträgen oder zu Diskussionen eingeladen.

Besonders für Eltern, bei deren Kind der Diabetes gerade erst festgestellt wurde, stellt die Gruppe eine große Hilfe dar. Sie gibt in der ersten Verzweifelung Mut und Hoffnung. Sie hilft mit kleinen praktischen Tips scheinbar unüberwindbare Hürden des Alltags zu überwinden. Auch die gegenseitige Betreuung der Kinder von kompetenter Hand entlastet gerade Mütter jüngerer Kinder.

Für die betroffenen Kinder werden Spielnachmittage, Ausflüge und Wochenendfreizeiten organisiert. Hier können sie erfahren, wie auch andere Kinder mit Diabetes leben und so voneinander lernen, den Diabetes aktiv zu akzeptieren. Das Selbstwertgefühl der Kinder wird gefördert, indem sie lernen, altersgemäß möglichst selbständig mit ihrem Diabetes umzugehen. Trotz aller Bedeutung des Diabetes steht bei diesen Unternehmungen natürlich der Spaß und die Lebensfreude im Vordergrund.

Durch die schwierige Situation diabetischer Kinder hat sich in vielen Gruppen ein besonders enger Zusammenhalt entwickelt, der das Fortbestehen der Gruppe über lange Zeit sichert. Trotzdem sollen einige Punkte kritisch beleuchtet werden. Sehr erfahrene Eltern, die mit ihren Kindern gelernt haben, den Diabetes gut in den Alltag zu integrieren, sind häufig nicht motiviert, an einer Gruppe teilzunehmen: der Diabetes steht bei Ihnen nicht mehr im Vordergrund, und häufig sind solche Kinder in allgemeinen Sportvereinen, Freizeitgruppen und im Freundeskreis fest integriert. Sie scheuen das „Ghetto" der Diabetikergruppe. Gerade Eltern und Kinder, die noch unerfahrenen oder unsicheren Familien als Vorbild oder Hilfe dienen könnten, sind deshalb in Selbsthilfegruppen oft wenig vertreten. Dafür sammeln sich hier Familien, für die der Diabetes auch langfristig eine große, kaum zu bewältigende Belastung darstellt. Bei extrem ungünstiger Konstellation können solche Gruppen ihre Treffen ohne kontinuierliche Unterstützung von professioneller Seite kaum effektiv gestalten.

Jugendliche und Erwachsene mit Typ I-Diabetes

Viele engagierte Typ I-Diabetiker haben sich in unabhängigen Selbsthilfegruppen oft unter dem Dach der „Insuliner" zusammengefunden. Vorrangig treffen sich hier Jugendliche und jüngere Erwachsene. Die Beteiligung der Typ I-Diabetiker im Alter über 40 Jahre ist dabei geringer. Zur Zeit geben in der Insuliner-Zeitschrift bundesweit ca. 50 Gruppen ihre Termine bekannt. Neben der Information über medizinische Themen steht in diesen Gruppen die Bewältigung der psychischen Belastung durch den Diabetes im Vordergrund. Die jungen Diabetiker, die noch auf der Suche nach einem ausgeglichenen Selbstwertgefühl und Selbstbewußtsein sind, wollen psychische Probleme ansprechen und sich über ihre Ängste austauschen. Erfahrungen mit der Selbstkontrolle, der täglichen Selbsteinstellung des Stoffwechsels und mit der Diät stehen genauso im Mittelpunkt, wie seelische, sexuelle und Partnerschaftskonflikte. Die Angst vor Folgeerkrankungen und akuten Komplikationen wie Hypoglykämien ist ein weiteres Thema, das in der vertrauensvollen Atmosphäre kleiner Gruppen diskutiert wird. Auch der Schock, der mit der Diagnose erster Folgeerkrankungen für viele Diabetiker verbunden ist, wird durch das Verständnis der Gruppe oft aufgefangen und gelindert.

Für viele Mitglieder vermittelt die Gruppe ein Gefühl von Geborgenheit, Vertrautheit und Zusammengehörigkeit, in dem es ihnen eher möglich ist, über eigene Unsicherheit und Zukunftsängste zu sprechen. Der persönliche Charakter dieser Gruppen wird durch eine Vielzahl von gemeinsamen Freizeitaktivitäten unterstrichen, zu denen auch Partner und Freunde eingeladen sind. Abhängig von den Bedürfnissen der jeweiligen Mitglieder haben sich die Zielrichtungen der einzelnen Gruppen in verschiedenste Richtungen entwickelt. Es gibt feste Freundeskreise, deren Hauptanliegen eine interessante Freizeitgestaltung in verständnisvoller Atmosphäre ist. In anderen Gruppen steht der Diabetes und seine Bewältigung durch strukturierte Gespräche mit professionellen Beratern im Vordergrund.

Durch die Selbsthilfegruppen wurden viele besonders unsichere Jugendliche und junge Erwachsene in ihrem Selbstwertgefühl bestärkt und nach der schwierigen Zeit der Pubertät zu einem selbstverantwortlichen Umgehen mit der Krankheit motiviert. Trotz dieser Erfolge kämpfen viele Gruppen mit Schwierigkeiten, die sich aus relativ großer Fluktuation und mangelnder Motivation zur Teilnahme gerade der Diabetiker ergeben, denen die Bewältigung der

Krankheit schon gut gelungen ist. Letztere haben ihren Diabetes meist so in ihren aktiven beruflichen und privaten Alltag integriert, daß sich für sie kein Bedürfnis nach regelmäßigem Gedankenaustausch ergibt. Sie fehlen daher oft als ausgleichendes Regulativ gegenüber den Diabetikern, die noch massiv unter den psychischen Belastungen ihrer Erkrankung leiden. Sammeln sich nun Diabetiker mit ungünstigen Formen der Bewältigung wie Verdrängung, neurotische Ängste, Überkontrolle oder Bagatellisierung, dann ist die Gruppe überfordert. Es besteht sogar die Gefahr, daß Fehlentwicklungen in einem solch geschlossenen System eher gegenseitig verstärkt als abgebaut werden.

Ältere Diabetiker mit Insulintherapie

Das Engagement dieser Altersgruppe im Selbsthilfebereich ist relativ gering. Einige Langzeitdiabetiker (Typ I) sind in den oben beschriebenen Gruppen regelmäßig aktiv. Für viele andere Typ I-Diabetiker ergibt sich nach langer Diabetesdauer kein Bedürfnis nach regelmäßigem Gedankenaustausch. Familie, Beruf und persönliche Hobbies nehmen sie so stark in Anspruch, daß kaum Zeit, Gelegenheit und Interesse für Selbsthilfeinitiativen bleibt.

Typ II-Diabetiker, die erst im Alter mit Insulin behandelt werden, finden sich noch seltener in Selbsthilfegruppen. Ihr hohes Alter, ihr häufig schlechter Allgemeinzustand und ihr geringer Aktionsradius, könnten ihr geringes Engagement in dieser Richtung erklären. Kontakte zu diesen Diabetikern lassen sich am ehesten auf Kaffeenachmittagen mit vornehmlich gesellschaftlichem Charakter knüpfen, wie sie vom DDB oder karitativen Organisationen veranstaltet werden.

Leider sind heute viele Langzeitdiabetiker von schweren Folgeerkrankungen betroffen. Häufig sind sie nicht mehr in der Lage, an Gruppengesprächen teilzunehmen, weil sie durch ihre Behinderungen bedingt erheblich an Mobilität eingebüßt haben. Da für sie die Behinderung durch Folgeerkrankungen nun deutlich im Vordergrund steht, orientieren sie sich auch im Selbsthilfebereich um. Einige erblindete Diabetiker sind inzwischen Mitglied im Deutschen Blindenverband e.V.. Ebenso haben sich Dialysepatienten im Interessenverband der Dialysepatienten Deutschlands zusammengeschlossen.

Mit Diät und Tabletten behandelte Typ II-Diabetiker

In Anbetracht der großen Zahl von Typ II-Diabetikern muß die Anzahl der wirklichen Selbsthilfeinitiativen als gering bezeichnet werden. Nur wenige Gruppen finden sich, in denen regelmäßig gemeinsam aus eigenem Antrieb an den Hauptproblemen Übergewicht und Bewegungsmangel gearbeitet wird. Auch die Resonanz auf Angebote von institutioneller Seite läßt oft zu wünschen übrig. Sportgruppen für ältere Diabetiker und Gewichtsreduktionsgruppen, wie sie von Krankenkassen, Sportvereinen oder Volkshochschulen angeboten werden, sind häufig schlecht besucht.

Demgegenüber erfreuen sich gemeinsame Kaffee- und Kuchennachmittage, die zum Beispiel vom Diabetikerbund organisiert sind, eines größeren Andrangs. Hierbei stehen die generelle Information durch vortragende Ärzte oder Diätassistentinnen und der gesellschaftliche Aspekt deutlich im Vordergrund vor der eigenen Initiative zur Verringerung der bedrohlichen Gesundheitsrisiken.

Bezeichnend für diese Situation war bespielsweise auch eine Diskussionsveranstaltung auf dem Deutschen Diabetiker Tag des DDB 1989 in München. Auf die Frage eines Referenten nach der Behandlungsform der mehrere Hundert Köpfe zählenden Zuhörerschaft meldeten sich nur eine Handvoll Diabetiker, die nur mit Diät oder Diät und Tabletten behandelt wurden. Alle anderen Zuhörer waren neben Gasthörern ohne Diabetes Typ I-Diabetiker oder Typ II-Diabetiker bei denen eine Insulinbehandlung eingeleitet worden war.

Obwohl das Risiko Folge- und Begleiterkrankungen zu erleiden, auch bei Typ II-Diabetikern hoch ist, ist ihre Motivation das eigene Schicksal selbstverantwortlich in die Hand zu nehmen im Vergleich zu Typ I-Diabetikern bisher gering. Die Ursachen hierfür sind vielfältig:

- Mit Diät oder Tabletten behandelter Diabetes hat für viele Betroffene nur wenig Krankheitswert. Die Befindlichkeit ist oft lange Zeit nicht spürbar beeinträchtigt. Diabetes wird als übliche Alterserscheinung bagatellisiert oder sogar verdrängt, weil er besonders für Menschen in der letzten Phase des Berufslebens einen körperlichen Abbau signalisiert. Das Bewußtsein einer chronischen Erkrankung kann gerade in diesem Lebensabschnitt das Selbstwertgefühl erheblich bedrohen.

- Die Information vieler Typ II-Diabetiker über ihre Erkrankung und die richtige Behandlung ist häufig unzureichend. Trotz mancher – nicht immer sinnvoller – Bemühungen der Betroffenen, stellt sich häufig der Behandlungserfolg nicht rasch ein.
- Die richtige Behandlung des Typ II-Diabetes bedeutet in der Regel eine einschneidende Verhaltensänderung. Liebgewordene Ernährungsgewohnheiten sollen verändert werden. Bequemlichkeit und Bewegungsmangel sollen durch Aktivität ersetzt werden. Für viele Betroffene steht dieser Aufwand in keiner attraktiven Relation zum erwarteten Nutzen.
- Ist schließlich die Notwendigkeit einer Verhaltensänderung erkannt, fehlt es häufig an der Fähigkeit, die eigenen Gesundheitsinteressen gebenüber konkurrierenden Wünschen durchzusetzen. Familienleben, Unternehmungen mit Freunden, Vereinsleben und Urlaub sind besonders bei älteren Menschen eng verknüpft mit gutem – opulentem – Essen. Ein Verzicht bedeutet damit ebenfalls einen Verlust auf sozialer Ebene.
- Mit zunehmendem Alter fällt es vielen Menschen immer schwerer, offen und vertrauensvoll auf fremde Menschen zuzugehen. Die Familie und wenige langjährige Freunde prägen das soziale Umfeld vieler Typ II-Diabetiker. Zur Gründung einer selbständig arbeitenden Selbsthilfegruppe mangelt es ihnen oft schon an organisatorischen Erfahrungen und vor allem an dem Mut, fremde Menschen anzusprechen und sich offen zu eigenen Schwächen und Schwierigkeiten zu bekennen.

Neue Chancen der Selbsthilfe

Während für jüngere Typ I-Diabetiker ein recht erfolgreich arbeitendes Netz von Selbsthilfeinitiativen aufgebaut wurde, ist die Situation für Typ II-Diabetiker und generell ältere Diabetiker nicht zufriedenstellend. Angesichts der speziellen medizinischen Problematik und der persönlichen Lebensumstände dieser Patienten erscheint es jedoch wenig sinnvoll, die Selbsthilfemodelle jüngerer Gruppen einfach übertragen zu wollen. Neue Wege müssen beschritten werden.

Dazu ist unseres Erachtens die gezielte Zusammenarbeit von Ärzten, Diätassistentinnen und Diabetesberatern mit den Patienten notwendig. Im Rahmen eines Forschungsprojekts unserer Arbeitsgruppe am Diabetes-Forschungsinstitut in Düsseldorf wurde dazu zunächst ein Konzept zur gezielten Unterstützung der Selbsthilfe von Typ II-Diabetikern ohne Insulinbehandlung entwickelt.

In einem ersten für niedergelassene Ärzte konzipierten Programm steht die individuelle, maßgeschneiderte Beratung zur sukzessiven Verhaltensänderung im Mittelpunkt. Der Patient wird über sein persönliches Risikoprofil in einem ärztlichen Gespräch aufgeklärt und entscheidet gemeinsam mit dem Arzt über gezielte Maßnahmen zur Risikominderung. Diese Absprachen werden als sogenannte „Contractings" im Sinne eines Vertrags festgelegt und auf ihren Erfolg hin überprüft. Zur Unterstützung und Erklärung werden dem Diabetiker kurze, verständliche Broschüren mit den wichtigsten Informationen zur Erkrankung und der richtigen Behandlung des Typ II-Diabetes ausgehändigt.

Die Erfolgskontrolle für den Diabetiker und seinen Arzt wird durch einen speziellen Gesundheitspaß erleichtert. Durch dieses aktive Einbezogensein in die Entscheidung über den Ablauf ihrer Behandlung erleben auch ältere Typ II-Diabetiker die Bedeutung ihres eigenen Engagements für ihre Gesundheit. Sie lernen so den Erfolg ihrer Selbsthilfe kennen. In ersten Studien zur Evaluation dieses Konzepts in der Praxis konnten deutliche Veränderungen im Engagement der Patienten festgestellt werden, die zu Verbesserungen ihrer gesundheitlichen Situation und Lebensqualität führten.

Basierend auf einem solchen individualisierten problemorientierten Programm als erstem Schritt sollte es in einer Arztpraxis möglich sein, Patienten, bei denen ähnliche Interventionen notwendig erscheinen, auch in Gruppen im Sinne einer Selbsthilfe zusammenzuführen. Der Arzt und eventuell ärztliche Mitarbeiter sollten diesen Gruppen als professionelle Hilfe jedoch weiterhin zur Verfügung stehen. Entscheidend gerade für diese weniger mobile Altersgruppe ist, daß die Treffen leicht und schnell erreicht werden können. Die lose Anbindung an die Praxis des behandelnden Arztes im jeweiligen Stadtteil ist daher besonders sinnvoll.

Eine ebenso noch zu wenig genutzte Chance ist die gezielte Hilfe zur Selbsthilfe alter Menschen, deren Diabetes mit Insulin behandelt werden muß. Individuell zugeschnittene Therapieschemata, einfache, alltagsrelevante Informationsbroschüren und der Einsatz technischer Hilfsmittel können die Behandlung so vereinfachen, daß auch alte Menschen sicher für sich selbst sorgen können. Eine entsprechende persönliche Beratung durch den behandelnden Arzt kann vielen dieser Patienten mehr Unabhängigkeit ermöglichen und Lebensqualität erhalten. Auch hier stehen speziell auf die Bedürfnisse älterer Menschen abgestimmte kurze, einprägsame Informationsbroschüren („Mit Diabetes gut leben") zur Verfügung. Hilfsmittel wie Injektionshilfen, Skalenlupen und Blutzuckermessgeräte erleichtern den Patienten den Weg zu effektiver Selbsthilfe.

Ein weiterer erfolgversprechender Ansatz für die Selbsthilfe unter älteren Diabetikern ist an das „family to family guidance" Konzept angelehnt, das sich unter Eltern diabetischer Kinder als sehr fruchtbar erwiesen hat. Hierin vermitteln Kliniken Patenschaften zwischen Familien mit einem neu erkrankten Kind und erfahrenen Familien. Eine ähnliche Nachbarschaftshilfe zwischen erfahrenen und neu erkrankten älteren Diabetikern könnten ebenso vom niedergelassenen Arzt initiiert werden. Besonders für alleinstehende Diabetiker kann dieses Konzept doppelt positiv wirken. Zum einen werden Kontakte aufgebaut und Isolation verringert, zum anderen können durch gemeinsame Aktivitäten für beide Partner bessere Stoffwechselwerte erreicht werden. Eine Adressenkartei mit den Namen interessierter Patienten kann dem niedergelassenen Arzt ein weiteres Instrument in die Hand geben, um auch unter älteren Diabetikern die Selbsthilfe zu unterstützen.

Zusammenfassung

Betrachtet man den gegenwärtigen Stand der Selbsthilfe unter Diabetikern, ergibt sich ein geteiltes Bild: Für Typ I-Diabetiker finden sich heute eine Vielzahl von unterschiedlichsten Selbsthilfeinitiativen. Ein relativ eng vernetztes System von Aktivitäten ermöglicht es Betroffenen fast überall in der Bundesrepublik in persönlichen Kontakt mit anderen Typ I-Diabetikern zu treten. Der in den letzten Jahren verstärkte Therapieansatz zu aktiver Einbeziehung der Typ I-Diabetiker in ihre Behandlung hat zu einem weiteren Aufschwung dieser Selbsthilfeinitiativen beigetragen. Die konkrete Erfahrung eigener Kompetenz und das daraus erwachsende Gefühl der Verantwortung hat besonders viele junge Typ I-Diabetiker motiviert, das eigene Schicksal gemeinsam mit anderen aktiv in die Hand zu nehmen. Demgegenüber bedarf es noch vieler Anstrengungen bis eine vergleichbare Situation für Typ II-Diabetiker geschaffen ist. Vor allem müßte es besser gelingen, die Aktivität dieser überwiegend älteren Patienten zu wecken. Eine Chance hierzu ergibt sich bei den behandelnden Ärzten, indem diese immer mehr Typ II-Diabetiker aktiv in die Behandlung einbeziehen, ihnen so die eigene Kompetenz und Verantwortung praktisch vor Augen führen und auf diesem Wege Selbsthilfe initiieren. Erste Modelle zeigen, daß so auch ältere Menschen motiviert werden können, selbst für ihre Gesundheit und den Erhalt ihrer Lebensqualität aktiv einzutreten.

Verfasser
Dr. med. Monika Toeller, Ärztin für innere Medizin
Dr. rer. nat. Karin Lange, Diplom-Psychologin
Diabetes-Forschungsinstitut an der Heinrich-Heine-Universität, Klinische Abteilung, Düsseldorf, Auf'm Hennekamp 65, 4000 Düsseldorf 1

Anhang

I. Ausgewählte Kontaktadressen

Arbeitskreis der Pankreatektomierten e.V.
Dr.-Schoenemann Str. 13,
6600 Saarbrücken.

Berliner Fördergemeinschaft junger Diabetiker e.V.
Postfach 200843,
1000 Berlin 20.

Bund diabetischer Kinder und Jugendlicher e.V.
Hahnbrunnerstr. 46,
6750 Kaiserslautern.

Bundesverband der Insulinpumpenträger e.V.
Reinekestr. 31,
5000 Köln 90.

Deutscher Blindenverband e.V.
Bismarckallee 30,
5300 Bonn

Deutscher Diabetiker Bund e.V
Danziger Weg 1,
5880 Lüdenscheid.

Diabetes-Journal
Verlag Kirchheim,
Postfach 25 24,
6500 Mainz 1.

Förderkreis Eltern diabetischer Kinder und Jugendlicher e.V.
Ochsenberg 23,
6750 Kaiserslautern 28.

Insuliner
Am Heydwolf 16,
3575 Kirchhain-Schönbach.

Interessenverband der Dialysepatienten Deutschlands
Heimchenweg 5,
2000 Hamburg 54.

Verzeichnis der Diabetes-Schulungszentren, von Mitgliedern der Deutschen Diabetes-Gesellschaft. Herausgegeben vom Ausschuß Schulung und Weiterbildung der Deutschen Diabetes-Gesellschaft, 1991.

II. Weiterführende Literatur

Berger, W., Gries, F.A., Koschinsky, Th., Toeller, M.: Diabetes mellitus. In: Lehrbuch der inneren Medizin. *W. Siegenthaler, W. Kaufmann, H. Hornbostel, H.D. Waller* (Hrsg.). Thieme Verlag, Stuttgart, 1987.

Diabetes Education Study Group of the European Association for the Study of Diabetes (EASD): The Teaching Letter. Diabetes Education Study Group of the EASD, Genf, 1985.

Petermann, F., Noeker, M., Bode, U.: Psychologie chronischer Krankheiten im Kindes- und Jugendalter. Beltz, Weinheim, 1987.

III. Eigene Beiträge für die Arbeit mit Diabetikern

Hürter, P., Jastram, H.-U., Regling, B., Toeller, M., Lange, K., Weber, B., Burger, W., Haller, R.: Leitfaden zum Schulungsprogramm für Kinder. Deutscher Ärzte-Verlag, Köln, 1989.

Toeller, M.: Möglichkeiten und Grenzen der diätetischen Betreuung des älteren Diabetikers. *Inform. Arzt*, 9, 24-31 (1983).

Toeller, M.: Neue Perspektiven in der Diabetestherapie. Verstärkte Kooperation zwischen Arzt und Diabetiker. *Inform. Arzt*, 11, 18-28 (1984).

Toeller, M.: Ernährungstherapie bei Diabetes. *Therapiewoche*, 35, 732-739 (1985).

Toeller, M.: Diätschulung des Typ II-Diabetikers: Aufwand und Nutzen. In: Der nicht insulinabhängige Diabetes mellitus (Typ II). *H. Drost, F.A.Gries, K. Jahnke* (Hrsg.). Schattauer, Stuttgart, 1985, S. 171-180.

Toeller, M.: Das Problem der Patienten-Compliance. *Med. Welt*, 37, 1013-1017 (1986).

Toeller, M.: Diabetikerschulung, Ziele, Durchführung und Effizienz. *Med. Klin.* 81, 181-186 (1986).

Toeller, M.: Diätbehandlung, Schulung und „Compliance" des nicht insulinbehandelten Typ II-Diabetikers. *Diabetespraxis*, 2, 2-6 (1986).

Toeller, M.: Schulung des Typ II-Diabetikers. *Diabetes Dialog*, 4, 1-4 (1987).

Toeller, M.: Mögliche Eigenleistung des Diabetikers in der Behandlung – eine prospektive Untersuchung bei Typ I-Diabetes. In: Verhaltensmedizin und Diabetes mellitus. *F. Strian, R. Hölzl, M. Haslbeck* (Hrsg.). Springer, Berlin, 1988, S. 441-455.

Toeller, M.: Neue europäische Empfehlungen für die Ernährung bei Diabetes mellitus. *Ernährungs-Umschau*, 36, 79-83 (1989).

Toeller, M.: Diabetes Schulung. *Internist*, 31, 208-217 (1990).

Toeller, M.: Diättherapie des Diabetes mellitus. *Fortschr. Med.*, 2, 19-21 (1991).

Toeller, M., Gries, F.A.: Diabetes mellitus. *Prävention*, 4, 143-149 (1990).

Toeller, M., Klischan, A.: Richtlinien zur Diät bei Diabetikern mit Fettstoffwechselstörungen. *Lipid aktuell*, 1, 10-14 (1991).

Toeller, M., Koschinsky, Th., Gries, F.A.: Diabetes mellitus – neue Entwicklungen. Basistherapie – Schulung und Erfolgskontrolle. *Therapiewoche*, 33, 2633-2646 (1983).

Toeller, M., Schleppinghoff, B., Hübinger, A., Klischan, A., Lange, K., Schumacher, W.: Mit Diabetes gut leben, Hinweise für den Arzt zur Therapie des Diabetikers ohne Insulinbehandlung. Diabetes-Forschungsinstitut an der Universität Düsseldorf, Düsseldorf, 1987.

IV. Eigene Beiträge für die Patientenschulung

Toeller, M., Schumacher, W., Groote, A., Klischan, A.: Kochen und Backen für Diabetiker. Falken-Verlag, Niedernhausen, 1990.

Toeller, M., Schumacher, W.: Frau Oppler hat Diabetes; Ein Leitfaden für Zuckerkranke ohne Insulinbehandlung. Verlag Kirchheim, Mainz, 1985.

Toeller, M., Hübinger, A., Klischan, A., Lange, K., Schleppinghoff, B., Schumacher, W.: „Mit Diabetes gut leben" – Ein Gesundheitsprogramm für Diabetiker ohne Insulinbehandlung. Diabetes-Forschungsinstitut an der Universität Düsseldorf, Düsseldorf, 1987.

Klischan, A., Lange, K., Toeller, M.: Den Zucker im Gleichgewicht halten. Diabetes-Informationsreihe, AOK, 1987.

Toeller, M., Groote, A., Klischan, A., Lange, K., Schumacher, W.: „Mit Diabetes gut leben" – Ein Gesundheitsprogramm für Diabetiker mit Insulinbehandlung. Diabetes-Forschungsinstitut an der Universität Düsseldorf, Düsseldorf, 1989.

Hürter, P., Jastram, H.-U., Regling, B., Toeller, M., Lange, K., Weber, B., Burger, W., Haller, R.: Diabetes-Buch für Kinder. Deutscher Ärzte-Verlag, Köln, 1989.

Selbsthilfe bei Schuppenflechte

Anregungen aus psychologischen Untersuchungen zur Psoriasis

Bernd Huckenbeck-Gödecker/Petra Knödel

1. Einführung

Psoriasis oder Schuppenflechte, wie die deutsche Bezeichnung für diese chronische Hauterkrankung lautet, wird zu den erythematosquamösen Dermatosen gerechnet (*Fritsch* 1983; *Steigleder* 1987). Durch eine anlagebedingte Fehlreaktion der Haut treten scharf begrenzte rote Herde mit weißer Schuppung auf, besonders an Prädilektionsstellen wie Ellbogen, Knien, behaartem Kopf u.a..

Welche Mechanismen zum übermäßigen Wachstum der Hautzellen in den befallenen Arealen führen, ist noch unbekannt, ein besonders für Betroffene unbefriedigender Zustand. Der Wunsch, mehr zu wissen, um die Krankheit besser bekämpfen zu können, kann so übermächtig werden, daß auch gefährliche oder bisher unzureichend erforschte Behandlungsmethoden zahlreiche AnhängerInnen finden, wenn sie „Heilung" versprechen. Sicher kann man eine Krankheit, die so hohen Leidensdruck erzeugt, nicht als so harmlos abtun, wie sie dem Dermatologen, rein medizinisch betrachtet, manchmal erscheinen mag.

Zwar tritt die Schuppenflechte nur bei Personen auf, die die Anlage geerbt haben, etwa 2 % der Bevölkerung, doch handelt es sich nicht um eine Genodermatose:

> „Psoriasis wird nicht als solche vererbt, sondern die Neigung, auf verschiedenartige Stimuli (...) mit Psoriasis zu reagieren. Daher sind Verlauf und Ausprägung der Psoriasis kapriziös und individuell sehr verschieden." (*Fritsch* 1983, S. 65)

Die Schuppenflechte kann in jedem Alter erstmals auftreten; am häufigsten jedoch bricht sie im jüngeren Erwachsenenalter aus. Oft verläuft sie in Schüben von allerdings inter- und intraindividuell völlig unterschiedlicher Häufigkeit, Dauer und Intensität.

Welche äußeren Faktoren beeinflussen den Krankheitsverlauf? Wohl am häufigsten werden jahreszeitlich bedingte Schwankungen genannt, dicht gefolgt von „Streß" aller Art.

Schon in der älteren Literatur wird immer wieder auf seelische Auslöser hingewiesen (*Polotebnoff* 1891; Symposion on the practical management of psoriasis 1941; *Wittkower* 1948, 1953; *Bolgert* et al. 1951; *Bolgert & Soule* 1955; *Susskind & McGuire* 1959). Es bleibt allerdings *Shafii & Shafii* (1979) vorbehalten, eine persische Schrift aus dem 9. Jahrhundert nach Christus als wohl älteste Quelle zu ermitteln: ein (möglicherweise) unter Psoriasis leidender Mann wird erst nach Lösung eines emotionalen Konflikts wieder gesund.

Durch eine Literaturrecherche des Deutschen Psoriasis Bundes e.V. werden nach 1980 insgesamt 113 Titel ermittelt, die das Thema „Psyche und Psoriasis" aus den verschiedensten Blickwinkeln zu ergründen trachten (*Huckenbeck-Gödecker* 1988). Allein 21 Studien haben die Persönlichkeit des Psoriatikers zu ergründen versucht. Auffallend zu kurz kommt die Frage nach den Auswirkungen der Krankheit – eine vielleicht zu naheliegende Überlegung. Nur zwei Untersuchungen behandeln die Beeinflussung des sexuellen Erlebens durch die Schuppenflechte (*Buckwalter* 1982; *Ruggieri* et al. 1985).

Wir geben einen Überblick über die wichtigsten Ergebnisse der Recherche, um gleichzeitig die Frage zu stellen: Welche Anregungen zur Selbsthilfe lassen sich aus den vorliegenden Befunden ableiten? Wir lassen uns dabei von pragmatischen Überlegungen auf der Grundlage unserer eigenen Erfahrungen mit Selbsthilfegruppen leiten. Einer Definition des Begriffs „Selbsthilfe" gehen wir mit Verweis auf die einschlägige Literatur bewußt aus dem Weg (*Moeller* 1978; *Silverman* 1980; *Kickbusch & Trojan* 1981; *Acba* 1986).

2. Ist Psoriasis eine psychosomatische Erkrankung?

Schon *Klauder* (1935) unterscheidet „somato-psychische" und „psycho-somatische" Einflüsse bei Hauterkrankungen. Man ist sich der Haut mehr als jedes anderen Organs bewußt. Selbst geringe Abweichungen von der Norm, erst recht jedoch Hauterkrankungen, können zu starken seelischen Reaktionen führen: verringerter Selbstachtung, Minderwertigkeitsgefühlen, dem Stigma der „Unreinheit" bis zur Dysmorphophobie. Die Furcht vor Entstellungen ist dem Menschen angeboren, was bis in biblische Zeiten zurückverfolgt werden kann: im dritten Buch Moses findet sich ein Verbot für Personen mit körperlichen Makeln, im Tempel zu opfern. Uns scheint, auch heute ist dieser „vorsintflutliche" Bewußtseinszustand noch nicht überall überwunden.

Während *Klauder*s Überlegungen somato-psychische Vorgänge bei Psoriasis sehr wahrscheinlich erscheinen lassen, schließt er den psycho-somatischen Aspekt explizit aus.

Anderer Ansicht ist *Vogel* (1976), der aus einer Einzelfallstudie eine psychosomatische Theorie der Psoriasis ableitet. Er ordnet die Krankheit einmal als psychosomatisches Symptom ein, gleichzeitig jedoch als Ursache sekundärer psychischer Symptome (*Vogel & Beckmann* 1976).

Medanksky & Handler (1981) unterscheiden drei Gruppen von dermatologischen Patienten. In der Primären Gruppe ist die emotionale Störung dominant, während die Hauterkrankung ihrem Ausdruck dient. In der Sekundären Gruppe liegt der Schwerpunkt auf organischen Ursachen mit individuell unterschiedlichen emotionalen Auswirkungen. Schließlich gibt es die Kollaborative (collaborative) Gruppe, in der organische Ursachen und emotionale Störungen in unterschiedlichem Ausmaß zusammenwirken. Zu dieser Gruppe zählen sie die Schuppenflechte, eine Ansicht, der wir uns anschließen. Da eine genetische Anlage notwendig ist, kann sie nicht psycho-somatisch in dem Sinne sein, daß seelische Ursachen für sie verantwortlich wären. Wichtig erscheint uns ferner der somato-psychische Aspekt, der oft unterschätzt wird.

3. Zur Persönlichkeit des Psoriatikers

3.1 Untersuchungsbefunde

So häufig dieses Thema aufgegriffen wird, so verwirrend erscheint auch die Vielfalt der sich oft widersprechenden Befunde. In Fallstudien, in denen wir nach Hinweisen suchten, gibt es kaum eine klassische Diagnose-Kategorie, die nicht mindestens einmal vorkäme.

Während *Wittkower* (1953) die These spezifischer Persönlichkeitszüge bei Psoriatikern verwirft, „finden“ *Bolgert & Soule* (1955) einen hohen Anteil an „Psychastenikern“, Personen mit großen Schwierigkeiten, sich ihrer Umwelt anzupassen und die Realität zu akzeptieren. *Baughman & Sobel* (1971) hingegen stellen mit dem gleichen Test wie die französischen Autoren keinerlei Persönlichkeitsunterschiede zu „Normalen“ fest. Ähnlich Widersprüchliches ließe sich über den „Neurotizismus“ des Psoriatikers berichten (*Susskind & McGuire*, 1959; *v. d. Schaar* 1977; *Bojanovsky* et al. 1981; *Eletsky* 1983; *Lyketsos* et al. 1985; *Hünecke & Bosse*, 1985; *Barba* et al., *Harramach* 1986).

Extravertierter, gelassener, geselliger, aktiver und mit mehr Selbstvertrauen ausgestattet, schildern sich Psoriatiker in der Untersuchung von *Bojanovsky* et al. (1981). Sie berichten außerdem ein geringes Ausmaß an körperlichen Beschwerden. Ebenfalls für eine ungestörte Persönlichkeit sprechen die Daten von *Hünecke & Bosse* (1985). Denkbar ist jedoch, daß es sich um eine Reaktionsbildung, die Kompensation einer ursprünglichen Schwäche, handelt, eine Vermutung, die *Rechenberger* (1982) äußert. Dazu würden auch die von *Pfitzner* (1976) berichteten Dissimulationstendenzen passen.

Patientinnen und Patienten der Marburger Hautklinik, die von *Gieler* et al. (1985) untersucht wurden, schätzen sich selber als unattraktiv, unbeliebt, mißachtet, in der Arbeit kritisiert und wenig durchsetzungsfähig ein. Sie halten sich für verschlossen, anderen fern, wenig preisgebend, mißtrauisch, Liebesbedürfnisse zurückhaltend. Auch diese Gruppe berichtet deutlich weniger Körperbeschwerden als Gesunde und psychosomatisch Kranke – auch hier ein Hinweis auf mögliche Dissimulationstendenzen.

Besonders aufschlußreich erscheint die Frage nach der Rolle aggressiver Impulse. *Lyketsos* et al. (1985) berichten unterdurchschnittliches Dominanzstreben bei erhöhten Selbst- und Fremdbestrafungstendenzen. Sie deuten diese Befunde in Anlehnung an *Alexander & Ross* als Unfähigkeit, Feindseligkeit zu äußern. Diese Hypothese wird von *Fritz* (1983) experimentell untersucht: Nach positiver Persönlichkeitseinschätzung findet er keine Unterschiede in der Aggressivität gesunder und hautkranker VersuchsteilnehmerInnen. Nach einer ärgerauslösenden Rückmeldung jedoch steigt nur die Aggressivität der gesunden Kontrollperson beträchtlich. Die Spannbreite der Aggression scheint bei Psoriatikern deutlich eingeschränkt zu sein, möglicherweise Ausdruck einer Überanpassung.

Für ein an sich erhöhtes Aggressionspotential sprechen die Befunde von *Matussek* et al. (1985): Auto- und Fremdagression sind deutlich über dem Durchschnitt. Im hohen Wert für „Spontane Aggression" drückt sich möglicherweise ein gesteigertes Bedürfnis nach Distanz aus. Dafür sprechen auch die Befunde von *Teegen* et al. (1981): Patientinnen und Patienten mit Schuppenflechte nehmen die Haut vor allem als Grenzorgan wahr. Ebenfalls erhöhte Feindseligkeit bei gleichzeitig erhöhten Werten für Depressivität und Somatisierung ermitteln *Baldaro* et al. (1984).

Erhöhte Depressivität, wie sie auch von *Fava* et al. (1980), *Hardy & Cotteril* (1982) und *Harramach* (1986) berichtet wird, könnte als Folge unterdrückter Aggressivität interpretiert werden.

Der scheinbare Widerspruch – Aggressivität bzw. Feindseligkeit liegen einmal über, einmal unter dem Durchschnitt – kann die Folge von Abwehrhaltungen sein, die sich bei den verschiedenen Meßverfahren unterschiedlich auswirken. Dafür sprechen die Ergebnisse von *Molitor & Seibt* (1985) und *Koch* (1981): beide stellen einen Trend zur übermäßigen Anpassung fest. Die Untersuchung von Koch liefert außerdem Hinweise auf eine Unterdrückung aggressiver und sexueller Impulse.

Halten wir zusammenfassend fest: neben Widersprüchen verdichten sich Hinweise auf Abwehrhaltungen, Reaktionsbildungen, Unterdrückung von aggressiven und sexuellen Impulsen, Vorgänge, die zu einer krankheitsfördernden inneren Spannung führen können.

Allgemeine Aussagen zur Persönlichkeit sind sicher immer noch verfrüht. Was läßt sich für die Selbsthilfe-Arbeit schon jetzt schlußfolgern?

3.2 Selbsterkenntnis durch die Selbsthilfegruppe?

Über die eigene Person nachzudenken, Selbst- und Fremdbild miteinander zu vergleichen, den „blinden Fleck" verkleinern, hier lie-

gen sinnvolle Ansätze für Selbsterfahrungsprozesse in der Gruppe. Die gemeinsame Beschäftigung mit den hier referierten Forschungsbefunden kann als theoretische Grundlage, aber auch als Provokation für eine intensive Auseinandersetzung dienen.
Besonders die folgenden Themen bieten sich an:
- Extraversion und Geselligkeit - Stärke oder Flucht nach vorn?
- Persönliche Schwächen - überspielen oder integrieren?
- Körpererleben einschließlich Selbstpflege und Kosmetik
- Aggression - unterdrücken oder bewältigen?
- Depression - Verdrängung oder Auseinandersetzung?
- Zwischen Anpassung und Konflikt

Eine solche Selbsthilfegruppe als Form der Selbsterfahrung stellt allerdings höchste Anforderungen: die Mitglieder müssen miteinander vertraut sein, ein Klima der Offenheit und des gegenseitigen Akzeptierens ist unbedingt nötig. Um die Überprüfung von Selbst- und Fremdbild zu einem Schritt persönlichen Wachstums zu gestalten, dürfen nicht nur Schwächen aufgedeckt werden, es gilt vor allem, Stärken und ungenützte Ressourcen aufzuspüren und weiterzuentwickeln.

Wir plädieren für einen pragmatischen Ansatz. Größere Extraversion und Geselligkeit sind Persönlichkeitszüge, die zur Erweiterung des individuellen Verhaltensspielraums dienen können. Es muß dabei nicht unbedingt eine Rolle spielen, ob es sich dabei um eine Reaktionsbildung handelt. Hier liegt unserer Meinung nach die Grenze einer Selbsthilfegruppe: sie sollte bewußt darauf verzichten, Abwehrhaltungen „aufzuknacken". Bei schweren Persönlichkeitsstörungen sollte ein/e professionelle/r PsychotherapeutIn zu Rate gezogen werden.

Wir halten es überhaupt für sinnvoll, nach einer konstruktiven Zusammenarbeit zwischen Selbsthilfegruppe und professionellen Helferinnen und Helfern zu streben, sei es in Form von Starthilfe bei der Initiierung der Gruppe, in Form von Supervision oder eines Beratungsangebots, das die Gruppe immer dann in Anspruch nimmt, wenn sie es für nötig hält.

4. Seelische und soziale Folgen der Psoriasis

4.1 Forschungsbefunde

Obwohl negative Auswirkungen der lästigen und oft auch sichtbaren, mit Vorurteilen behafteten Psoriasis – viele halten sie irrtümlich für ansteckend – naheliegen, beschäftigt sich nur etwa ein Zehntel der seit 1980 erschienenen Arbeiten mit dieser Frage. Ausführliche Überlegungen zur Psycho- und Soziodynamik bei Hautkranken finden sich allerdings in der Monographie von *Bosse* & *Hünecke* (1976), Autoren, auf die wir auch hinsichtlich der Entstellungsproblematik verweisen möchten (*Hünecke* & *Bosse* 1980).

Paljan et al. (1983) ermitteln: PsoriatikerInnen halten sich häufiger als Gesunde für verletzlich, abgesondert, traurig, mit beruflichen Problemen behaftet. Die Mehrzahl hat das Gefühl, daß andere es vermeiden, ihnen die Hand zu geben; viele fühlen sich offen abgelehnt. Nach eigenen Angaben nehmen sie mehr Alkohol zu sich als der Durchschnitt. Hier scheint, wie auch andere Untersuchungen bestätigen, besonders bei männlichen Psoriatikern ein Problem zu liegen (*Carmichael* et al. 1984; *Morse* et al. 1985; *Monk* & *Neill* 1986).

In einer Voruntersuchung zum Bentheimer Patiententraining (*Huckenbeck-Gödecker* 1985; *Schröpl* et al. 1987) stellt sich heraus: Fast alle Patientinnen und Patienten fühlen sich durch ihre Krankheit erheblich beeinträchtigt; sie nennen im Durchschnitt drei bis vier gravierende Einschränkungen – mit Angst vor Ablehnung an erster Stelle.

Gerade das Angstverhalten wird, wie die Untersuchung von *Vendysova* & *Pankova* (1982) zeigt, in besonders hohem Maße durch die Krankheit geprägt. Krankheitsbezogene Situationen lösen weit stärkeren Streß als allgemeine Angstsituationen aus. Die Ängste beziehen sich vor allem auf soziale Ereignisse wie beispielsweise den drohenden Verlust der Partnerin bzw. des Partners oder der sozialen Stellung oder aber der Reaktion anderer auf sichtbare Hautstellen. In alltäglichen Situationen überwiegt soziale Unsicherheit gegenüber phobischen Ängsten; gehäuft treten auch unspezifische Angstzustände auf.

Wie die Bentheimer Befragung zeigt, werden die seelischen Belastungen durch die Krankheit nur unvollkommen verarbeitet. Resignation, erhöhte Reizbarkeit, Zweifel an der Gerechtigkeit der Welt weisen darauf hin; es sind Symptome, die im Sinne einer gelernten Hilflosigkeit interpretiert werden können, eine Hypothese, die von Mitchell (1980) erhärtet wird.

Die Mehrzahl der Bentheimer Patienten hat ein Vermeidungsverhalten aufgebaut: sozialer Rückzug bis zur Isolation, Verbergen befallener Körperpartien, obwohl dadurch große Unbequemlichkeiten entstehen, Verleugnen der chronischen Natur der Krankheit und Glaube an eine endgültige Heilung wider besseres Wissen. Hilflosigkeit zeigt sich oft in der ungezielten Art der Bewältigungsversuche: einige wollen die Krankheit besser in den Griff bekommen, indem sie klare Verhältnisse schaffen oder sich weniger aufregen oder sich durch Beschäftigung ablenken. Einige Patientinnen und Patienten überspielen ihr Leiden ganz offenkundig. Nur einer der Befragten kann es akzeptieren.

Zu ähnlichen Ergebnissen kommen *Ramsay* & *O'Reagan* (1988): viele der von ihnen Befragten vermeiden soziale Aktivitäten wie Schwimmen und Sport. Die Hälfte hat das Gefühl, daß sexuelle Bedürfnisse durch die Schuppenflechte behindert werden. Etwa ein Zehntel der Befragten will sogar lieber auf Nachwuchs verzichten, wenn die Krankheit vererbt wird. Viele beklagen sich über die normale ärztliche Behandlung, die sich weitgehend auf Verschreibungen beschränkt. Die meisten Betroffenen fühlen sich nur ungenügend über ihre Krankheit aufgeklärt.

Eine Vielfalt von Beeinträchtigungen scheint möglich: soziale Diskriminierung durch Vorurteile, eingeschränkte Befindlichkeit, vermehrt krankheitsbezogene Ängste, eingeschränkte Verarbeitungsmöglichkeiten der Krankheit und ihrer sozialen Folgen bis hin zur gelernten Hilflosigkeit. Hier bieten sich deutliche Ansätze für die Selbsthilfearbeit an.

4.2 Selbsthilfe durch gemeinsame Suche nach Lösungen

Durch die gemeinsame Betroffenheit ist es hier relativ leicht für die Gruppe, auf einen gemeinsamen Nenner zu kommen. Ratschläge und Hilfsangebote durch Mitbetroffene sind viel leichter zu akzeptieren, als wenn sie von einem/einer professionellen HelferIn kämen. (Typische Äußerung eines Bentheimer Patienten gegenüber dem Psychologen: „Sie sind ja nicht betroffen! Sie wissen ja gar nicht, wie das ist!")

Besonders wichtig für eine gemeinsame Suche nach Lösungen erscheinen uns folgende Themen:

- Informationssuche: Hier gilt, daß keiner soviel weiß wie alle. Gerade bei einer Krankheit, bei der noch so vieles ungeklärt ist wie bei der Psoriasis, ist das Informationsbedürfnis besonders groß. Die Informationssuche kann schon durch Aufgabenteilung effizienter gestaltet werden. Für Mitglieder des Deutschen Psoriasis Bundes e.V. bietet sich die gemeinsame Besprechung der Faltblätter und der Mitgliederzeitschrift als Fundgrube an. Ergänzend können in regelmäßigen Abständen Expertinnen/Experten, Ärztinnen/Ärzte, ApothekerInnen, VertreterInnen von Krankenkassen, Juristinnen/Juristen, Psychologinnen/Psychologen usw., zur Befragung durch die Gruppe eingeladen werden. Die Zusammenarbeit mit anderen Selbsthilfegruppen, Gesundheitszentren u. ä. kann hinzutreten. Die Vermehrung des Wissens führt zu einem stärkeren subjektiven Gefühl von Kontrolle im Sinne größerer Erklärbarkeit und Vorhersagbarkeit des Krankheitsverlaufs.
- Krankheitsbewältigung: Auch hier gibt es zahlreiche Ansätze für eine fruchtbare Zusammenarbeit unter Betroffenen. Schon durch Vergleich der unterschiedlichen individuellen Erfahrungen mit der Krankheit in Beruf, Familie und Alltag entstehen neue Perspektiven. Die gemeinsame Arbeit kann aber auch ganz gezielt sein. So können Strategien zum Umgang mit Ärztinnen und Ärzten, Krankenkassen, Vorgesetzten, Mitmenschen in Rollenspielen erprobt werden. Tips zur Selbstpflege und zur Behandlung können ausgetauscht werden.
- Verhaltenstraining: Schon dadurch, daß man über sonst gemiedene peinliche oder angstbesetzte Themen spricht, kann man den ersten Schritt zur Veränderung tun. Ängste können abgebaut werden durch gemeinsame Auseinandersetzung mit ihren Entstehungsbedingungen. Durch Gespräche und gemeinsames Üben, beispielsweise in Form von Rollenspielen, können die Gruppenmitglieder ihr Selbstbewußtsein stärken, ihre kommuni-

kativen Fähigkeiten erweitern, ihr Selbstbehauptungsvermögen stärken.
- Einstellungsänderung: Am wichtigsten in diesem Zusammenhang ist sicher der Abbau von Hilflosigkeitsgefühlen. Neben einer realistischen Einschätzung der Krankheit ist es entscheidend, die Bedeutung der Eigenaktivität zu erkennen. Die Gruppe kann gemeinsam Probleme bewältigen, an die sich die Mitglieder allein nicht herantrauen. So kann durch gemeinsame Öffentlichkeitsarbeit über die Schuppenflechte informiert werden. Hier gibt es eindrucksvolle Alternativen zum bloßen gemeinsamen Lamentieren, welchen Vorurteilen man ausgesetzt ist. Die Erfahrung, selber etwas verändern zu können, ist wohl die stärkste Möglichkeit, mehr subjektive Kontrolle aufzubauen.

Sicher werden in besonders schwerwiegenden Fällen die Möglichkeiten der Selbsthilfe überschritten, z.B. bei Suchtproblemen, die einer fachmännischen Behandlung bedürfen. Auch hier kann die Gruppe durch eine offene Rückmeldung jedoch den ersten Anstoß liefern.

5. Der Einfluß von Streß und seelischen Belastungen

5.1 Forschungsergebnisse

Zahlreiche Fallstudien legen nahe, daß seelische Belastungen die Psoriasis auslösen können: der Tod naher Verwandter (*Bolgert* et al. 1951; *Lomholt* 1963; *Heber & Kroenert* 1971), unfallbedingter Schock (*Medina* 1941, zit. nach *Fritz* 1983), Kriegserlebnisse (*Medina* 1941, zit. nach *Fritz*, 1983).

Aussagekräftiger noch sind Fragebogen-Untersuchungen an größeren Personenzahlen (*Susskind & McGuire* 1959; *Lomholt* 1963; *Hellgren* 1964; *Faber* et al. 1968; *Braun-Falco* et al. 1972; *Farber & Nall* 1974; *Savin* 1975; *Paljan* et al. 1983; *Schröpl* et al. 1987). Die Zahlenangaben, wie häufig Psoriasis durch belastende Ereignisse ausgelöst wird bzw. bei wieviel Prozent der Befragten ein Zusammenhang besteht, unterliegen zwar beträchtlichen Schwankungen – von nur einem Drittel bei *Farber & Nall* (1974) bis zu 90 % bei *Lomholt* (1963) – der Zusammenhang wird jedoch nicht mehr bestritten.

Baughman & Sobel (1971) verfolgten fünf Jahre lang das Auftreten belastender Lebensereignisse im Zusammenhang mit der Schwere der Hauterkrankung. Die ermittelte Korrelation ist zwar auch hier gering, jedoch überzufällig.

Der retrospektiven Untersuchung von *Seville* (1977) kommt besonderer Stellenwert zu, da sie erstmals mit einer Kontrollgruppe arbeitet. In einer Folgeuntersuchung zeigt der Autor ferner (*Seville* 1978), wie wichtig die Einsicht in krankheitsauslösende Lebensereignisse sein kann: Patienten, die diesen Zusammenhang erkennen, bleiben länger erscheinungsfrei.

Lamberg et al. (1982) kommen in einer prospektiven Studie zu dem Ergebnis, daß kein Zusammenhang zwischen Streß und Krankheitsverlauf bestehe. Die ebenfalls prospektive Studie von *Gaston* et al. (1987) hingegen ergibt eine signifikante Korrelation zwischen der Schwere der Erkrankung und psychischem Streß.

Eine Reihe von Untersuchungen beschäftigt sich mit den psychophysiologischen Veränderungen bei Psoriasis-Patienten unter Streß. 1954 hatte *Graham* zeigen können, daß die Hauttemperatur von ihm untersuchter PsoriatikerInnen besonders stark anstieg, wenn das Gespräch auf belastende Ereignisse kam, die der Erkrankung vorangegangen waren. An sich wäre bei einer durch Streß ausgelösten Sympathikuserregung ein Absinken der Hauttemperatur zu erwarten. Der Anstieg ist möglicherweise durch die Aktivierung von Entzündungsmediatoren zu erklären (*Stangier et al.* 1987).

In einer experimentellen Arbeit mit Kontrollgruppe finden *Arnetz* et al. (1985) bei allen Versuchspersonen Anstiege in Blutdruck und Pulsfrequenz nach Streß. Plasma-Glukose und Adrenalinausschüttung im Urin sind ebenso wie das subjektive Streßerleben bei den Psoriatikern noch stärker erhöht als in der Vergleichsgruppe.

Dudlettes (1985) findet ebenfalls nach Streß einen unterdurchschnittlich verringerten Hautwiderstand. Außerdem sind die Schwankungen der Hautleitfähigkeit stärker als bei Gesunden. Auch nach Beendigung der Streßsituation nehmen diese Schwankungen bei den untersuchten Psoriatikern noch zu, statt wie bei Gesunden wieder zu sinken.

Auch die letzte Untersuchung ist als Hinweis zu werten, daß PsoriatikerInnen ungewöhnlich sensibel auf Streß reagieren.

5.2 *Selbsthilfe durch Streßbewältigung*

Als Schlußfolgerung für die Selbsthilfe liegt die gemeinsame Suche nach besseren Möglichkeiten zur Streßbewältigung nahe.
Was kann die Gruppe hier leisten?

- Gemeinsam können Streßsituationen diskutiert und analysiert werden. Schon das bessere Verständnis einer Situation ist ein Fortschritt.
- Erfahrungen bei der Bewältigung ähnlicher Belastungen können miteinander verglichen werden. So findet der Einzelne Ansatzpunkte, seine persönlichen Streßsituationen besser in den Griff zu bekommen.
- Durch Erfahrungsaustausch und Rückmeldung können die Gruppenmitglieder ihre Einstellung zu Streß überprüfen und gegebenenfalls korrigieren. Meist wird der Anteil subjektiver Bewertungen am Zustande-Kommen von Streß völlig unterschätzt. Durch einen gemeinsamen Lernprozeß steigt das Verständnis für den Ablauf von Streßsituationen; sie werden durchschaubar und dadurch besser kontrollierbar.
- Durch die unterschiedlichen Berichte über die erfolgreiche Bewältigung von Streßsituationen kann jeder sein Verhaltensrepertoire erweitern. Die Gruppe motiviert zum Erproben neuer Verhaltensmöglichkeiten.
- Die Gruppe kann sich gemeinsam, gegebenenfalls unter Hinzuziehung eines Experten, eine Entspannungstechnik erarbeiten, um die Anfälligkeit für Streß zu senken.
- Durch erweitertes Wissen über Streßmechanismen entstehen bessere Bewältigungsmöglichkeiten und ein höheres Maß an subjektiver Kontrolle. Hier kann es sinnvoll sein, Experten zu Vorträgen oder Diskussionsveranstaltungen einzuladen.

6. Kann Psychotherapie helfen?

6.1 Ansatzpunkte

Das Wissen um die Provokationsfaktoren, unter ihnen auch die psychischen, läßt einen präventiven Ansatz ratsam erscheinen: durch „Patientenführung" in der dermatologischen Praxis (*Schröpl* 1982; 1983) soll der Psoriatiker dazu erzogen werden, Risikofaktoren aus dem Weg zu gehen. Wenn er beispielsweise weiß, daß seine Erkrankung sich immer im Frühjahr verschlimmert, soll er in dieser Zeit seinen Urlaub in einem günstigeren Klima verbringen. Wenn er spürt, daß sich sein Hautzustand nach dem Genuß bestimmter Speisen und Getränke verschlechtert, soll er diese meiden. Er soll schließlich durch intensive Psychotherapie die psychischen Provokationsfaktoren besser in den Griff bekommen. Ob der Dermatologe, wie von Schröpl vorgeschlagen, das allerdings im Rahmen seiner normalen Praxis leisten wird, erscheint uns zweifelhaft. Der erste Schritt einer Hilfe zur Selbsthilfe kann hier durch einen Psychotherapeuten initiiert werden.

Neben den präventiven Aspekt tritt der kurative: das Selbstbewußtsein bedarf der Stärkung; soziale Ängste und Schamgefühle sind zu überwinden.

Welche psychotherapeutischen Ansätze wurden bisher erprobt? Wir geben einen Überblick, um auch hier Anregungen für die Selbsthilfe zu suchen.

6.2 Medikamentöse „Psychotherapie"?

Eine scheinbar einfache Lösung ist eine medikamentöse Psychotherapie, wie sie noch von *Munjal* (1976) mit dem Hinweis auf gute Erfolge empfohlen wird. Wie man jedoch inzwischen aus zahlreichen unabhängigen Untersuchungen weiß (*Charter* 1972; *Bakker & Pepplinkhuizen* 1976; *Skott* et al. 1977; *Lowe & Ridgway* 1978; *Barth & Baker* 1986; *Ghadirian & Lalinec-Michaud* 1986; *Pande* et al. 1986), können Antidepressiva einen psoriatischen Schub auslösen. Es ist ungeklärt, ob es sich um eine unmittelbare Wirkung des Medikaments auf die Haut handelt. Wenn die depressive Störung Ausdruck einer tieferliegenden Störung ist, droht unter Umständen eine Symptomverschiebung.

Sicher erscheint uns, daß jede Form medikamentöser Psychotherapie die Gefahr einer passiven Vermeidung in sich birgt. Kommen wir deshalb zu Therapieformen, die besser geeignet sind, dauerhaft zu helfen.

6.3 *Hilfe durch Psychotherapie?*

6.3.1 Hypnose

Kline (1954) berichtet von der erfolgreichen Hypnose-Behandlung einer 45jährigen Frau, die seit über 20 Jahren an Psoriasis leidet. Ohne auf die Einzelheiten der Technik einzugehen: sie enthielt keinerlei direkte Suggestionen bezüglich der Psoriasissymptome.

Frankel & Misch (1973) verwenden ebenfalls keine direkten Suggestionen, sondern arbeiten mit einer Vorstellungstechnik: der Patient, ein 37jähriger Lehrer mit schweren Persönlichkeitsproblemen wird angeregt, sich an die angenehmen Hautempfindungen beim Sonnenbaden zu erinnern. Als Selbsthypnose wendet er diese Übung fünf- bis sechsmal täglich an; es kommt zu einer spürbaren Besserung. Einer der Autoren dieses Artikels entwickelte mit einem Patienten der Klinik in Bad Bentheim eine ähnliche Technik: die Vorstellung, auf der Insel Norderney am Meer spazieren zu gehen, wurde auch nach der Entlassung aus der Klinik regelmäßig eingesetzt. Eine telefonische Nachbefragung nach einem halben und einem Jahr bestätigt den Erfolg: der Patient bleibt erscheinungsfrei.

Waxman (1973) arbeitet in einer Kombination von Verhaltenstherapie und Hypnoanalyse mit Altersregression: die Patientin, eine 38jährige Frau, die seit mehr als 20 Jahren an Schuppenflechte leidet, wird in ihrer Erinnerung in Situationen maximalen Traumas zurückgeführt, um sie kathartisch abzureagieren. Auch hier kommt es zu einer deutlichen Besserung.

Dengrove (1976) setzt Hypnose zur Lösung emotionaler Konflikte ein. In beiden berichteten Fällen kommt es zu einer zumindest vorübergehenden Besserung der Psoriasis.

Leuteritz & Shimshoni (1982) setzen die Visualisierungstechnik nach *Simonton & Simonton* (1978) ein. Bei diesem Verfahren entwikkelt der Patient eine bildhafte Vorstellung der körperlichen Abläufe in seiner Haut, um sie positiv zu beeinflussen. Leider machen die Autoren keine Angaben zum Erfolg ihrer Intervention. Es handelt sich nämlich um einen sehr interessanten Ansatz (auto)suggestiver Beeinflussung.

Da sich alle genannten Techniken zur Selbsthypnose eignen, sehen wir hier einen erfolgversprechenden Ansatz für individuelle Selbsthilfe durch verbesserte Selbststeuerung.

6.3.2 Biofeedback

Biofeedback ist die Sammelbezeichnung für eine Gruppe von Verfahren, bei denen eine körperliche Veränderung gemessen und rückgemeldet wird. Dadurch kann der Patient lernen, physiologische Prozesse wir Herzschlag, Blutdruck, elektrische Leitfähigkeit der Haut, Temperatur usw. willentlich zu steuern. Meist wird Biofeedback als Entspannungstechnik eingesetzt.

In einer Pilot-Studie trainieren *Benoit & Harrell* (1980) drei Psoriatiker, die Hauttemperatur in befallenen Körperpartien zu senken. Dadurch soll die in der psoriatischen Haut beschleunigte Zellteilung abgebremst werden, was auch gelingt. Noch vier Monate nach Behandlungsende ist der positive Hautzustand bei allen Teilnehmern unverändert.

Hughes et al. (1981) kombinieren unterstützende Psychotherapie und Biofeedbacktraining zur Senkung der Hauttemperatur und können bei ihrem 31jährigen Patienten eine deutliche Besserung erzielen, obwohl die Hauttemperatur trotz des Trainings weiterhin leicht ansteigt.

Ebenfalls einen Anstieg der Hauttemperatur erhält *Epstein* (1980) nach Biofeedback- und Entspannungstraining. Die Versuchsgruppe berichtet eine deutlich stärkere Besserung während des einmonatigen Trainings als eine Kontrollgruppe. Bei allen Patienten, deren Psoriasis sich besserte, und zwar unabhängig davon, ob sie am

Training teilnahmen oder nicht, ist dieser Anstieg der Hauttemperatur zu beobachten.

Wir müssen weitere Untersuchungen abwarten, um herauszubekommen, warum Biofeedback zu einer positiven Beeinflussung der Psoriasis führen kann, trotz teilweise entgegengesetzter körperlicher Hautveränderungen, die erzielt werden konnten. Wahrscheinlich hat Biofeedback zwei sich ergänzende Wirkungen: über die spezifische Veränderung mit Hilfe der Rückmeldung hinaus, haben die Patienten ein größeres Ausmaß an genereller willentlicher Kontrolle über ihren Körper erlangt.

Als individuelle Selbsthilfemaßnahme ist Biofeedback ebenfalls denkbar. Es sind inzwischen Geräte im Taschenformat für einen Preis von 300,-- bis 400,-- DM im Handel erhältlich.

6.3.3 Verhaltenstraining

Während *Goertz* (1984; 1988) einen sehr weit gefaßten Ansatz von psychotherapeutischer Begleitung in Davos beschreibt, wird im Rahmen eines Forschungsprojekts der Hautklinik in Bad Bentheim der gezielte Versuch unternommen, Provokationsfaktoren durch Training auszuschalten (*Huckenbeck-Gödecker* 1986; *Schröpl* et al. 1987; *Huckenbeck-Gödecker* & *Schröpl* 1988). In den Gruppensitzungen sind die Schwerpunkte Streßbewältigung, Selbstsicherheitstraining und Anregungen zu Selbsthilfe. Zusätzlich werden autogenes Training und – auf Wunsch – Einzelgespräche angeboten.

Zentraler Ansatzpunkt des Anti-Streß-Trainings sind die Bewältigungsstrategien (coping). Nicht belastende Lebensereignisse und -situationen als solche führen zu einer Schädigung. Es sind vielmehr die subjektiv bedrohlichen und überfordernden Lebenssituationen, die besser gemeistert werden müssen (*Lazarus* 1968).

Da Schlußfolgerungen zur Selbsthilfe aus diesem Ansatz schon in vorangegangenen Abschnitten (3.2 und 4.2) diskutiert worden sind, folgt an dieser Stelle nur eine Zusatzbemerkung: eine Kombination aus professionell geleitetem Verhaltenstraining mit anschließendem Übergang in eine Selbsthilfephase ist sehr wahrscheinlich geeignet, einen dauerhafteren Erfolg zu erzielen. Leider gibt es zu dieser Thematik noch keine Untersuchungen.

6.3.4 Psychodynamisch orientierte Gruppenpsychotherapie

De Korte (1982) vermutet, daß die Psoriasis in vielen Fällen als eine Art Spannungsregulator bei psychischem Streß fungiert. Besondere Aufmerksamkeit verdienen ferner die Reaktionsmuster der Patientinnen und Patienten und ihrer Umgebung. Häufig zu beobachten sind Scham- und Angstgefühle, Kontaktstörungen, sexuelle Probleme und Abwehrmechanismen. Es kann gefährlich sein, beim Patienten die Erwartung zu wecken, die Psychotherapie bewirke eine Heilung seiner Hauterkrankung. Denn hierdurch könnten gerade die somatisch orientierten Patienten angezogen werden, die sich nicht mit ihren persönlichen Problemen auseinandersetzen wollen. Unsere Bentheimer Erfahrungen sprechen für diese Einschätzung *De Kortes*. Interessant ist in diesem Zusammenhang die häufig ambivalente Haltung zur Psychotherapie. Sehr häufig erschienen in Bentheim Patienten mit den Worten: „Probleme habe ich keine, aber ich will mal sehen, was Sie mir zu bieten haben." Nachdem sie erfahren hatten, eine Heilung durch Psychotherapie sei unrealistisch, verließen sie enttäuscht wieder die Gruppe.

Vor diesem Hintergrund werden die Therapieziele *De Kortes* besser verständlich: er will Störungen im Selbstbild der Patienten und Störungen im gesellschaftlichen Umgang beheben und ferner eine De-Identifikation mit der Haut erreichen.

Die Amsterdamer Arbeitsgruppe arbeitet seit 1974 mit Gruppentherapie, weil hier die eigene Problematik über die anderen erkannt werden kann. Dadurch können Schamgefühle abgebaut und soziale Isolation durchbrochen werden. Außerdem werden soziale Fähigkeiten „trainiert". Die Gruppen bestehen aus maximal 8 Personen, die, von zwei Therapeuten betreut, einmal wöchentlich für eineinhalb Stunden zusammenkommen. Die von *De Korte* beschriebenen Gruppenphasen über Orientierung, Integration und Abschluß können als Modell für eine erfolgreiche Selbsthilfegruppe dienen. Möglich ist jedoch auch eine negative Entwicklung, daß nämlich in spannungsreichen Situationen das Gespräch wieder auf die Hautkrankheit gebracht wird, um einer Auseinandersetzung aus dem Weg zu gehen. *De Korte* spricht von „Regression zur Haut" – ein Phänomen, das uns aus unserer eigenen Arbeit mit Selbsthilfegruppen gut bekannt ist.

6.3.5 Von der Psychotherapie zur Selbsthilfe

6.3.5.1 Aktivere Beteiligung der Betroffenen

Um eine aktivere Beteiligung der Patienten selber zu erreichen, entschließen sich *De Korte & Vintura* (1980), nicht-professionelle Helfer als Gruppenleiter für Selbsthilfegruppen (support groups) einzusetzen.

Das Gruppenleitertraining verfolgt vier Ziele: persönliches Wachstum, De-Identifizierung mit der Haut, soziale Kompetenz (interactional skills) und Leitungskompetenz (leadership skills).

Insgesamt kommen die Autoren zu dem Ergebnis, daß sich die nach diesem Modell geleiteten Selbsthilfegruppen bewährt haben. Für viele Mitglieder des holländischen Psoriasis-Bundes war es leichter, sich einer solchen Gruppe als einem professionellen Helfer anzuvertrauen. Auch die Gruppenleiter profitieren von ihrer Tätigkeit. De *Korte & Vintura* verschweigen allerdings nicht, daß es auch Probleme geben kann, wenn beispielsweise ein Gruppenleiter mehr Hilfe braucht, als die Supervision ihm geben kann. Manchmal ist es schwierig, die Kontinuität der Arbeit zu gewährleisten. Allgemeinärzte und Dermatologen zeigen so gut wie kein Interesse an solchen Gruppen.

6.3.5.2 Die Duo-Formel als Selbsthilfe-Modell

Um eine stärkere Einbeziehung von Ärzten bemüht sich das Modell der Duo-Formel (*Bremer-Schulte* 1984, 1985 a & b). Es handelt sich auch hier um eine Gruppenmethode, bei der ein Dermatologe in Zusammenarbeit mit einem „geschulten" Betroffenen die Gruppe leitet.

Beide, Arzt und Betroffener, werden gemeinsam in einem fünftägigen Training auf ihre Aufgabe vorbereitet.

Die Gruppenarbeit selbst folgt einem relativ straffen Programm, einer Mischung aus Informationsvermittlung, Erfahrungsberichten, Einübung in Streßbewältigungstechniken, Entspannungübungen und gruppendynamische Übungen. Die Gruppe, die aus Betroffenen und ihren Partnern besteht, trifft sich über einen Zeitraum von ca. drei Monaten einmal wöchentlich für zwei Stunden. Das Gruppentraining verfolgt das Ziel, bei den Teilnehmern einen Lernprozeß in Gang zu setzen: durch die Auseinandersetzung mit körperlichen und emotionalen Aspekten der Schuppenflechte werden die Bewältigungsmöglichkeiten verbessert.

Im Rahmen eines Forschungsprojekts an der Universität Limburg von 1978 – 1982 wird eine Erfolgskontrolle vorgenommen. Drei Monate nach Behandlungsende sind im Vergleich zu einer Kontrollgruppe Krankheitsverhalten, Schüchternheit und Schamgefühle deutlich verringert. Die De-Identifizierung mit der Haut ist gelungen. Die Teilnehmer können sich besser entspannen und werden besser mit dem Streß fertig. Im Alltag spielt die Psoriasis nicht mehr eine so bedeutende Rolle. Eine weitere Nacherhebung nach zwei Jahren bestätigt diese Ergebnisse.

Leider fehlt eine Erfolgskontrolle in bezug auf die Krankheit selber. Sicher handelt es sich jedoch um ein wegweisendes Modell. Die Krankheitsbewältigung wird sicherlich wesentlich verbessert. Doch auch hier gibt es ähnliche Schwierigkeiten wie bei *De Korte & Vintura:* es ist schwer, interessierte Ärzte zu finden. Oft lehnen auch die Betroffenen eine solche Auseinandersetzung mit ihrer Krankheit und sich selber ab.

Interessant ist sicher die hier gut gelungene Kombination professioneller Hilfe mit Selbsthilfe. Denkbar sind jedoch auch andere Kombinationen als mit einem Arzt. Sicher kann allein die Schulung Betroffener schon zu einer wesentlich effizienteren Arbeit in der Selbsthilfegruppe führen.

6.4 Zum Verhältnis Psychotherapie und Selbsthilfe

Wir haben mehrmals auf Grenzen der Selbsthilfe hingewiesen. Es ist dennoch sehr schwer zu bestimmen, wo Selbsthilfe endet und professionelle Psychotherapie unumgänglich ist. Sicher gibt es einen breiten Übergangsbereich und können sich beide Ansätze, wie die niederländischen Arbeiten zeigen, sehr gut ergänzen.

Ein zweiphasiges Modell erscheint uns am ehesten geeignet, den Widerspruch praktikabel zu machen.

In einer zweiten Phase „emanzipiert" sich der Einzelne oder die Gruppe immer mehr von der professionellen Hilfe. Die Hypnose wird zur Selbsthypnose, die Entspannungsübung wird in eigener Regie fortgeführt, das neu gewonnene Selbstbewußtsein, das neue Selbstverständnis durch tägliche Anwendung in eigener Regie verfestigt. Eine sich ausschleichende Betreuung oder Supervision steht bei Bedarf weiter zur Verfügung.

Die beiden Phasen müssen zeitlich nicht unbedingt in dieser Reihenfolge ablaufen. Denkbar ist auch, wie in der Duo-Formel, ein paralleles Einsetzen beider Phasen.

Auf jeden Fall unverzichtbar ist auch bei schließlich völlig eigenständiger Arbeit der Selbsthilfegruppe das externe Feedback, das von Zeit zu Zeit eingeholt wird. Selbsthilfe kann bei Überbetonung eines Themas, z.B. ausschließlichen Erfahrungsaustauschs über die Fumarsäure-Behandlung, auch zu einer Einengung der Möglichkeiten führen. In einer Gruppe des Deutschen Psoriasis Bundes e.V. hatten wir Gelegenheit, die Entwicklung einer solchen Fumarsäure-„Gemeinde" mitzuerleben. Die Gruppenarbeit nahm schon pseudoreligiöse Züge an. So wurde zu Beginn der Stunde das „Dogma" bekräftigt: Schuppenflechte ist keine Hauterkrankung, sondern eine Stoffwechselserkrankung (was weder bewiesen ist, noch etwas Wesentliches ändern würde!). Fumarsäure heile die Krankheit, weil sie die Diät-„Sünden", der mangelnden Einhaltung einer in keiner Weise wissenschaftlich bewiesenen Diät, erklärt. Eine solche Gruppe muß sich totlaufen, weil sie keine Neuerungen zuläßt.

Die Selbsthilfegruppe braucht in regelmäßigen Abständen neue Impulse von außen. Sie kann sicherlich zu einer wesentlichen Erweiterung der individuellen Möglichkeiten führen.

Literatur

Acba, N.: „Selbsthilfe in Gruppen", Eschborn 1986.

Arnetz, B./Fjellner, B./ Eneroth, P./ Kallner, A.: „Stress and psoriasis": Psychoendocrine and metabolic reactions in psoriatic patients during standardized stressor exposure. *Psychosomatic Medicine,* 47 (6), 1985, S. 528-541.

Bakker, J. & Pepplinkhuizen, L.: „More about the relationship of lithium to psoriasis". *Psychosomatics,* 17 (3), 1976, S. 143-146.

Baldaro, B./ Bossi, G./ Brocani, G./ Offidani, A.: „Osservazioni psichometriche in un gruppo die pazienti psoriatici": uno studio controllato. *Medicina Psicosomatica,* 29 (4), 1984, S. 457-466.

Barba, A./ Trabucco, G./ Pasqualini, A.: „Psychological aspects of the psoriatic patient". Case contribution. *Giornale italiano di Dermatologia i Venerologia*, 120 (6), 1985, S. 379-384.

Barth, J. & Baker, H.: „Generalized pustular psoriasis precipitated by trazodone in the treatment of depression". *Br. J. Derm.*, 115 (5), 1986, S. 629 f.

Benoit, L.J. & Harrell, E.: „Biofeedback and control of skin cell proliferation in psoriasis". *Psych. Rep.*, 46 (3), 1980, S. 831-839.

Bojanovsky, A./ Schöninger, B./ Kügler, G./ Bojanovsky, J.: „Persönlichkeitsstruktur und ‚Life events' bei Psoriatikern". *Aktuelle Dermatologie*, 7, 1981, S. 17-19.

Bolgert, M./ Poisson, M./ Soule, M.: „Le psoriasis est-il une psycho-deratose? *Ann. Dermat.*, 78, 1951, S. 273.

Bolgert, M. & Soule, M.: „Etude clinique et psychosomatique de 200 cas de psoriasis. *Semaines des Hôpitaux de Paris*, 31, 1955, S. 1251-1267.

Bosse, K. & Hünecke, P. (Hrsg.): Psychodynamik und Soziodynamik bei Hautkranken: Interdisziplinäre Arbeitstagung in Göttingen, April 1975. Göttingen, Zürich, 1975.

Braun-Falco, O./ Burg, G./ Farber, E.M.: „Psoriasis – Eine Fragebogenstudie bei 536 Patienten". *Münchener medizinische Wochenschrift*, 114 (23), 1972, S. 1105-1123.

Bremer-Schulte, M./ Cormane, R.H./ van Dijk, E./ Wuite, J.: „Gruppenbehandlung der Psoriasis nach der Duo-Formel. *Hautarzt*, 36 (11), 1985, S. 617-621.

Bremer-Schulte, M./ Cormane, R.H./ van Dijk, E./ Wuite, J.: „Group therapy of psoriasis. Duo-formula group treatment (DFGT) as an example. *J. Am. Acad. Dermat.*, 12 (1), 1985, S. 61-66.

Buckwalter, K.C.: „The influence of skin disorders on sexual expression". *Sex. & Disability*, 5 (2), 1982, S. 98-106.

Carmichael, M./ Stakler, L./ White, M.: „Alcohol intake of patients with psoriasis and dermatitis". *Health Bulletin* (Edinb.), 42 (5), 1984, S. 258-262.

Carter, T.N.: „The relationship of lithium carbonate to psoriasis". *Psychosomatics*, 13 (5), 1972, S. 325-327.

Dengrove, E.: „Emotional aspects of psoriasis". *Journal of the American Society for Psychosomatic Dentistry & Medicine*, 23 (4), 1976, S. 126-132.

Dudlettes, S.: „Defense mechanisms and stress responses of women with psoriasis". *Diss. Abstr. Intern.*, 48 (I-B), 1987, S. 262.

Epstein, K.N.: „The use of skin temperature biofeedback in the treatment of psoriasis". *Diss. Abstr. Intern.*, 40 (7-B), S. 3470-3471.

Farber, E.M./ Bright, R.D./ Nall, L.M.: „Psoriasis – A questionnaire survey of 2.144 patients". *Arch. Derm.*, 98, 1968, S. 248-259.

Farber, E.M. & Nall, N.L.: „The natural history of psoriasis in 5.600 patients". *Dermatologica*, 148, 1974, S. 1ff.

Fava, G.A./ Perini, G.I./ Santonastaso, P./ Fornasa, C.V.: „Life events and psychosocial distress in dermatologic disorders: Psoriasis, chronic urticaria, and fungal infections". *Br. J. Med. Psychol.*, 53, 1980, S. 277-282.

Frankel, F.H: & Misch, R.C.: „Hypnosis in a case of longstanding psoriasis in a person with character problems. International *Journal of Clinical and Experimental Hypnosis*, 21 (3), 1976, S. 121-130.

Fritsch, P.: „Dermatologie". Berlin, Heidelberg 1983[5].

Fritz, J: „Experimentelle Untersuchung der Aggressivität im offenen Verhalten von Psoriatikern". Unveröff. Diplomarbeit, Marburg 1983.

Gaston, L./ Lassonde, M./ Bernier-Buzzanga, J. et al.: „Psoriasis and stress: A prospective study". *Journal of the American Academy of Dermatology*, 17 (1), 1987, S. 82-86.

Ghadirian, A. & Lalinec-Michaud, M.: „Report of a patient with lithium related alopecia and psoriasis". *Journal of Clinical Psychiatry*, 47 (1), 1986, S. 212-213.

Giesler, U./ Ernst,R. & Fritz, J.: „Mein Schuppenpanzer schützt mich!" Persönlichkeitsbild und Körperbeschwerden bei Psoriasis- Patienten. *Zeitschrift für Hautkrankheiten*, 61 (8), 1986, S. 572-576.

Goertz, G.: „Psychologische Aspekte der Psoriasis". *Prosiasis*, 4, 1984, S. 692-693.

Goertz, G.: „Begleitende Psychotherapie bei Patienten mit chronischen Hauterkrankungen". *Deutsche Dermatologie*, 36 (3), 1988, S. 133-135.

Graham, D.T.: „The relation of psoriasis to attitude and to vascular reactions of the human skin". *J. Inv. Derm.*, 22, 1954, S. 379-387.

Harramach, E.: „Bewältigung der Psoriasis". *Unveröff. Diss.*, Wien, 1986.

Hardy, C.E. & Cotterill, J.A.: „A study of depression and obsessionality in dysmorphophobic and psoriatic patients". *Br. J. Psychiatry*, 140, 1982, S. 19-22.

Heber, W. & Kroenert, G.: „Psychisch provozierte Psoriasis vulgaris. *Therapiewoche*", 38, 1971, S. 2414-2415.

Hellgren, L.: „Psoriasis – A statistical, clinical and laboratory investigation of 255 psoriatics and matched healthy controls". *Acta derm.-venereol.*, 44, 1964, S. 191-207.

Huckenbeck-Gödecker, B.: „Verhaltenstraining für Psoriasispatienten". Errfahrungen innerhalb eines Forschungsprojekts in Bad Bentheim. *Psoriasis*, 50, 1986, S. 998-1005.

Huckenbeck-Gödecker, B.: Literaturrecherche: „Psychologische Psoriasisforschung", Hamburg, 1987.

Huckenbeck-Gödecker, B. & Schröpl, F.: „Verhaltenstraining für Psoriasis-Patienten – ein Beitrag zur Vorbeugung von Rezidiven?" Vortrag auf dem 14. Kongreß für Angewandte Psychologie des Berufsverbandes Deutscher Psychologen, Mainz, September 1987, veröffentlicht 1988.

Hünecke, P. & Bosse, K.: „Entstellung – Erleben und Verarbeitung der äußeren Erscheinung". In: Whitlock, F.A.: Psychophysiologische Aspekte bei Hautkrankheiten, Erlangen, 1980.

Hünecke, P. & Bosse, K.: „Über die Persönlichkeitsstruktur des Psoriatikers". Zur Möglichkeit und Notwendigkeit einer differentiellen Psychodiagnostik bei psychosomatischen Fragestellungen. *Zeitschrift für psychoanalytische Medizin und Psychoanalyse*, 31 (2), 1985, S. 105 – 117.

Hughes, H.H.; England, R. & Goldsmith, D.A.: „Biofeedback and psychotherapeutic treatment of psoriasis: A brief report. *Psychol. Rep.*, 48. 1981, S. 99 – 102.

Kickbusch, I. & Trojan, A.: „Gemeinsam sind wir stärker: Selbsthilfegruppen und Gesundheit", Frankfurt/Main, 1981.

Klauder, J.V.: „Psychogenic aspects of diseases of the skin", Arch. *Neurol. & Psychiatr.*, 33, 1935, S. 22 – 24.

Kline, M.V.: „Psoriasis and hypnotherapy: a case report." J. Clin. Exp. Hypn., 2, 1954, S. 318 – 322.

Koch, C.: „Fragebogen zur Abschätzung psychosomatischen Krankheitsgeschehens." Theoretische Grundlagen und Handlungsanweisung. Weinheim, 1981.

De Korte, J.: „Psychotherapeutische Möglichkeiten bei Psoriasis." *Akt. Dermatol.*, 3, 1982, S. 160 – 162.

De Korte, J. & Vintura, L.: „Training of non-professional helpers in psoriasis." Proceedings of the 13th European Conference on Psychosomatic Research 1980, S. 565 – 571.

Lamberg, S.; McGrae, R.; Schroeder, D.; Costa, P.: „Prospective study of psoriasis and psychological stress." *Clinical Research*, 9830 (2), 1982, S. 593.

Lazarus, R.S.: „Psychological stress and the coping process", New York, 1966.

Leuteritz, G. & Shimshoni, R.: „Psychotherapie bei Psoriasis – Ergebnisse am Toten Meer." *Zeitschrift für Hautkrankheiten*, 57 (21), 1982, S. 1612 – 1615.

Lomholt, G.: „Psoriasis: Prevalence, spontaneous course and genetics. G.E.C. GAD, Copenhagen, 1963, S. 119 – 136.

Lowe, N. & Ridgway, H.: „Generalized pustular psoriasis precipitated by lithium-carbonate." *Arch. Dermatol.*, 114 (2), 1978, S. 1788 – 1789.

Lyketsos, G.; Stratigos, J.; Tawil, G.; Psaras, M., .

Lyketsos, C.: „Hostile personality characteristics, dysthymic states and neurotic symptoms in urticaria, psoriasis and alopecia." *Psychotherapy & Psychosomatics*, 44 (3), 1985, S. 122 – 131.

Matussek, P.; Agerer, D. & Seibt, G.: *„Aggression in depressives and psoriatics. Psychother. & Psychosom.*, 43 (3), 1985, S. 120 – 125.

Medansky, R. & Handler, R.: „Dermatopsychosomatics: Classification, physiology, and therapeutic approaches". *Br. J. Derm.*, 5, 1981, S. 125 – 136.

Moeller, M.L.: „Selbsthilfegruppen: Selbstbehandlung und Selbsterkenntnis in eigenverantwortlichen Kleingruppen", Reinbek, 1978.

Molitor, P. & Seibt, G.: Zur Psychosomatik der Psoriasis: Affektivität und Konflikt:" *Zeitschrift für pschosomatische Medizin und Psychoanalyse*, 30 (3), 1984, S. 247 – 269.

Monk, B.E. & Neill, S.M.: Alcohol consumption and psoriasis." *Dermatologica*, 173 (2), 1986, S. 57 – 60.

Morse, R.; Perry, H. & Hurt, R.: „Alcoholism and psoriasis." Alcoholism: *Clinical & Experimental Research*, 9 (5), 1985,. S. 396 – 399.

Munjal, G.C.: „Psoriasis: A Preliminary report on its treatment with psychotherapy and certain drugs." *Transactions of the All-India Institute of Mental health*, 7, 1967, S. 16-24.

Paljan, D.; Kansky, A. & Cividini-Stranic, E.: „Psychosomatic factors influencing the course of psoriasis." *Acta Dermato- Venereologica*, 113, 1984, S. 121 – 122.

Pande, A.; Max, P. & Donnelly, R.: „Lithium associated with psoriasis," *J. Clin. Psychiatr.*, 47 (6), 1986, S. 330.

Pfitzner, R.: „Die Psychodynamik der Psoriasis vulgaris im Rorschach-Test." *Zeitschrift für psychosomatische Medizin*, 22, 1976, S. 190 – 192.

Polotebnoff, A.G.: „Psoriasis. Dermatologische Studien, Serien 2, 5, 39. Hamburg, Leipzig, 1891.

Ramsay, B. & O'Reagan, M.: „A survey of the social and psychological effects of psoriasis." *Br. J. Derm.*, 118, 1988, . S. 195 – 201.

Rechenberger, I.: „Zur Psychodynamik des Psoriasis-Kranken." *Aktuelle Dermatologie*, 8 1982, S. 157 – 159.

Ruggieri, V.; Milizia, M. & Angeli, F.: Reaction to cutaneous tickle an sexual pleasure bei normal and dermapathic subjects." *Perc. Mot. Skills*, 61, 1985, S. 903 – 910.

Savin, J. A.: „Patients' believes about psoriasis. *Transactions of the St. John's Hospital Dermatologic Society*, 5, 1970, . S. 139 – 142.

v. d. Schaar, W. W.: „Psychometric investigation in 48 dutch patients suffering from psoriasis." *Psychother. & Psychosom.*, 27 (3 – 6). 1976/77, S. 159 – 162.

Schröpl, F.: „Praktische Lebenshilfe für den Psoriatiker – Patientenführung in der dermatologischen Praxis". *Aktuelle Dermatologie*, 8. 1982, S. 170 – 172.

Schröpl, F. et al.: „Forschungsprojekt Thesop. Braunschweig", 1987.

Seville, R.H.: „Psoriasis and stress." *Br. J. Derm.*, 97, 1977, S. 297 – 302.

Seville, R.H.: „Psoriasis and stress II." *Br. J. Derm.*, 98, 1978, S. 151 – 153.

Shafii, M. & Shafii, S.L.: „Exploratory psychotherapy in the treatment of psoriasis. Twelve hundred years ago." *Arch. Gen. Psychiatr.*, 36, 1979, S. 1242 – 1245.

Silverman, P.R.: „Mutual help groups." In: *Herink*: The Psychotherapy Handbook. New York, London, Scarborough (Ontario), 1980, S. 403 – 406.

Simonton, O.C.; Matthews-Simonton, S. & Creiglton, J.: „Getting well again." New York, 1978.

Skott, A.; Mobacken, B. & Starkmark, J.: „Exacerbation of psoriasis during lithium treatment", *Br. J. Derm.*, 96 (4), 1977, S. 445 – 448.

Stangier, U., Eschstruth, J. & Gieler, U.: „Chronische Hautkrankheiten: Psychophysiologische Aspekte und Krankheitsbewältigung" *Verhaltenstherapie und psychosoziale Praxis*, 3, 1987, S. 349 – 368.

Steigleder, G.K.: „Dermatologie." Stuttgart, New York, 1987[5].

Susskind, W. & McGuire, R.J.: „The emotional factor in psoriasis." *Scot. Med. J.*, 4, 1959, S. 503 – 507.

„Symposion on the practical management of Psoriasis." *The Journal of Investigative Dermatology*, 4, 1941, S. 399 – 428.

Teegen, F.; Schur, K. & Schroeder- Battefeld, R.: „Kampf an der Kontaktgrenze." Erlebnisprozesse hautkranker Klienten im Gestalt-Dialog mit ihrem Symptom. *Integrative Therapie*, 7, (2-3) 1981, S. 214 – 234.

Vogel, P.: „Psychodynamische Aspekte der Psoriasis vulgaris." *Zeitschrift für psychosomatische Medizin und Psychoanalyse*, 22 (2), 1976, S. 177 – 189.

Vogel, P. & Beckmann, H.: „Psychotherapie und Psychopharmakotherapie in der Dermatologie. Psychotherapeutische Aspekte und Indikationsstellung." *Der Hautarzt*, 27, 1976, . S. 519 – 524.

Waxman, D.: Behaviour therapy of psoriasis with a hypnoanalytic and counter-conditioning technique." *Postgraduate Medical Journal*, 49 (574), 1973, S. 591 – 595..

Wittkower, E.: „Modern trends in dermatology." 1st series, edited by R.M.B. MacKenna. London, 1948.

Wittkower, E.: „Emotional factors in skin disease. New York, 1953.

VerfasserIn.

Dipl.-Psych. Bernd Huckenbeck-Gödecker
Knostweg 1
4514 Ostercappeln 2

Dipl.-Psych. Petra Knödel
Knostweg 1
4514 Ostercappeln 2

Psychologische Schmerzbewältigung zwischen Selbsthilfe und Therapie

Silke Eggerichs

Die Problematik chronischer Schmerzen ist seit dem Weltkongreß des Schmerzes im August 1987 in Hamburg zunehmend in das Interesse einer breiten Öffentlichkeit gerückt.

Man schätzt, daß in der Bundesrepublik Deutschland ca. 3 Mio. Menschen an chronischen, d. h. seit mindestens einem Jahr andauernden Schmerzen leiden. In der Schmerzbehandlung haben neben z. T. neueren medizinischen Methoden (vgl. dazu *Baar* 1987) die psychologischen Verfahren der Schmerzbewältigung zunehmend an Bedeutung gewonnen.

In diesem Artikel werde ich nach einer Einführung in das Arbeitsgebiet „Schmerz" und einem kurzen Überblick über die geläufigen psychologischen Konzepte und Arbeitsweisen in der Schmerztherapie meine Arbeitsweise und einige aus meiner Arbeit hervorgegangene Erkenntnisse und Erfahrungen darstellen. Das zugrundeliegende ‚Integrierte Konzept zur Schmerzbewältigung bei chronischen Polyarthritis' (*Eggerichs & Bunge* 1987) wurde im Rahmen eines Modellprojekts der Bundesregierung in der Rheuma-Liga Schleswig-Holstein entwickelt und erprobt (vgl. *Schade* 1987).

Seit zwei Jahren habe ich das Konzept auch in der Arbeit mit Kopf- und Rückenschmerzpatienten, als Anfangsbetreuung entsprechender Selbsthilfegruppen sowie als Workshopangebot für Menschen mit ganz verschiedenen Schmerzproblematiken angewendet. Dieser Artikel entstand als Folge des Workshops zu psychologischen Methoden der Schmerzbewältigung bei der Tagung „Psychosomatik und Selbsthilfe" im September 1988 in Düsseldorf.

Zur Definition des Schmerzes

Die Internationale Vereinigung zum Studium des Schmerzes hat den Schmerz definiert als „ein unangenehmes Sinnes- oder Gefühlserlebnis, das mit aktueller oder potentieller Gewebeschädigung verknüpft ist oder mit Begriffen einer solchen Schädigung beschrieben wird.“ Der letzte Teil dieser Definition macht deutlich, daß bei einer Schmerzwahrnehmung eine tatsächliche körperliche Verletzung nicht unbedingt vorhanden sein muß; in jedem Fall sind bei Schmerzempfindungen seelische-geistige Prozesse immer mitbeteiligt.

Die Gate-Control Theorie (*Melzack* & *Wall* 1965) bietet die Grundlage für ein solches umfassendes Verständnis des Schmerzes.

Zwei zentrale Annahmen dieser Theorie lauten nämlich:

1. Ein Nervenmechanismus im Rückenmark funktioniert wie ein Tor („Gate“). Durch absteigende Bahnen aus dem Großhirn können hier einlaufende Schmerzmeldungen aus der Peripherie entweder verstärkt oder gehemmt werden.
2. Im wesentlichen gibt es drei miteinander interagierende Dimensionen des Schmerzerlebens: eine sensorisch-diskriminative, eine emotional-motivationale und eine kognitiv-bewertende.

Mit der Hilfe dieser beiden Annahmen kann die Theorie erklären, daß ein vorhandener Schmerzreiz nicht automatisch zu einer Schmerzempfindung führt (z. B. ein Fußballer, der in einer spannenden Spielphase einen Tritt vors Schienbein bekommt und den Schmerz u. U. erst nach Ende des Spiels wahrnimmt) und daß es andererseits Schmerzen gibt, für die kein entsprechender Schmerzreiz aufgefunden werden kann.

Jedes Schmerzerlebnis resultiert nämlich einer komplexen Wechselwirkung aus Sinneseindrücken, Erfahrungen, Gefühlen sowie (gelernten) Einstellungen und Erfahrungen des Individuums. Das bedeutet auch, daß jede Schmerzerfahrung subjektiv und damit keiner ojektiven Meßmethode zugänglich ist. SchmerztherapeutInnen sind daher neben den verfügbaren diagnostischen Hilfsmitteln immer auch auf die verbalen Beschreibungen des jeweiligen Patienten bzw. der jeweiligen Patientin angewiesen.

Der physiologische Vorgang der Schmerzleitung ist insoweit geklärt, als wir heute wissen, daß ein Schmerzreiz über sog. Nociceptoren, d. h. auf Schmerzreize spezialisierte Nervenendungen, aufgenommen und über aufsteigende Nervenbahnen zum Zentralnervensystem weitergeleitet wird. Dort finden an mehreren Stellen Umschaltungen statt: im Rückenmark, im Zwischenhirn und schließlich in der Großhirnrinde. Durch absteigende schnelle Bahnen können von den höheren Hirnarealen blockierende oder verstärkende Signale auf das „Schmerztor" im Rückenmark ausgesandt werden.

Neben den skizzierten Nervenleitungsprozessen und eng mit diesen verknüpft, laufen neurochemische Prozesse ab, etwa die Freisetzung körpereigener Schmerzhemmer, der Endorphine und Enkephaline. In einer von der Deutschen Schmerzhilfe entwickelten Nomenklatur des Schmerzes (*Baar* 1987, S. 4 ff.) wird zwischen 1. akutem, d. h. bis zu einer Woche anhaltendem, 2. protrahiertem, d. h. ein bis vier Wochen dauerndem, 3. chronifiziertem, also bis zu einem Jahr anhaltendem und schließlich 4. chronischem, d. h. über ein Jahr andauerndem Schmerz unterschieden.

Psychologische Konzepte in der Schmerztherapie

Nach *Basler & Rehfisch* (1987) sind psychologische Maßnahmen der Schmerzbehandlung als Begleitung und Ergänzung medizinischer Behandlungsformen zu verstehen. Eine sorgfältige ärztliche Diagnostik sollte einer psychologischen Behandlung immer vorausgehen, um einer Verschleppung möglicherweise ernsthafter Symptome vorzubeugen. In der Regel sind psychologische Behandlungswege im Falle von chronifizierten oder chronischen Schmerzen in Erwägung zu ziehen.

Das übergeordnete Ziel psychologischer Behandlungskonzepte besteht darin, dem betroffenen Menschen Möglichkeiten einer zufriedenstellenden Lebensführung aufzuzeigen. Während es einzelne Erfolge im Sinne der Auflösung von Schmerzes durchaus gibt, liegt das Ziel für die meisten chronischen Schmerzpatientinnen- und patienten in einer Veränderung der Einstellung zum Schmerz, die häufig auch im Zusammenhang mit einer erreichten Schmerzlinderung erlebt wird. Wie in Arbeiten zur Streßforschung eindrucksvoll belegt werden konnte, spielt die Überzeugung, Kontrolle über die Bedrohung ausüben zu können, eine zentrale Rolle in der individuellen Streßbewältigung. Mangel an Kontrolle und Kontrollverlust führen hingegen zu Hilflosigkeit und Depression (*Seligmann* 1975). In verschiedenen psychosomatischen Studien mit chronischen SchmerzpatientInnen ergab sich eine hohe Korrelation zwischen Schmerzen und Depressionen.

Aufgrund dieser Zusammenhänge liegt den psychologischen Schmerzbewältigungsverfahren das Selbstkontrollkonzept zugrunde (*Larbig* 1982).

In einer Klassifikation psychologischer Konzepte in der Schmerztherapie sind im wesentlichen zwei Ansätze zu unterscheiden: die hypnotherapeutischen und verhaltenstherapeutischen Verfahren.

Hilgard & Hilgard (1975) nennen drei grundlegende in der Hypnotherapie angewendete Strategien:

1. die direkte Suggestion von Analgesie,
2. die Verschiebung der Schmerzerfahrung,
3. die Ablenkung der Aufmerksamkeit vom Schmerz.

An dieser Stelle sollen diese Strategien nicht weiter erläutert werden; ihre Bedeutung in der Schmerztherapie ist unumstritten und sie haben auch die verhaltenstherapeutischen Programme sowie das Konzept der Visualisierung in der Entspannung (*Simonton* et al. 1982) beeinflußt.

Verhaltenstherapeutische Programme, z. B. das Pain Inocculation Training (*Turk* 1979) sind als multimethodische Ansätze meist aus folgenden Elementen zusammengesetzt:

a) Entspannungstherapien (Autogenes Training, Progressive Relaxation u. a.) zielen darauf ab, den Teufelskreis aus Schmerz – Angst – Verspannung – vermehrter Schmerz usw. zu durchbrechen. Dabei wird die Aufmerksamkeit vom Schmerz weg auf angenehme Körperempfindungen gelenkt. Ein Zustand tiefer Entspannung ist durch das Vorherrschen von TetaWellen in der hirnelektronischen Aktivität mit Schmerzempfindungen nicht kompatibel.

b) Mit Biofeedbackverfahren wird die Kontrolle über vegetative Körperfunktionen angestrebt. Diese vegetativen Funktionen sind z. T. unmittelbar schmerzrelevant, z. B. kann bei Kopfschmerzen die Kontrolle über die Durchblutung der Schläfenarterie erlernt werden. Biofeedback eignet sich sehr gut als Einstieg in Entspannungsverfahren, der durch ein technisches Hilfsmittel erleichtert wird, insbesondere für Menschen, die nur eine geringe Sensibilität für Körpervorgänge mitbringen.

c) Kognitive Therapiestrategien zielen auf eine Veränderung der motivational-affektiven Seite von Schmerzen ab, indem in der Schmerzerfahrung auftretende Kognitionen bewußt gemacht oder verändert werden. Dazu gehören Fokussierungstechniken, die aus der Hypnotherapie übernommen wurden, Strategien zur Umlenkung der Aufmerksamkeit sowie Selbstinstruktionstrainings (vgl. dazu *Köhler* 1982).

d) Operante Therapieverfahren betrachten das Schmerzverhalten eines betroffenen Schmerzpatienten bzw. einer betroffenen Schmerzpatientin und seine Beeinflussung durch die Umwelt. Es wird eine Veränderung der Lern- und aufrechterhaltenden Bedingungen angestrebt durch die Erhöhung der körperlichen Aktivität eine Veränderung des Rhythmus der Medikamenteneinnahme (zeitkontingent statt schmerzkontingent) sowie die Förderung aktiver und schmerzinkompatibler Verhaltensweisen. Beispielsweise soll das Sprechen über Schmerzen nicht der wesentlichste Bestandteil der Kommunikation sein.

Die Kombination dieser Elemente zu einem verhaltenstherapeutischen Programm ist sicherlich sinnvoll, da jedes Element seine Berechtigung in der Schmerztherapie hat. Der Versuch, alle Elemente in einem 9 – 12teiligen Kurs zu vermitteln, bedeutet jedoch in vielen Fällen eine Überforderung der Patientinnen und Patienten. Darüber hinaus besteht die Gefahr, daß bei einer großen Zahl von Trainingselementen jedes einzelne nur unvollständig und oberflächlich behandelt wird und der Kurs zu einer im wesentlichen technisch orientierten Veranstaltung wird.

Schäfer (1983) kommt aufgrund einer diffentiellen Beurteilung der einzelnen Trainingselemente (in Anlehnung an das Pain-Inocculation Training von *Turk* 1979) durch seine KursteilnehmerInnen zu der Einschätzung, daß durch eine Reduzierung und dadurch stärkere Konzentration auf wenige Techniken ein größerer Trainingserfolg zu erwarten sei.

Ausgehend von diesem Ergebnis und unter Berücksichtigung des Konzepts der Visualisierung in der Entspannung (*Koopmann & Höder* 1983) wurde von uns das Integrierte Konzept zur Schmerzbewältigung bei chronischer Polyarthritis (*Eggerich* & *Bunge* 1987) erarbeitet, das ich im folgenden Abschnitt vorstelle.

Das Integrierte Konzept zur Schmerzbewältigung

Dieses Konzept wird seit 1985 in der Form von ambulanten Kursen im Rahmen der Rheuma-Liga Schleswig-Holstein und Hamburg angewendet. Jede der 10 Sitzungen, die ca. 1½ Stunden dauern, besteht aus einem Gesprächs- und einem Übungsteil.

Als Einstieg in die Entspannungsverfahren, die in der Studie von *Schäfer* (1983) als wirksamste Methode der psychologischen Schmerztherapie beurteilt werden, wählten wir die Methode der fortschreitenden Muskelentspannung nach *Jakobson* (1938), das als eine aktive Entspannungsmethode dem Bedürfnis vieler Patientinnen und Patienten nach direkter Einflußnahme entgegenkommt. Die Methode ermöglicht u.a. eine Sensibilisierung der differentiellen Wahrnehmung für Spannungs- und Entspannungszustände.

Ist dieses Ziel erreicht, wird zu einem passiven Entspannungsverfahren, der sog. „Reise durch den Körper" übergegangen, die vielen Kursteilnehmerinnen und -teilnehmern ein tieferes Entspannungserlebnis ermöglicht und die auch zur Vorbereitung und Einstimmung auf die nachfolgenden Visualisierungsübungen eingesetzt wird. Die geleitete Phantasie „Ort der Ruhe und der Kraft" (vgl. *Beitel* et al. 1983) eignet sich besonders als erste und einführende Visualisation, da die Vorstellung eines angenehmen, oft emotional sehr positiv besetzten Ortes erfahrungsgemäß für viele Menschen leicht zugänglich ist. Es schließt sich eine Vorstellungsübung an, die das Innere des Körpers betrifft: dabei wird eine wohltuende und belebende Flüssigkeit visualisiert, die die Muskeln lockern und die Gelenke reinigend und pflegend umspülen soll (vgl. *Koopmann* & *Höder* 1983).

Zusätzlich zu den Übungsphasen wird den TeilnehmerInnen in jeder Kurssitzung ausreichend Zeit für den Erfahrungsaustausch eingeräumt. Schwierigkeiten und Erfolge beim Einüben der gelernten Entspannungs- und Visualisierungsübungen werden patientenbezogen besprochen, um eventuell auftretende Blockierungen angemessen bearbeiten zu können.

Alltägliche Belastungen, die Streß erzeugen und oftmals in enger Beziehung zu den Schmerzen stehen, werden zur Sprache gebracht. Dem Gespräch unter gleichermaßen Betroffenen, das im Sinne einer Selbsthilfegruppe eine heilsame und entlastende Wirkung ausüben kann (vgl. *Möller* 1978), kommt dabei eine große Bedeutung zu. Individuelle Erfahrungen im Umgang mit Schmerzen werden im Gespräch dem Einzelnen bewußt und außerdem allen Kursteilnehmerinnen und -teilnehmern verfügbar gemacht.

Während mir zu Beginn meiner Arbeit mit chronischen SchmerzpatientInnen die verschiedenen Übungen der wichtigste Bestandteil des Kurses zu sein schienen, gewann durch die konkrete Arbeit und durch die Rückmeldungen der TeilnehmerInnen der Gesprächsanteil in meiner Einschätzung immer mehr an Bedeutung.

Im Gespräch mit den Kursleiterinnen und -leitern und innerhalb der Gruppe können Kontaktstörungen angesprochen und bearbeitet werden, die einem gesunden Verhältnis des schmerzkranken Menschen zu sich selbst und den Mitmenschen im Wege stehen.

In einigen Veröffentlichungen wurden Ergebnisse aus schmerztherapeutischen Untersuchungen veröffentlicht (s. *Köhler* 1982, *Basler* 1986, *Schade* 1987). Dabei handelt es sich um Daten aus Selbsteinschätzungsfragebogen, die trotz der Problematik der Subjektivität des Schmerzerlebens (s.o.) die Kriterien von Nachprüfbarkeit und statistischer Signifikanz erfüllen. Ich verzichte daher in diesem Artikel auf die Darstellung entsprechender Ergebnisse und konzentriere mich im folgenden Abschnitt auf einige mir besonders relevant erscheinende Prozesse, die ich während meiner Arbeit in Schmerzgruppen beobachtet bzw. an denen ich teilgenommen habe.

Erfahrungsprozesse in Schmerzbewältigungskursen

Die regelmäßige Teilnahme am Kurs ist für viele der überwiegend weiblichen (im Durchschnitt über 80 %) TeilnehmerInnen ein erster Schritt, um ihren eingefahrenen, durch Pflichten bestimmten Tagesablauf zu verändern. Sie tun mit der Kursteilnahme und der Durchführung der Entspannungs- bzw. Vorstellungsübungen zu Hause etwas für sich. Oft ist es erst das Ergebnis eines Lernprozesses, die Notwendigkeit von Ruhe und Rückzug gegenüber der Familie vertreten zu können. Die Bedeutung eines solchen Schrittes ist nicht zu unterschätzen, denn viele TeilnehmerInnen berichten, daß sie sich durch ihre Tätigkeiten in der Familie, im Haushalt und im Beruf überfordert fühlen. (Oftmals ist die Überforderung gerade durch eine Kombination von Tätigkeiten in allen Bereichen bedingt. Bisher war in jedem Kurs mindestens eine Person, die neben anderen Aufgaben auch einen pflegebedürftigen Angehörigen zu Hause betreute!)

Den Anforderungen aus Familie und Umwelt entspricht bei vielen der von Schmerzen betroffenen Personen selbst ein hoher Anspruch an die eigene Leistungsfähigkeit. Alters- und / oder krankheitsbedingte Leistungsgrenzen werden dabei mit der meist früh gelernten Strategie des „sich Zusammenreißens" immer wieder übergangen. Eine genaue Betrachtung des Ausdrucks „sich zusammenreißen" läßt deutlich werden, daß es sich dabei um eine anstrengende und schmerzhafte bzw. schmerzverursachende Gewohnheit handelt. Viele Menschen, die unter chronischen Schmerzen leiden, haben aufgrund der beschriebenen inneren Haltung ständige und meist unbemerkte Muskelverspannungen. Ein unwillkürlicher, fast reflexhaft ablaufender Kreislauf von Schmerzen, Angst und Muskelverkrampfungen trägt zur Verspannung der Muskulatur ebenfalls bei. Erst durch das Zusammenwirken von Muskelentspannungsübungen und die Bewußtmachung der inneren Haltung des Durchhaltens und „sich Zusammenreißens" ist es möglich, Veränderungsprozesse einzuleiten. Aus den Entspannungsübungen selbst werden sehr häufig angenehme und wohltuende Körpererfahrungen berichtet, was für die Motivation zur Durchführung der Übungen besonders wichtig ist. Für einige Menschen, die ihren Körper über Jahre hinweg als überwiegend schmerzend und vielleicht auch lästig empfunden haben, sind diese positiven Körpererfahrungen in der Entspannung von besonderer Bedeutung. Die Entwicklung eines positiven Selbstbildes wird durch solche Erfahrungen wesentlich unterstützt.

In diesem Zusammenhang wird in Schmerzbewältigungskursen oft die Frage der Berechtigung eines „gesunden Egoismus" thematisiert. Für viele ältere Menschen (durchschnittliches Alter der TeilnehmerInnen nach *Schade* 1987: 57 Jahre) ist dieser Begriff durch ihre zeitgenössische Sozialisation negativ besetzt. Hier gilt es, früh und unhinterfragt übernommene Regeln zu hinterfragen, die besagen, daß den Bedürfnissen und Anforderungen anderer sowie bestimmten Notwendigkeiten höchste Priorität zukomme, während es unsozial sei, an sich selbst zu denken. Die zum Kursbeginn eingeführte Gesprächsregel: „ich“ statt „man“ oder „wir“ aus der Themenzentrierten Interaktion (s. *Cohn* 1975) bietet eine Möglichkeit, diese Regeln zu konfrontieren und gleichzeitig einen ersten Anhaltspunkt, um die ungewohnte Form der Ich-Aussage einzuüben. Nach *Polster* & *Polster* ist „tatsächlich (...) jede Erfahrung, die das Gefühl des Menschen für das ‚Ich' verstärkt, ein wichtiger Schritt auf die Aufhebung der Introjektion zu.“

Ein weiterer wichtiger Ansatzpunkt in der psychologischen Schmerzbewältigung besteht darin, Schmerzen als Signale des Körpers begreifbar zu machen. Schmerzen können etwa auf aktuelle oder chronische Überforderung hinweisen, gewissermaßen als „Notbremse“ des Körpers oder darauf, daß unerlaubte oder unerwünschte Gefühle wie Wut, Ärger, Ressentiment, Trauer, Enttäuschung o.a. nicht ausgedrückt wurden. Viele TeilnehmerInnen entdecken durch das Gruppengespräch in diesem Bereich neue Zusammenhänge und beginnen nach Wegen zu suchen, um ihre spezifischen Körpersignale ernstzunehmen und ihre Gewohnheiten entsprechend zu verändern. Dabei geht es oft darum, persönliche Leistungsgrenzen akzeptieren zu lernen, was erst dann möglich ist, wenn um verlorengegangene Möglichkeiten und Fähigkeiten ausreichend getrauert wurde. Durch die Arbeit im Schmerzbewältigungskurs kann oftmals ein Zugang zu Gefühlen gefunden werden, die zuvor durch rastloses Tätigsein vermieden wurden.

In dem eingangs erwähnten Workshop zu psychologischen Methoden der Schmerzbewältigung in Düsseldorf spitzte sich die Gruppendiskussion in besonderer Weise auf die Frage zu, wann man einen Schmerz als Signal begreifen und ernstnehmen, wann vielleicht ihn eher ignorieren bzw. sich davon ablenken sollte. Hierbei wurde deutlich, daß es sich im Umgang mit Schmerzen oftmals um eine schwierige Gratwanderung zwischen Gelassenheit und Aufmerksamkeit, zwischen Akzeptanz ohne Resignation und der Suche nach Linderung, Heilung oder Veränderung handelt. Oftmals ist es gerade das Akzeptieren eines gegebenen Schmerzes, das zu einer Veränderung der Einstellung zu ihm führt. „Der Schmerz ist zwar noch da, aber er macht mir nicht mehr soviel aus." (Aussage eines Schmerzbetroffenen nach *Basler* 1986.)

Gruppeneffekte spielen in der psychologischen Schmerzbewältigung eine große Rolle. Die Erfahrung, in einer Gruppe, d. h. in einer kleinen Öffentlichkeit von sich zu sprechen und dabei aufmerksame Zuhörer zu finden, ist für viele Menschen neu und wirkt ichstärkend. Das Erlebnis, Verständnis bei gleich oder ähnlich Betroffenen zu finden bedeutet für viele Schmerzpatienten, die manchmal über viele Jahre ihre Schmerzerfahrungen für sich behalten haben, eine spürbare psychische Entlastung. Hier trägt das Gruppengespräch zur Angstbewältigung bei. Darüber hinaus findet in der Gruppe viel Modellernen statt, denn andere, von Schmerzen betroffene Menschen sind besonders glaubwürdige Modelle, vor allem dann, wenn sie als in der Krankheitsbewältigung fortgeschritten wahrgenommen werden (z. B. durch Gelassenheit, Zufriedenheit, das bestmögliche Ausnutzen verbliebener Fähigkeiten u.a.).

Durch das Mitteilen persönlicher Erfahrungen und Bewältigungsstrategien können andere GruppenteilnehmerInnen sowohl Anregungen als auch Erlaubnisse für bisher tabuisierte Verhaltensweisen bekommen (z. B. im Sinne des „gesunden Egoismus", eines als angenehm erlebten Wechsels von Tätigkeit und Entspannung, einer Veränderung von Leistungsnormen u.v.m.).

Abschließende Bemerkungen

Die oben beschriebenen Prozesse habe ich in erster Linie aufgrund meiner Erfahrungen in Schmerzbewältigungskursen beschrieben. Sie sind jedoch auch in einigen der kürzeren Workshops möglich gewesen. Beide Formen – Kurs und Workshop – sind zu kurz, um eine therapeutische Durcharbeitung der angesprochenen Thematiken zu erlauben. Es handelt sich ja auch nicht um ein ausgesprochen therapeutisches Angebot, sondern um eine Arbeitsform, die auf der Grenze liegt zwischen therapeutischer und pädagogischer Arbeit, die auch als Gesundheitserziehung verstanden werden kann. Ein Vorteil der beschriebenen Arbeitsweise und der organisatorischen Rahmenbedingungen liegt darin, daß viele Menschen, die unter chronischen Schmerzen leiden, erreicht werden können, und darunter sicherlich viele, die gegenüber einer Psychotherapie vermutlich starke Vorbehalte hätten. Für einige bedeutet die Teilnahme an einem Schmerzbewältigungskurs auch den Einstieg in eine weiter- und tiefergehende Bearbeitung ihrer individuellen Problematik in einer Psychotherapie.

Viele Menschen bekommen durch die Kursteilnahme Anstöße und Anregungen. Das vormals vielleicht als starr und unveränderlich erlebte Schmerzgeschehen kommt in Bewegung, persönliche Sichtweisen und Überzeugungen in bezug auf den Schmerz verändern sich und oft entsteht eine andere Einstellung zu sich selbst. Durch die Frustration von überhöhten Erwartungen an die gewünschte und gleichzeitig gefürchtete Zauberkraft von Psychotherapie (wie sie z. B. oft mit der Hypnose assoziiert wird), findet gleichzeitig eine Unterstützung der Selbstverantwortlichkeit von an Schmerzen leidenden Menschen statt und damit der Möglichkeit, den persönlichen Verhaltens- und Erlebnisspielraum Schritt für Schritt zu erweitern.

Das dargestellte pädagogisch-therapeutische Konzept zur psychologischen Schmerzbewältigung ist also Hilfe zur Selbsthilfe im besten Sinne. Dies zeigt sich auch daran, daß einige der Gruppen sich auch nach Abschluß des geleiteten Kurses weiter getroffen haben, um den vertrauensvollen Austausch miteinander fortzusetzen.

Verfasserin:
Silke Eggerichs
Hochrad 60
2000 Hamburg 52
Tel. 0 40/82 57 31

Literatur:

Baar, H.: „Schmerzbehandlung in Klinik und Praxis", Berlin, Heidelberg 1987

Basler, H.-D.: „Der Schmerz ist noch da, aber er macht nicht mehr soviel aus", *Mobil Heft* 5, 1986, S. 4-8

Basler, H.-D./ Rehfisch, H.P: „Was kann der Patient von einer psychologischen Behandlung des Schmerzes erwarten?", Marburg 1987 (Unveröffentlichtes Manuskript, Institut für medizin. Psychologie)

Beitel, E./ Krischat, W./ Niesel, W./ Schuhmacher, J: „Bochumer Gesundheitstraining", Bochum 1983 (Unveröffentlichtes Manuskript)

Hilgard, E.R./ Hilgard, J.: „Hypnosis in the relief of pain", Los Altos 1975

Jakobson, E.: „Progressive Relaxation", Chicago 1938

Köhler, H.: „Psychologische Schmerzbewältigung bei chronischer Polyarthritis", Tübingen 1982 (Unveröffentlichte Dissertation)

Koopmann, P./ Höder, J.: „Visualisierung in der Entspannung – eine hilfreiche Möglichkeit für rheumakranke Menschen", *Aktuelle Rheumatologie* 8, (1983, S. 29-33)

Larbig, W.: „Schmerz", Stuttgart, Berlin, Köln, Mainz 1982

Melzack, R./ Wall, P.D.: Pain Mechanismus: A New Theory. *Science*, 150, 1965, S. 971-979

Moeller, M.L.: „Selbsthilfegruppen", Reinbek 1978

Polster, E./ Polster, M.: „Gestalttherapie", München 1975

Schade, F.-D.: „Evaluation eines ambulant eingesetzten psychologischen Schmerzbewältigungstrainings für Kranke mit chronischer Polyarthritis", Kiel 1987 (Unveröffentlichter Zwischenbericht, Rheuma-Liga Schleswig-Holstein)

Schäfer, K.-H.: „Schmerzbewältigungstraining für Rheumakranke", Konstanz 1983 (Unveröffentlichtes Manuskript)

Seligman, M.E.P.: „Erlernte Hilflosigkeit", München 1979

Simonton, O.C./ Matthew-Simonton, S./ Craighton, I.: „Wieder gesund werden", Reinbek 1982

Turk, D.C.: „Cognitive Behavioral Techniques in the Management of Pain", In: *Foreyt, J.P./ Tathjen, D.P.* (Eds.): „Cognitive Behavior Therapy", New York, London 1978

Anleitung zu „wechselseitiger Hilfe"

Die Initiierung und Begleitung von Selbsthilfegruppen durch professionelle Helfer – Konzepte und Erfahrungen

Hilarion Petzold, Ralf Schobert, Andreas Schulz

1. Einleitung

In der vorliegenden Arbeit soll die Initiierung und Begleitung von Selbsthilfegruppen unter den Aspekten der Entwicklung unterschiedlicher Konzepte und der sich ändernden Rolle der professionellen Helfer diskutiert werden.

Die Konzepte entstanden dabei nicht nur aufgrund theoretischer Vorannahmen, sondern durch die Erfordernisse der Praxis. Die entwickelten Konzepte dienen als Diskussionsanstoß und sollen zu weiteren Experimenten bei der Begleitung von Selbsthilfegruppen anregen. Als Grundlagen dienen Erfahrungen, die in der Kontakt- und Informationsstelle für Selbsthilfegruppen in Düsseldorf gesammelt wurden.

Selbsthilfeinitiativen sind prinzipiell nichts Neues. Wir finden sie durch die Jahrhunderte. Immer wieder haben Menschen ihr eigenes Schicksal „in die Hand genommen", sich solidarisiert, zu Gemeinschaften zusammengeschlossen, um aus Notsituationen herauszufinden, sei es durch gemeinsame Arbeit oder gemeinsamen Kampf oder das Eintreten für eine Überzeugung, die sich eine Gruppe gewählt hatte und zu verwirklichen suchte.

In früheren Zeiten waren es meist religiös gebundene Gruppierungen – es sei nur auf die urchristlichen Kommunen verwiesen. Aber auch bei religiöser Motivation spielte der Aspekt der konkreten Hilfeleistung zur Linderung von Not in der Regel eine bedeutsame Rolle. Initiativen zur wechselseitigen Hilfeleistung sind so kennzeichnend für das menschliche Wesen wie die Initiativen zur wechselseitigen Destruktion: sie können deshalb als eine anthropologische Grundkonstante, als ein Kennzeichen des menschlichen Wesens angesehen werden.

Die Vorläufer der gegenwärtigen Selbsthilfebewegung sind vielfältiger Art, z. B. die Arbeitervereine des 19. Jahrhunderts, die anarchistischen Kommunen und Siedlungsexperimente – z. B. die ikarischen Kommunen des *Etienne Cabet* und die Phalanstères (von *phalange* und *monastère*) von *Charles Fourier* und *Victor Considerant*. Eine Vielzahl von politischen und lebensformerischen Initiativen nach dem 1. Weltkrieg, von den Arbeiterräten bis zu den Bruderhöfern oder zur Neulandbewegung könnte genannt werden. All dieses kann unter dem Begriff einer *„ersten Welle"* von Selbsthilfeinitiativen gesehen werden. Es handelt sich hier um Initiativen, die einen nur *geringen Grad von Organisiertheit* hatten. Gruppen, die wieder verschwanden und im wesentlichen Ausdruck einer Zeit, eines „Zeitgeists" (*Petzold* 1989 f) waren, die Wege boten, in denen sich die Bedürfnisse von Menschen in diesen spezifischen Lebenssituationen artikulieren konnten.

Manche Initiativen überdauerten auch und gewannen einen *höheren Grad von Organisiertheit*. Es seien hier nur die großen Abstinenzbünde, die Organisationen der Kriegsopfer- und Hinterbliebenen, die Behindertenverbände genannt, die zwischen den Weltkriegen beginnen und nach dem 2. Weltkrieg mit erneuten, intensiven Initiativen Großverbände mit einer differenzierten Infrastruktur aufbauten, wobei wiederum die *Betroffenen* Träger und Initiatoren waren, also von Selbsthilfeorganisationen zu sprechen ist. Wir bezeichnen dies als *„zweite Welle"* der Selbsthilfebewegung.

Neben diesen hochgradig organisierten Initiativen entstanden aber *immer wieder neue* mit geringem Organisationsniveau, kleineren Verbreitungsräumen und kurz- bis mittelfristiger Lebensdauer. Es seien in diesem Zusammenhang die Friedenskommunen genannt, die *Prof. Dr. Johannes Uhde, Hugo Petzold, Konrad Schmidt* u. a. in den 30ger Jahren in Österreich, Frankreich und Holland initierten und deren Zentrum Schloß Neustein in Österreich werden sollte – eine Initiative, die natürlich unter den aufziehenden Schatten des Dritten Reiches in Scheitern und Verfolgung endete.

Eine *„dritte Welle"* von Selbsthilfeaktivitäten setzt Ende der 60er Jahre ein – langsam erstarkend und Ende der 70er Jahre zu einer Bewegung anwachsend, die, was die *Breite und Vielfältigkeit gering organisierter Angebote* anbelangt, in den beiden ersten Wellen keine Vorläufer hatte. Selbsthilfe wird zu einer *„Breitenbewegung"*. Ihre

Kreativität liegt in ihrem *geringen Organisationsgrad*, ihrer Unterschiedlichkeit und damit ihrer Möglichkeit, auf die verschiedenen Bedürfnisse von kleinen Gruppen von Betroffenen adäquat und wirksam zu reagieren. Diese *„dritte Welle"* erfaßt das gesamte Spektrum von der Hilfe bei schweren Erkrankungen, der Bereitstellung psychosozialer Hilfeleistungen (z. B. bei Arbeitslosen), der Koordination alternativ-kultureller Interessen bis hin zu regionalen politischen Aktivitäten (Bürgerinitiativen). Im Bereich der Hilfeleistung und Gesundheitsförderung wird ein Grad von Differenziertheit erreicht, der auch für sehr kleine Problempopulationen Möglichkeiten bietet, und darin liegt die Stärke dieser neuen Bewegung.

Im Rahmen dieser *„dritten Welle"* zeichnen sich noch keine Makroorganisationen ab, und das gewährleistet Lebendigkeit. Es besteht eine zentrifugale Tendenz, bis hin zu einer Zersplittertheit, die auch Gefahren bietet: das Absterben vieler Initiativen. Deshalb ist es notwendig, daß sich *Netzwerke* bilden, Kristallisationspunkte, Leitstellen, Koordinationsbewegungen, um das lebendige, innovative Potential der Selbsthilfebewegung zu erhalten, zu fördern und auszubauen. Regionale Kontakt- und Beratungsstellen, Förderkreise, überregionale Koordinationsstellen und Informationsbörsen können hier wichtige Aufgaben erfüllen. Es wird nicht darum gehen, die Selbsthilfe zu verwalten, Makrostrukturen zu schaffen, insgesamt also den Weg der *„zweiten Welle"* zu gehen, dessen Problem immer wieder auch das der *Parentifizierung* und, daraus folgend, der Erstarrung und Petrifizierung ist. Vielmehr wird es darum gehen, die innovative Kraft der kleinen, *geringgradig organisierten* Gruppen zu stützen, ihre Möglichkeit auf sehr regionalisierte oder engumschriebene Bedürfnisse zu reagieren, ihre Fähigkeit, das Potential wechselseitiger Hilfeleistung spezifisch auszuschöpfen.

Die pluralistischen, hochkomplexen Gesellschaften mit ihrer Informationsfülle und Mobilität brauchen genau *diese Form* der Selbsthilfe.

Sie wäre in Großverbänden nicht gut aufgehoben. Es besteht u. E. deshalb insgesamt ein öffentliches Interesse, diese geringgradig organisierten Initiativen zu fördern und sie vor der *Verwaltung* zu schützen: durch Großverbände der Selbsthilfe, durch staatliche und halbstaatliche Koordinationsagenturen (Gesundheitsämter, Krankenkassen), durch psychosoziale Makrostrukturen (Spitzenverbände der Freien Wohlfahrtspflege), durch professionalisierte Hilfsagenturen (Kontakt- und Beratungsstellen mit ausschließlich professionellen Mitarbeitern und in Trägerschaften ohne maßgebliche Beteiligung der Selbsthilfeszene). All die genannten Institutionen sind sicherlich nützlich und wichtig, aber sie dürfen nicht die *Initiativen an der Basis* majorisieren. Sie haben es hier mit einer delikaten Situation zu tun, die in guter Weise gehandhabt werden muß und eine *Vielfalt von Modellen* erforderlich macht. Auf diesem Hintergrund sind auch unsere Initiativen zu sehen und unsere Versuche, Selbsthilfe kooperativ zwischen professionellen Helfern und Selbsthelfern zu entwickeln, – in der Trägerschaft eines innovativen Instituts und eines Fördervereins, in dem beide Gruppierungen gemeinsam arbeiten.

1.1 Überlegungen zum Hintergrund unserer Selbsthilfearbeit

Initiativen im Bereich der Selbsthilfe sind immer einer *„philosophy"* verpflichtet, einer expliziten oder impliziten Ideologie, und das ist gut so.

Selbsthilfe ist nicht wertneutral. Oft indes sind diese Hintergrundkonzepte vage, verdeckt oder sie werden nicht explizit gemacht. Das gilt sowohl für viele Selbsthilfeinitiativen und mehr noch für Initiativen psychosozialer Helfer, die im Selbsthilfebereich tätig werden: um der Selbsthilfe zu helfen (!), um Menschen in Not, Betroffenen bessere Angebote der Hilfe zu ermöglichen, um sinnvolle Kooperation zwischen professionellen und selbstgesteuerten Hilfsangeboten zu fördern, um ein neues Arbeitsfeld für sich zu finden, um politische Ideen zu verwirklichen – wie auch immer. Die Motivationen sind vielfältig.

Der Hintergrund für unsere Initiative sei kurz umrissen. Sie gründet in einer Wertschätzung der Fähigkeit des Menschen zu *„gemeinsamer Bewußtseinsarbeit"*, dem Glauben an seine Bereitschaft zur Hilfe in Notlagen und zur *„Wechselseitigen Hilfeleistung"* als Qualitäten, die allein zu einem humanen Miteinander in einer egoistischen und konkurrenten Welt führen können (*anthropologisches und politisches Moment*); sie gründet in der Überzeugung, daß die Kompetenz und Expertise der Betroffenen ein Potential ist, das in Maßnahmen psychosozialer Hilfe einbezogen, ja das beachtet werden muß; unsere Initiative will weiterhin zu einer besseren Kooperation zwischen professionellen „Helfern" und Selbsthelfern beitragen und die Möglichkeit der Selbsthilfe – wir sprechen lieber von *wechselseitiger Hilfe*, denn es soll ja nicht nur der Notleidende dem Armen helfen – an möglichst viele Menschen herantragen (*emanzipatorisches und sozial-kreatives Moment*); wir sehen schließlich unsere Arbeit als einen Beitrag, Menschen in Schwierigkeiten und Notlagen mehr und effektivere Möglichkeiten der Hilfe zu erschließen (*altruistisches, humanitäres Moment*).

Die Kontakt- und Informationsstelle für Selbsthilfegruppen wurde auf Anregung von *Hilarion Petzold* in der Trägerschaft des „Fritz Perls Institutes für Integrative Therapie, Gestalttherapie und Kreativitätsförderung" (FPI) eingerichtet, weil Gestalttherapie und Integrative Therapie einen spezifischen Bezug zum Selbsthilfegedanken haben und die Arbeit des FPI insbesondere im Bereich der Drogentherapie, Wohngemeinschafts- und Randgruppenarbeit stets Selbsthilfekonzepte aufgegriffen, verwandt und gefördert hat (*Petzold* 1965, 1974b,f; *Petzold/Vormann* 1980). In der „Integrativen Therapie" spielt der Hintergrund ihrer Begründer (*Petzold/Sieper* 1988a), ihre Verwurzelung in der russischen Tradition, eine nicht zu unterschätzende Rolle. Die Auseinandersetzung mit dem Werk *Kropotkins* (1977), seiner Annahme, einer grundsätzlichen Fähigkeit von Mensch und Tier zur *„wechselseitigen Hilfeleistung"* war genauso Quelle der Inspiration wie die „Philosophie des gemeinsamen Werkes" von *Fjodorof*, der den Gedanken propagierte, daß die Menschen, die Menschheit all ihre Kräfte sammeln müsse, um Leid, Elend und Krankheit Paroli zu bieten. Wenn alle ihre Kräfte zusammenschließen würden, vermöge die Menschheit allen Gefahren, ja dem Tod, zu trotzen.

Bedeutsam ist schließlich auch das Werk *Berdjajews*, seine „Philosophie des freien Geistes", sein Plädoyer für die Möglichkeit kreativen Schaffens, wodurch Knechtschaft überwunden und Freiheit gewonnen werden könne (*Spinka* 1950; *Köpcke-Duttler* 1982; *Petzold* 1971a, II).

Die „slavophile Schule" des russischen Denkens und der russische Anarchismus mit seinen sozialreformatorischen Experimenten (*Bakunin* 1873; *Kropotkin* 1885, 1902; *Tolstoy* 1980) haben im integrativen Ansatz von seinen Anfängen an ein soziales Egagement verankert.

Petzold berichtet in einem Interview (*Keller* 1976):

> „Der Gedanke der wechselseitigen Hilfeleistung des revolutionären Fürsten Pjotr Alexejewitsch Kropotkin wurde uns schon früh in Kindertagen als ethische Grundlage für altruistisches Handeln nahegebracht. Die Ideen von Leo Tolstoy und Maxim Gorki haben wir durch die Lektüre ihrer Werke „verschlungen". Diese Seite der russischen Tradition gewann für uns deshalb eine dreifache Faszination: eine sozialutopische, eine ethische und eine literarische. Es blieb die Beschäftigung mit diesem Thema aber nicht nur eine theoretische, sondern wir konnten die Selbsthilfegruppenarbeit miterleben, die Hugo und Irma Petzold, unsere Eltern, Anfang der 50er Jahre im Rahmen des von ihnen gegründeten „Arbeitskreises zur Abwehr von Suchtgefahren e. V.", Düsseldorf, initiierten: Gruppen von Alkoholikern mit ihren Angehörigen (Frauen, Schwestern, manchmal auch Kindern, ganze Familien), die sich teilweise in unserer Wohnung, teilweise rotierend in den Wohnungen der Gruppenmitglieder trafen.
>
> Die informelle Struktur dieser Gruppen, die gleichzeitig ein erstaunenswertes Hilfs- und Unterstützungspotential entwickelten, indem sie wechselseitige Hilfeleistung praktizierten, schufen ein Klima, eine Gemeinschaftserfahrung, die für uns sicher einen prägenden Eindruck hinterlassen hat.
>
> Die Gedanken Kropotkins und Tolstoys wurden uns als ein Lösungsweg hingestellt, der ein humanes Zusammenleben für Menschen ermöglichen könnte. Von diesen Ideen und dieser Praxis ist dann unsere eigene Arbeit als Jugendgruppenleiter in der Jugendbewegung beeinflußt worden, unsere erwachsenen-bildnerische Tätigkeit (Exchange-Learning-Prinzip) und schließlich sogar unsere spätere Praxis in der Gruppenpsychotherapie (Exchange-Helping-Prinzip), bis hin in die Konzipierung theoretischer Modelle."

Die von *Hugo* und *Irma Petzold* initiierten Selbsthilfegruppen für die Suchtkrankenarbeit wurden bewußt *neben* den etablierten Abstinenzverbänden aufgebaut (Guttempler, Blaues Kreuz, Kreuzbund, Weiße Schleife – obwohl mit der Weißen Schleife Kooperationen bestanden – Anonyme Alkoholiker hatten seinerzeit 1951 noch keinen Platz im deutschsprachigen Bereich). Die z. T. sehr starre Struktur oder die religiöse Bindung dieser Verbände boten nämlich für einen Teil der Betroffenen keine Zugangsmöglichkeiten. Die Gruppen für *„wechselseitige Hilfeleistung in Suchtgefahren"* (*Hugo Petzold* 1956) verwandten die *Kropotkin*-Ideen und zielten darauf ab, Betroffene und Angehörige unmittelbar zu aktivieren, ohne großen ideologischen Überbau, Gebote, Verhaltenskataloge und Vereinsstrukturen. Vielmehr sollten die Gruppenteilnehmer *ihre eigenen Quellen* entdecken und nutzen und vor allen Dingen für ihre jeweils spezifischen Probleme eine jeweils einmalige, neue Lösung hervorbringen.

> „Natürlich hat der Alkoholismus Seiten, die sich immer wieder als die gleiche Problematik darzustellen scheinen, doch beim näheren Betrachten stellen sich die Probleme auch immer wieder anders dar.
>
> Zwar gibt es Ähnlichkeiten, aber die Verschiedenheiten fallen ins Auge, ja, sind gewichtig. Ohne Zweifel sind die Erfahrungen, die in den Gruppen der Abstinenzverbände gesammelt wurden, wichtig, nur, sie gelten nicht für jeden, lassen sich nicht auf alle Alkoholiker, auf jede Alkoholikerfamilie anwenden.
>
> Und noch etwas: Erfahrungen können nur in begrenzter Weise übertragen werden, sie müssen g e m a c h t werden. Warnende Mahnungen fruchten wenig. Guter Rat wird häufig nicht befolgt. Die besten Vorerfahrungen entbinden nicht davon, daß jeder seine eigenen Erfahrungen machen muß.
>
> Die *wechselseitige Hilfeleistung in Suchtgefahren* sollte das Wissen und den Erfahrungsschatz von Menschen, die seit langem in dieser Arbeit stehen, nicht geringschätzen und nutzen, wo immer dies möglich ist.
>
> Wichtiger jedoch ist es, die eigene Situation gemeinsam anzuschauen und auf dieser Grundlage zu bestimmen, was Not tut. Die Erfahrung anderer birgt nämlich immer auch die Gefahr, daß die eigene Aktivität durch das blinde Übernehmen von Regeln gebremst wird. Probleme lassen sich nicht durch Regeln oder Gebote lösen sondern durch Wachheit, Klarsichtigkeit, Bereitschaft, gemeinsam dem Alkohol, der Trunksucht, der Spielleidenschaft entgegenzutreten. Es muß eine *neue Suche* beginnen, denn die Sucht sucht.
>
> Es muß eine neue Leidenschaft entfacht werden, die der Spielleidenschaft Paroli bieten kann: der leidenschaftliche Einsatz für den anderen Menschen, den Bruder, der in Not ist, der versklavt ist und den es zu befreien gilt. *Solche* Leidenschaft muß entfacht werden, und dieses Feuer muß genutzt werden, weil mit seiner Wärme die Anleitung zur wechselseitigen Hilfeleistung allein die Kraft und Glut erhält, den gigantischen, negativen Kräften der Sucht zu trotzen. Nur sie bringt die Fesseln zum schmelzen, die den an seine Sucht versklavten Menschen binden" (*Hugo Petzold* 1956).

Eine derartige Konzeption der Selbsthilfe als wechselseitige Hilfeleistung, die Menschen gänzlich auf ihre eigenen Möglichkeiten *miteinander* verweist und dem *Einzel*kampf genau so eine Absage erteilt wie der Bürokratie und Vereinsmeierei, muß darauf gerichtet sein, Gruppen zu initiieren, die ein *geringes Organisationsniveau* haben und sich bewußt auch für ein solches entscheiden.

> „*Wechselseitige Hilfe in Suchtgefahren* darf weder dazu führen, daß man sein Leben lang im Dunstkreis der Sucht steht, auch wenn man dann die Seiten gewechselt hat und ein ‚Ehemaliger' geworden ist, der dann in Abstinenzverbänden und Abstinenzgruppen neue Süchtige zu befreien versucht, bekehrt, ein Missionar wird. Sie darf auch nicht dazu führen, daß man, wenn man sich aus der Sucht mit Hilfe der anderen gelöst hat, seiner Wege geht und abstinent für sich lebt. Die Befreiung vom Alkohol durch wechselseitige Hilfe macht ja in überzeugender Weise deutlich, daß man zur Flasche gegriffen hatte, weil man keine Hilfe von Mitmenschen bekam, als man sie notwendig hatte. Deshalb müssen wir *mehr* leisten als die *Abstinenz*. Wir müssen entdecken, daß wir füreinander zu Helfern werden – in allen Bereichen des Lebens, denn nur so kann das *gute Leben* für alle in einer humanen Gesellschaft verwirklicht werden" (*Hugo Petzold* 1956).

Hier führt die wechselseitige Hilfeleistung als Prinzip über den Selbsthilfegedanken hinaus, der die Verantwortung und Initiative im wesentlichen an die Betroffenen verweist. Menschen, die in Not sind, die verletzt sind, beschädigt, geschwächt, sollen die Kraft finden, sich selbst helfen zu können – so der Appell der Kräftigen, der Gesunden, der Reichen, der Gesellschaft. Es ist gut, wenn das den Betroffenen gelingt. Aber dabei darf es nicht stehen bleiben.

Wir brauchen auch das Prinzip der *„konstruktiven Einmischung"*, der *„engagierten Verantwortung"* (*Petzold* 1978c) für die Integrität des anderen. *Betroffen* ist ja nicht nur, wer an einer unheilbaren Krankheit erkrankt ist, wer einen schweren Schicksalsschlag hinnehmen mußte, wer in eine Abhängigkeit geraten ist. *Betroffen* sind auch die Angehörigen – *Fatum-Familien* (*Petzold, von Schlippe* 1990) – und die Freunde eines solchen Menschen, und *betroffen* müßte *jeder* sein, der mit einem solchen Schicksal in Berührung kommt. Derartige Motivationen und Konzepte haben den integrativen Ansatz nachhaltig geprägt, und viele der entstandenen Projekte und Initiativen müssen vor diesem Hintergrund gesehen werden. So wurde von *Petzold* 1967 (idem 1969c) die erste therapeutische Wohngemeinschaft für Drogenabhängige *„Les Quatre Pas"*, Paris, im europäischen Raum gegründet. Er stand auch bei der Gründung der ersten Drogenwohngemeinschaften in Deutschland Anfang der siebziger Jahre Pate (*Vormann, Heckmann* 1980) und sein „Vierstufenmodell" (*four steps, quatre pas)* ist bis heute für viele WGs Leitlinie. Er gründete 1968 erste Wohngemeinschaften für alte Menschen und die erste „Panthères Grises"-Gruppe in Paris, 1971 die erste Alten-WG und „Graue-Panther"-Gruppe in Düsseldorf und arbeitete in Initiativen wie Erwitte mit (*Petzold* 1965, 1969c, 1980e; *Laschinsky, Petzold, Rienast* 1979). Hier wurden Erfahrungen gesammelt, die Grundlagen für eine Praxeologie bildeten, in der der Gedanke der *„wechselseitigen Hilfeleistung"* von *Kropotkin* umgesetzt wurde, der *immer vor* dem Selbsthilfegedanken stehen muß, wenn er wirksam werden soll. Dies geschah in einer Weise, daß in den Modellen der Wohngemeinschaftsarbeit und darüber hinaus der „psychologischen Gruppenarbeit", ja der Psychotherapie das Prinzip des *„Exchange Learnings – Exchange Helpings"* tragend wurde und bis heute selbst im spezifisch psychotherapeutischen Kontext Integrativer Gruppenarbeit unverzichtbarer Bestandteil des Procedere ist (*Petzold* 1988 d; *Petzold/Schneewind* 1986a). Es wurde diese gedankliche Linie durch den Kontakt mit dem Werk *Morenos* vertieft, der besonders in seinen frühen sozialpsychiatrischen Experimenten etwa im Flüchtlingslager in Mitterndorf 1917 oder im Wiener Prostituiertendistrikt am Spittelsberg 1915 Selbsthilfeinitiativen anstiftete (*Fox* 1988; *Moreno* 1988; *Petzold* 1984b). Bekanntlich hat die Integrative Therapie aus dem Werk *Morenos* wichtige Inspirationen erhalten. *Moreno* hatte als Grundprinzip seiner Gruppenpsychotherapie die Maxime vertreten: „that one man becomes the therapeutic agent of the other" (*Moreno* 1932) – Wechselseitigkeit des Helfens!

Schließlich ist die Gestalttherapie zu erwähnen, die gleichfalls vom integrativen Ansatz aufgenommen wurde. *Fritz Perls* (1980) war durch seine frühen Aktivitäten in den Arbeiter- und Soldatenräten nach dem 1. Weltkrieg und durch sein letztes richtungsweisendes Projekt des „Gestaltkibbuz" am Lake Cowichan in Kanada (*Petzold* 1984h; *Stevens* 1970), insbesondere aber durch seine Kontakte mit *Gustav Landauer (Sperber* 1986) und dessen Konzept einer

Gesellschaft als „Bund von Bünden, Gemeinschaft von Gemeinschaften" (*Landauer* 1977, 1978), den anarchistischen Selbsthilfeexperimenten verbunden. Hierzu kam seine Bewunderung für *Buber* (1950), einem Freund *Landauers*, mit seinen sozialutopischen Gedanken (*Petzold* 1984 h). Hauptgewährsmann ist jedoch *Paul Goodman*, auf den wir in unserer Orientierung an der Gestalttherapie für die Fundierung des Selbsthilfegedankens zurückgreifen. Leider ist dieser Teil gestalttherapeutischer Theorien- und Konzeptbildung und Praxis vom Hauptstrom der Gestalttherapie nicht aufgegriffen worden, so daß *Goodman* sich mehr und mehr aus der therapeutischen Arbeit zurückzog und sich in seinen letzten Lebensjahren ausschließlich seinen politischen und sozialen Aktivitäten im Bereich der Bürgerinitiative, Friedensbewegung und Selbsthilfe (*Goodman* 1962a; *Petzold* 1987f) widmete. *Goodman* selbst bezieht sich in seinem Selbsthilfeansatz klar auf die russische anarchistische Tradition, die sein Denken in ähnlicher Weise fundiert, wie sie *Petzolds* „Integrative Therapie" beeinflußt hat. In seinem berühmten „May pamphlet" vom Frühjahr 1945 formuliert er: „.. it never seemd to me that the slogans of the Marxians, nor even of Marx, lead towards fraternal socialism; rather they lead away from it. Bakunin was better, Kropotkin I agree with" (1945/1962, 34). Natürlich bezieht er sich immer wieder auf *Gandhi* (ibid. 42) und andere anarchistische Autoren, insbesondere der amerikanischen Tradition (*Cleyre* 1983).

Goodman war als Theoretiker und Praktiker bedeutsam, eben in dieser Verbindung von Reflexion und Handeln. Er initiierte alternative Schulprojekte (*street schools)* als Selbsthilfeinitiativen (*Goodman* 1975; *Dennison* 1969; *Avrich* 1984; *Blankertz* 1983), als Projekte gesellschaftlicher Innovation und gemeinschaftlicher Aktion gegen Entfremdung. Dabei spielte für ihn *Proudhons* (1849/1963) Kommunitätsgedanke, *Reichs* (1933) Analyse gesellschaftlicher Repression und vor allem *Kropotkins* Konzept des „mutual aid" (*Kropotkin* 1902; *Woodcock* 1971) eine große Rolle. Er ermutigte Bürger dazu, ihre eigene Sache in die Hand zu nehmen in freien Aktionen. *„Free action is to live in present society as though it were a natural society ... in spheres which are in fact free and natural, we exercises personal excellence and give mutual aid"* (Goodman 1945/1962, 11). *„Personal excellence and mutual aid"* sind *Goodmans* Zauberworte für gemeinsame Aktionen. Sie kennzeichnen sein Selbsthilfekonzept.

Wo wechselseitige Hilfe und Verwirklichung des eigenen Potentials in der Gemeinschaft nicht möglich ist, sieht *Goodman* Entfremdung. *„An unnatural convention is one that prevents the human power from becoming a living act" (ibid. 12).*

Für *Goodman* – und hier trifft er sich mit seinem Freund *Ivan Illich* – haben Selbsthilfeaktivitäten etwas Natürliches. Sie sind eine natürliche Form menschlichen Zusammenlebens in unentfremdeter Gesellschaft, und deswegen ist für die entfremdete Gesellschaft das Selbsthilfekonzept etwas Subversives, das entweder unterdrückt wird oder den Reparaturagenturen für beschädigtes Leben (Sozialarbeit, Psychotherapie, Heilpädagogik, Strafvollzug) einverleibt wird.

Und in der Tat steht die Selbsthilfebewegung heute wieder in dieser Gefahr, reduziert zu werden zu einer Notstrategie, die Betroffene gegen einen Zustand der *Unterversorgung (Gardner, Riessmann* 1977) ergreifen. *Goodman* stellt sich deshalb gegen eine sozialpsychologische Interpretation oder gar eine medizinische des Selbsthilfegedankens. „How different is the juridical equality of the social psychologists of ‚interpersonal relationships' from the creative unanimity and rivalry of revolutionary fraternity, brothers vie to excel individually, but catching fire from each other. They achieve what none of them had in him to do alone. It is not our social nature to go alone. It does not follow that one must conform to Society. It is enough to find-and-make a band, twohundred of like-minded, to know that oneself is sane though the rest of the city is batty" (*Goodman* 1945/62, 17). Dennoch operiert *Goodman* nicht außerhalb der Gesellschaft (*Roszack* 1971). Im Gegenteil. Er sieht die Gesellschaft, in der er lebt, als seine an: „The Society I live in is mine" (*Goodman* 1962b). Deshalb bedarf sie der Pflege, des Engagements, des engagierten Bürgers, der auch bereit ist, wenn notwendig, seiner „Pflicht zum Ungehorsam gegen den Staat" (*Thoreau* 1849) nachzukommen, nicht um ihn zu zerstören, sondern um seine Entfremdung zu beseitigen. „This is essential to show that we are not alienated from society – if not this society what society do we have? – but on the contrary, Society is alienated from itself. The ordinary man is baffled by social dilemmas; the free man must make social inventions that liberate strength" (*Goodman* 1945/1962, 41). Das Konzept der „brüderlichen Einigkeit" (*fraternal unanimity*), das für Selbsthilfegruppen leitend sein soll, ist für *Goodman* ein *politisches Konzept*, das dazu beitragen soll, die kalten Zeiten wärmer, das verdinglichende gesellschaftliche Klima wieder menschlich zu machen. Und hierbei hat er keine harmonistische Vision. Es geht um Zusammenarbeit, aber auch um das Austragen von Konflikten: „Fraternal unanimity is the social resolution of a natural conflict better than the ability, desire, or judgement of the seperate conflicting persons. For the most part unanimity is found not by relaxing but by sharpening the conflict, risking natural coercion, until the emergence of a new idea (I think it is preferable to define unanimity in terms of conflict and invention rather than in terms of the harmony of egos ...)" (*Goodman* 1945/1962, 44).

Wenn Selbsthilfegruppen ihre politische Funktion vergessen oder sich ihrer nicht bewußt sind, wenn sie sich nicht die Frage nach den *„Ursachen hinter den Ursachen"* (*Petzold* 1968 a, 1970c, 1989f, 1991c) stellen, nämlich warum sie in eine solche Not geraten sind, daß sie gezwungen waren, ihre Kräfte zusammenzuwerfen, um sich selbst zu helfen und darin neue Kraft zu finden, und warum ihnen als einzelne zuvor keine Hilfe oder nicht die richtige zuteil wurde, dann stehen sie in der Gefahr, lediglich die Situation der *Entfremdung* und Verdinglichung zu lindern, sie zu verschleiern, ja letztendlich dazu beizutragen, daß Selbsthilfe zur Entlastungsfunktion für eine entfremdete Gesellschaft wird, anstatt zu einem Beitrag, Entfremdung rückgängig zu machen, so daß wechselseitige Hilfe eine Sache *von allen* wird.

In Selbsthilfeaktivitäten fließen die Momente aktiver Hilfeleistung und Linderung von Not einerseits und des Schaffens eines mitmenschlichen, vom Intersubjektivitätsideal *(Gabriel Marcel)* getragenen gesellschaftlichen Bewußtseins andererseits in idealer Weise zusammen. Die Praxis von Selbsthilfe als „wechselseitiger Unterstützung" ist in sich schon ein konstitutiver Beitrag für eine bessere Gesellschaft, in der der einzelne und die Gemeinschaft sich in fruchtbarer Weise ergänzen.

Wenn Menschen auf einem solchen Hintergrund ihre Kräfte zusammentun, vermögen sie ihre Potentiale optimal zu entfalten und auch etwas zu erreichen: „When there is individual excellence and mutual aid, the result is exemplarity: models of achievement" (*Goodman* 1945/1962, 49). Derartige Überlegungen haben Konsequenzen bis hin in die Art wie *„mutual aiders"* (ibid.) in ihren Gruppen und

Aktivitäten miteinander umgehen und arbeiten. „The free man does not seek to influence groups but to act in the natural groups is essential to him – for most human action is the action of groups" (*Goodman* 1945/1962, 11).

1.2 *Exchange Learning, Exchange Helping, gemeinsame Bewußtseinsarbeit*

Der Hintergrund der „Integrativen Therapie" mit ihrer Anbindung an die im voranstehenden Abschnitt aufgezeigten Traditionen verlangt nach der Einbeziehung von Selbsthilfeinitiativen. So werden therapeutische Gruppen im spezifischen Sinne – etwa in der Gruppenpsychotherapie (*Petzold, Schneewind* 1986 a) – immer auch in bestimmten Aspekten *Selbsthilfegruppen* sein müssen, wenn sie dazu beitragen wollen, daß Menschen sich verselbständigen, soziale Netzwerke finden und mit aufbauen, in denen sie gesunden können, bzw. daß sie entfremdenden Einflüssen etwas entgegenzusetzen vermögen: zum Beispiel die *„gemeinsame Bewußtseinsarbeit"* (*Petzold* 1988a) der *„gesellschaftlichen Produktion von Unbewußtheit"* (*Erdheim* 1982). In der Gruppentherapie ist also nicht nur und überwiegend der Therapeut wichtig, in dessen Händen die Interventionskompetenz liegt, in dessen Übertragungsfeld Heilung geschieht, sondern auch das Miteinander der Gruppenteilnehmer, die über die spezifische Therapiesitzung hinausgehend an der Bewältigung ihrer Situationen und am *Gewinn eines neuen Bewußtseins und Selbstbewußtseins* arbeiten (*Petzold* 1988d). Auch hier wird eine Verbindung von *spezifischer* therapeutischer Aktivität und *allgemeiner* therapeutischer Aktivität (Förderung gesunder Lebensbedingungen, Kulturarbeit) angestrebt (*Petzold* 1987d). Zuweilen wird nach einer Zeit der gruppentherapeutischen Behandlung mit den Therapeuten die Therapiegruppe in eine *Selbsthilfegruppe* umgewandelt. Nach Abschluß der eigentlichen Therapie arbeitet die Gruppe oder ein Teil von ihr weiter miteinander im Sinne wechselseitiger Hilfeleistung zur Bewältigung von schweren Lebenssituationen oder im Sinne des Austausches, der wechselseitigen, inspirierenden Ko-respondenz (idem 1978 c). In bestimmten Problemsituationen müssen von vornherein Selbsthilfegruppen eingerichtet werden, weil abzusehen ist, daß professionelle therapeutische Hilfe nur eingeschränkte Möglichkeiten hat. Ein Beispiel mag die Behandlung von Alkoholikern im Rahmen einer freien therapeutischen Praxis (*Petzold* 1971b) sein: die Teilnahme an der vom Fachtherapeuten geleiteten Gruppentherapie erfordert gleichzeitig die Teilnahme an einer Selbsthilfegruppe, die in der gleichen Praxis angesiedelt ist oder die an eine der verschiedenen Selbsthilfeinitiativen im Bereich der Alkoholikerhilfe angebunden ist (AA, Guttempler etc.).

Oft werden Selbsthilfegruppen initiiert, wo die zeitlichen, ökonomischen und emotionale Ressourcen des professionellen Helfers an eine Grenze kommen. Wo immer wir auf dem Hintergrund der „Integrativen Therapie" in eine solche Situation kommen, ist es uns aber ein Anliegen, Selbsthilfeinitiativen so anzuregen und zu begleiten, daß sie nicht einseitig am Konzept der „defizitären Versorgung" (*Katz, Bender* 1976), auf das die meisten Veröffentlichungen zu Selbsthilfegruppen zurückgreifen, orientiert sind, sondern daß sie ihre Arbeit auch im Sinne von *Pjotr Kropotkin, Hugo Petzold* und *Paul Goodman* als einen Beitrag zu einer humaneren Gesellschaft verstehen durch die Praxis von wechselseitiger Hilfeleistung. In dem von *Petzold* (1965, 1983f) inaugurierten Konzept „Integrativer Selbsthilfe" wird die Bewältigung individuellen Leides und die Verbesserung kollektiver Lebensqualität in den Blick genommen. Die Selbsthilfegruppe bietet nicht nur die Möglichkeit, „ein gemeinsames Bedürfnis zu befriedigen, das von oder über soziale Institutionen nicht befriedigt werden kann" (*Katz, Bender* 1976), sondern auch die Möglichkeit, intersubjektive, zwischenmenschliche Praxis zu leben. Das Prinzip des *„mutual aid"* (*Kropotkin* 1902) wird über den Aspekt der Hilfeleistung ausgedehnt in den Bereich des *Lernens* herein.

Es geht hier nicht nur darum, Probleme zu lösen oder zu mindern, sondern darum, im Sinne eines *„erweiterten Gesundheitsbegriffs"* (*Petzold,* dieses Buch) miteinander zu *lernen,* Situationen zu verändern, Problemsituationen vorzubeugen, an der *„Humanisierung des Lebenszusammenhanges"* mitzuarbeiten. Die reparative therapeutische Ausrichtung wird damit durch eine *agogische* Ausrichtung praktisch erweitert. Das Prinzip des *„Exchange Learning und Exchange Helping"* wird als eine anthropologische Grundqualität gesehen. *Menschen können insgesamt nur existieren, wenn sie wechselseitig voneinander lernen und sich wechselseitig helfen.*

Dies ist mit Blick auf die Phylogenese wie auf die Ontogenese eine fundamentale Annahme, die Grundlage jedes freiheitlichen, demokratischen, *synarchischen* (idem 1990h) und sozial gerechten Staates ist. Wo immer diese wechselseitige Leistung beeinträchtigt oder zerstört wird, kommt es zu Situationen, die krank machen, die verdinglichen. Hier finden wir zumeist die Folgen von *Entfremdungsprozessen, die Wirkung der „Macht" (Focault* 1976, 1978) – beides geht mit einem beängstigenden Wachsen individueller und kollektiver Unbewußtheit einher (*Erdheim* 1982). Mit diesen skizzenhaften Ausführungen haben wir, so hoffen wir, eine Erklärungsgrundlage für unsere Form der Selbsthilfearbeit gegeben, die umfassender ist als der Rückgriff auf einen Zustand der *Unterversorgung (Gardner, Riesmann* 1977) und dem damit zusammenhängenden „Vertrauensschwund in die Experten" und umfassender als der Rückgriff auf einen Zustand der *Überversorgung* – ein Erklärungsansatz, den *Goodmans* Freund *Illich* (1978) heranzieht. Die Überversorgung beinhaltet eine Entmündigung der Bevölkerung, und Selbsthilfegruppen ergreifen hierzu in einer gegenläufigen Reaktion die Initiative.

All diese Motivationen mögen einfließen in Selbsthilfeaktivitäten, aber ohne den Grund des *„mutual aid"* hätten sie nur wenig Entfaltungsmöglichkeiten. Deshalb sind bei der Bildung von Selbsthilfegruppen zwar in der Regel ganz konkrete Notlagen – oder nicht notbedingte Bedürfnisse und Interessen – einer spezifischen Population vorhanden, ausschlaggebend aber ist ihre Fähigkeit, sich zu solidarisieren und zu kooperieren. Die Charakteristik derartiger Interessenlagen und die Ideologien der jeweiligen Populationen variieren.

Selbsthilfegruppen mit psychiatrischen Patienten (*Dörner* 1977; *Moeller* 1978) weisen andere Merkmale auf als feministische Selbsthilfegruppen (*Kickbusch* 1978), die **„Anonymen Alkoholiker"** (*Messing* 1979), Krebs-Selbsthilfegruppen (*Schafft* 1981) oder Initiativgruppen zur Friedensarbeit (*Petzold* 1986 a), zur Initiierung eines alternativen Schulprojektes oder in der Bildungsarbeit (idem 1985a).

Das Exchange-Learning- und Exchange-Helping-Modell, das letztlich an das Ko-respondenzmodell zurückgebunden ist (idem 1978c), bietet unseres Erachtens die Voraussetzung für jedwede Selbsthilfeaktivität.

„Wenn Menschen auf der Grundlage ihrer Fähigkeit, voneinander zu lernen und sich wechselseitig zu helfen, sich zusammenschließen mit dem Ziel, ihre Situation in gemeinsamer Bewußtseinsarbeit zu verstehen und dann auf der Basis eigener Ressourcen kooperierend und solidarisch zu verändern, können wir von einer *Selbsthilfegruppe* sprechen oder auch – wenn sie dabei Krankheit, Sucht und Leiden gemeinsam entgegentreten – von einer *therapeutischen Gemeinschaft*" (*Petzold* 1969 c).

Es wird in dieser Definition also nicht nur auf das Lösen von Problemen oder das Verändern pathogener Situationen, auf den Umgang mit Sucht oder schwerer Erkrankung abgestellt, sondern auch die Gründung einer alternativen Schule oder einer Öko-Kooperative kann hier eingeordnet werden. Es ist eine unnötige und nicht nützliche Begrenzung, Selbsthilfegruppen alleinig unter dem Aspekt einer „Notlösung" zu sehen (*Binder, Halves* 1980). Mit dieser Definition wird weiterhin vermieden, daß Selbsthilfegruppen anhand starrer Regelkataloge beurteilt werden, die sehr ideologieträchtig sein können (*Moeller* 1979). Die Mitarbeit von Experten in Selbsthilfegruppen oder die Professionalisierung von Teilnehmern an solchen Gruppen durch Weiterbildung zu Gruppenleitern müssen durchaus nicht als „schräge Entwicklungen" (*Moeller* 1978) gesehen werden, sondern können auch Ausdruck dafür sein, daß eine Selbsthilfegruppe ihre Ressourcen zu gebrauchen weiß, sich neue Ressourcen zu erschließen vermag oder das Prinzip der „wechselseitigen Hilfeleistung" über die Population der Betroffenen ausgedehnt hat und auch Experten auf dieser Dimension anspricht, nämlich in ihrer Mitmenschlichkeit.

Für die große Vielfalt der Selbsthilfegruppen in den verschiedensten Bereichen (*Itzwerth, Winkelvoos* 1980) bietet daher das Exchange-Learning-/Exchange-Helping-Konzept (*Petzold* 1965; *Laschinsky, Petzold, Rinast* 1979) eine gute Grundlage. Exchange-Learning geht davon aus, daß jeder Mensch einen Fundus an Wahrnehmungsfähigkeit, Lebenserfahrung und Wissen hat, den er in Begegnung und Auseinandersetzung, in Ko-respondenzprozessen also, einbringen und fruchtbar machen kann für eine *„gemeinsame Bewußtseinsarbeit"*, denn diese geschieht in Selbsthilfegruppen (*Petzold* 1988 d) und darin liegt vielleicht ihre größte Bedeutung. Voraussetzung hierfür ist allerdings, daß ein „Basiskonsens" vorhanden ist: Der Interaktionspartner wird in seiner *Würde und Integrität als Subjekt* ernst genommen (idem 1978c). Damit ist die Grundlage zu Konsensfindung, Konzeptbildung und Kooperation bereitgestellt. Der anthropologische, ideologische Hintergrund einer „Philosophie der Koexistenz" (idem 1980g) findet in den konkreten Interaktionsformen und Interaktionsregeln von derartigen „integrativ" vorgehenden Selbsthilfegruppen seinen Niederschlag. Diese Gruppen haben zum Ziel, *Entfremdung* aufzuheben durch gemeinsame Bewußtseinsarbeit, durch die Herstellung dialogischer Situationen, die Intersubjektivität bekräftigen und die „vier großen W's" der anarchistischen Tradition zu verwirklichen suchen: *Wachheit, Wertschätzung, Würde, Wurzeln* (idem 1991b).* Dazu müssen hierarchische Strukturen abgebaut und muß *Macht* partizipativ und *synarchisch* verwaltet werden, wie es für Selbsthilfegruppen kennzeichnend ist, die die „Chance der Begegnung" wahrnehmen (ibid., idem 1990h).

Exchange-Learning-/Exchange-Helping-Projekte werden von „professionellen" Helfern angestiftet oder von Menschen, die mit den Ideen der Integrativen Therapie oder den Konzepten von *Kropotkin, Landauer, Illich* oder *Goodman* in Kontakt gekommen sind.

Die Gründer vermitteln ideologische Zielvorgaben wie: Intersubjektivität/mitmenschliche Begegnung, Integrität/Würde, Wachheit, Freiheit/ Selbstbestimmtheit, Verantwortung für die Gewährleistung der Integrität von Menschen, Gruppen und Lebensräumen.

Sie führen die von *Petzold* (1969c) formulierten Arbeitsregeln für *„Exchange-Helper"* ein:

Hier und Jetzt – die Gruppeninteraktionen zentrieren auf das, was zwischen den Teilnehmern tatsächlich vorgeht: *direkte Kommunikation* – auf jede Äußerung soll unmittelbar und offen reagiert werden unter Verdeutlichung der emotionalen Beteiligung; *Konstruktiver Impuls* – die Kommunikationen sollen für die Lösung anstehender Probleme konstruktive Impulse setzen („Bringt uns diese Äußerung weiter?"); *konstruktive Einmischung* – wo die Integrität eines Menschen bedroht wird, ist es notwendig, einzutreten.

---

* Die frühe russische anarchistische Tradition war eine soziale Bewegung, die sich gegen Leibeigenschaft und Unterdrückung im absolutistisch-zaristischen Rußland entwickelt hat und darf nicht in Verbindung mit der heutigen „Anarcho-Szene" gesehen werden.

Folgende Grundregeln für wechselseitiges Lernen und Helfen werden in derartigen Selbsthilfegruppen zu Anfang vermittelt:

(1) Die Partner im Exchange-Learning/Exchange-Helping müssen eine wechselseitige Wertschätzung füreinander haben;
(2) sie müssen einander ernst nehmen und bewertende Haltungen vermeiden;
(3) sie müssen sich zu Regelmäßigkeit und Beständigkeit verpflichten;
(4) sie sollten ihre Grenzen wechselseitig respektieren;
(5) Geben und Nehmen sollten ausgeglichen sein;
(6) sie müssen den Mut und die Offenheit besitzen, Schwierigkeiten anzusprechen;
(7) sie müssen die Bereitschaft zu emotionaler Offenheit (*selfdisclosure)* entwickeln und Verschlossenheit (*cocealment)* vermeiden;
(8) sie müssen die Fähigkeit und Bereitschaft zu unkonventionellen Lösungen ausbilden;
(9) sie müssen systematisch nach den „Ursachen hinter den Ursachen" fragen;
(10) sie sollten sich Hilfe von anderen Exchange-Learnern oder Experten holen, wenn sie alleine nicht weiter oder miteinander zurechtkommen.

Diese letzte Regel öffnet die Möglichkeit, *„Netzwerke* wechselseitiger Hilfe" zu bilden und „informelle Experten" (erfahrene Leute aus anderen Selbsthilfegruppen) zu Rate zu ziehen, aber auch „formelle Experten", Menschen in psychosozialen Berufen als „ressource persons" einzuladen (*Petzold, Zander* 1983). Derartige Selbsthilfegruppen vertreten keine ideologisierten Positionen in der Frage der Beteiligung von „professionals". Sie gehen insgesamt vom Prinzip der *„joint competence"* aus (*Petzold, Lemke* 1980): Alle an der Situation Beteiligten werfen ihre Kompetenzen zusammen, um möglichst effektive Problemlösungen zu finden. Werden Kompetenzmängel erkennbar, die nicht ohne Rückgriff auf eigene Ressourcen beseitigt werden können, wird versucht, durch Konsultationen Kompetenzdefizite auszugleichen. Ziel integrativ arbeitender Selbsthilfegruppen nach dem Exchange-Learning-/Exchange-Helping-Prinzip ist engagierte *Ko-respondenz* zum Finden von *Konsens,* der zu Konzepten führt, die die Basis für konkrete *Kooperationen* bieten: Handeln miteinander und füreinander.

Es wurde im Voranstehenden der theoretische und konzeptuelle Hintergrund für die Selbsthilfearbeit im Rahmen des integrativen Ansatzes dargestellt. Konkretisiert hat sich dieses Konzept – wie schon erwähnt – in Wohngemeinschaftsprojekten und Initiativgruppen mit alten Menschen (*Petzold* 1980e, 1985 a; *Petzold, Stöckler* 1988), in der Einrichtung und Begleitung von therapeutischen Wohngemeinschaften und Aktionsgruppen für Drogenabhängige und dissoziale Jugendliche (*Petzold / Vormann* 1980) sowie in Wohngemeinschaftsprojekten für Drogenabhängige und Gefährdete der Dritten Welt (*Petzold* 1981 l, 1982 u, v).

Es war diese Ausrichtung auch der Impetus für die Einrichtung der *„Kontakt- und Beratungsstelle für Selbsthilfegruppen"* in Düsseldorf, aus der sich dann im Verlaufe der Arbeit die Initiativen für einen Förderverein und eine zentrale Kontaktstelle ergaben. Aus der Arbeit der Kontakt- und Beratungsstelle stammen die Erfahrungen und Materialien für die nachstehenden Ausführungen.

2. Selbsthilfegruppen und professionelle Helfer

Neben den politischen und bewußtseinsbildenen Dimensionen des Selbsthilfekonzeptes, die im vorausgegangenen Abschnitt spezifisch für unseren Ansatz aufgezeigt wurden, lassen sich Selbsthilfegruppen ganz allgemein nach *Moeller* (1981) als *freiwilliger Zusammenschluß von Menschen auffassen, die ein gemeinsames Problem auf der Basis der Eigenverantwortung ohne Leitung eines Fachmannes lösen wollen.* Im Gesundheitsbereich bezieht sich die Eigenverantwortung sowohl auf die Übernahme der Verantwortung für die Entstehung der Krankheiten (z. B. im Falle von psychosomatischen Störungen) als auch auf den Umgang mit einer primär nur medizinisch versorgbaren Krankheit (z. B. Diabetes, multiple Sklerose etc.). Weitere wichtige Merkmale sind die Solidarität der Betroffenen, die Selbstbestimmung, das Lernen durch die eigene Erfahrung und eigenes Erleben, Selbstentdeckung und Selbstergänzung (Persönlichkeitswachstum) und Autonomisierung (*Moeller* 1977). Das Fehlen der Hierarchie darf nur als ein bedingtes Moment angesehen werden, da die Abwesenheit professioneller Leitung Konflikte, die durch Macht- und Leitungsansprüche innerhalb der Selbsthilfegruppen entstehen können, nicht verhindert (*Trojan* 1986).

Im Bereich des Gesundheitswesens lassen sich die Selbsthilfegruppen als Ergänzung zum bestehenden Versorgungsangebot, aber auch als konstruktive Opposition am Rande des offiziellen Hilfsangebotes, als Alternative zur professionellen Hilfe oder als aktive Gegenbewegung verstehen (*Buchinger* 1981). Die Selbsthilfegruppen der Alkoholiker z. B. ergänzen in sinnvoller Weise die bestehenden ambulanten und stationären Therapieangebote, fungieren teilweise sogar als Motor für den Aufbau eines professionellen Versorgungsangebotes. Die Selbsthilfeorganisation „AIDS-Hilfe" ist ein weiteres Beispiel für die schnelle Reaktion der Betroffenen, die *vor* jeder offiziellen Reaktion ein relativ gut funktionierendes Versorgungssystem aufbauten.

Manche Selbsthilfegruppen stehen auch *neben* dem Versorgungssystem und lassen sich in ihrer Wirkweise nicht in Kategorien therapeutischen Denkens erfassen. Hierzu gehören altersspezifische Gruppen wie z. B. „Menschen um die Zwanzig", „Menschen um die Fünfzig", kleinere Gesprächsgruppen, in denen Menschen über ihre gemeinsamen Probleme miteinander reden, ohne eine Verbesserung ihrer gesundheitlichen Lage erzielen zu wollen.

Neben den kleineren Selbsthilfegruppen, informellen Gesprächskreisen und kleineren Initiativen existieren größere Selbsthilfeverbände oder Selbsthilfeorganisationen (Allergiker- und Astmatikerbund, Diabetikerbund, AIDS-Hilfe), die eine Vielzahl unterschiedlicher Aufgaben wahrnehmen, wie z. B. die Organisierung der Betroffenen, die Gründung und Betreuung von Selbsthilfegruppen, Gesundheitsaufklärung und politische Aktivitäten.

Trojan (1986) unterscheidet im Bereich des Gesundheitswesens zwischen:

1. „lebensbezogenen Gruppen", die sich wegen überwiegend seelischer oder sozialer Probleme zusammenfinden und
2. „krankheitsbezogenen Gruppen", die sich unter der Überschrift einer bestimmten Behinderung zusammentun.

R. Norwood (1986) hat in ihrem Buch „Wenn Frauen zu sehr lieben. Die heimliche Sucht gebraucht zu werden" auf den zentralen Punkt der Abhängigkeit in Beziehungen aufmerksam gemacht. Viele betroffene Frauen haben sich in der Folge zu „lebensbezogenen" Gruppen zu dem Thema zusammengefunden.

Moeller (1979) verweist auf folgende empirisch abgesicherten Ergebnisse über Selbsthilfegruppen. Diese Ergebnisse decken sich weitestgehend mit den Zielen, die sich die Selbsthilfegruppen selber gesteckt haben:

a) deutliche Abnahme von Depressivität,
b) Rückgang von körperlichen und seelischen Beschwerden,
c) Zunahme von Initiative und Autonomie,
d) deutliche Zunahme von Kontaktfähigkeit,
e) vermehrte Aufnahme intensiver Beziehungen zu anderen,
f) Zunahme der Bindungsfähigkeit,
g) erhöhte Bereitschaft zur Hilfe gegenüber anderen,
h) Erhöhung der psychosozialen Kompetenz zur Konfliktlösung.

Mowrer & Vattano (1977) betonen nicht so sehr den Aspekt der sozialen Kompetenz, sondern vielmehr die in den Selbsthilfegruppen geförderte Persönlichkeitsentwicklung. Sie sprechen in diesem Zusammenhang von „vermehrter Integrität".

Die Eingliederung in die Kategorien „Ergänzung der Gesundheitsversorgung" vs. „Opposition zum bestehenden Gesundheitssystem" (*Buchinger* 1981) läßt sich nicht nur auf Lücken und Mängel in der Gesundheitsversorgung zurückführen (*Badura & v. Ferber* 1981) („Struktureller Aspekt"), sondern spiegelt auch die Beziehung zwischen professionellen Helfern und Selbsthilfegruppen wieder („Beziehungsaspekt") (*Watzlawick* 1969). Neben strukturellen Mängeln kann die persönliche Enttäuschung (über einen bestimmten Arzt, wenig Zeit, Tabus, eigene Ängste) zu der Gründung einer Selbsthilfegruppe durch Betroffene führen, ohne daß ein strukturelles Defizit in der Gesundheitsversorgung besteht. Oft kommt es aber auch zu einer Überschneidung beider Bereiche.

Die Aufgaben einer mit professionellen Mitarbeitern besetzten Kontakt- und Informationsstelle für Selbsthilfegruppen, hier am Beispiel der vom „Fritz Perls Institut" gegründeten und getragenen Kontaktstelle Düsseldorf verdeutlicht, können folgendes umfassen:

a) Vermittlung von Selbsthilfegruppen an Betroffene,
b) telefonische und persönliche Beratung von Betroffenen,
c) Koordinierung von Gesamttreffen der Düsseldorfer Selbsthilfegruppen,

d) gemeinsame Durchführung von Workshops mit Selbsthilfegruppen,
e) Beratung von Selbsthilfegruppen,
f) Krisengespräche in Selbsthilfegruppen,
g) Gründung neuer Selbsthilfegruppen,
h) Aufbau von Netzwerken,
i) Know-How-Transfer zwischen Selbsthilfegruppen auf überregionaler Ebene,
j) Information und Beratung im Großraum Düsseldorf und angrenzenden ländlichen Gebieten,
k) Öffentlichkeitsarbeit und
l) Dokumentation.

Diese Tätigkeiten verlangen in einigen Bereichen Professionalität, in anderen ein hohes Maß an Experimentierfreudigkeit und der Bereitschaft zur persönlichen Auseinandersetzung mit sich und der beruflichen Rolle.

Bei der Gründung von Selbsthilfegruppen fungieren nach unseren Erfahrungen professionelle Helfer entweder als selbständige Initiatoren oder sie helfen Betroffenen bei der Gründung und Stabilisierung neuer Selbsthilfegruppen. Die Initiative basiert zumeist auf Anfragen von Interessenten zu Bereichen, in denen bislang keine Selbsthilfegruppen existierten. Bei den Selbsthilfegruppen handelt es sich zumeist um gesundheits-, lebens- oder krankheitsbezogene Gruppen. Bei unserer Kontakt- und Beratungsstelle haben wir einen besonderen Schwerpunkt bei Gruppen mit psychosomatischer oder rein medizinisch erklärbaren physischen Erkrankungen gesetzt. Die Aufgaben umfassen dabei organisatorische Angebote (Raumbeschaffung) und inhaltliche Aspekte (Stabilisierung der Gruppe), die eine Reflexion des Selbstverständnisses professioneller Helfer herausfordert.

Die Beziehung von professionellen Helfern und Selbsthilfegruppen ist aufgrund der inzwischen länger bestehenden Erfahrungen recht komplex. Sie können ein breites Spektrum von offener, teilweise gegenseitiger Abneigung über Toleranz bis hin zur gegenseitigen Akzeptanz und Kooperation zwischen autonomen Partnern einnehmen. An dieser Stelle können nur einige Aspekte genannt werden, eine umfassende Erörterung ist in diesem Rahmen nicht möglich.

Als Beispiel sei auf eine Erhebung von *Behrend, Denecke & Schorsch* (1981) verwiesen, die die Einstellung von professionellen Helfern zu Selbsthilfegruppen untersuchten. Dabei konnten sie folgende sicher nicht als erschöpfend gedachte Leitgedanken herausfiltern:

– *Zur positiven Wertung des Selbsthilfepotentials*

a) Akzeptieren der eigenen Grenzen und therapeutischen Möglichkeiten („Ich habe schließlich keine Ahnung, wie es ist, mit einem *Anus praeter* herumzulaufen.")
b) Akzeptieren der Stärke der Betroffenen („Mitgliedschaft in einer Selbsthilfegruppe bedeutet in der Lage zu sein, eigene Bedürfnisse zu artikulieren, Selbständigkeit, Freiheit für sich selber.")
c) Anerkennung der Kompetenz der Selbsthilfegruppen bei der Bewältigung sozialer Probleme und unheilbarer Krankheiten („Sterben ist ein Problem, bei dem ein Professioneller nicht weiter sein kann als ein Betroffener.")
d) Eingeständnis der eigenen Ohnmacht und Arbeitsüberlastung;
e) Anerkennen der beruflichen Entlastung durch Selbsthilfegruppen.

– *Zur skeptischen Wertung des Selbsthilfepotentials*

a) Zweifel an der Wirksamkeit der Selbsthilfegruppen;
b) die Notwendigkeit der professionellen Autorität,
c) die Angst vor Machtverlust,
d) den Mißbrauch der Patienten („Ich brauche die abhängigen Patienten – Es kommt mir vor wie ein Wunder, wie die MS-Gruppen laufen, irgendwie macht es mich unzufrieden. Ich dachte, es muß doch meine Macht sein.")

Die Aussagen weisen darauf hin, daß die Befragten die Reflexion der eigenen Rolle scheuten und daß sie die Macht, die ihnen die Rolle des Arztes/Helfers verleiht und die Abhängigkeit der Betroffenen zur Stabilisierung ihres eigenen Selbstwertes benötigten (*Willi* 1975). Die positiven Aussagen deuten auf ein hohes Maß eigener Autonomie hin.

Die Begleitung von Selbsthilfegruppen durch professionelle Helfer beinhaltet ein Paradoxon, das zur Auseinandersetzung zwingt. Neu durchdacht werden muß nicht nur das Verhältnis zu den „Klienten", sondern auch die *Rolle*, das Selbstverständnis als Experte. Zentral ist die Neudefinition der *beruflichen Identität*, die die

Versorgung der Klienten beinhaltete. Neben dieser gedanklichen Auseinandersetzung gilt es auch, eine neue Sprache zu finden, die die „Klienten" und „Patienten" als gleichberechtigte und autonome Partner bezeichnet. Das Umdenken muß sich in der Sprache niederschlagen.

Die Bereitschaft zum Machtverlust (*Behrend & Kegler* 1986) mag zwar ein wichtiger Punkt für die Interaktion zwischen professionellen Helfern und Selbsthilfegruppen sein, aber er bringt keine Klärung für die konkrete Umsetzung in der Praxis der Begleitung der Selbsthilfegruppen. Der Verzicht auf das Festhalten alter Muster der Helfer-Klienten-Beziehung bedeutet Verwirrung, ein Gefühl des Verlustes, das der professionelle Helfer erst wahrnehmen und akzeptieren muß.

Die Bandbreite der Reaktionen auf diese Verunsicherung umfaßt Reaktionen, deren extreme Pole sich als

1. Flucht in die Professionalität als Selbsthilfegruppen-Begleiter und
2. Flucht in den Verzicht auf jegliche Professionalität als Selbsthilfegruppen-Begleiter fassen lassen.

Die Flucht in die Professionalität birgt die Gefahr in sich:

a) die alten Muster der Helfer-Klienten-Beziehung unter neuem Namen weiterleben zu lassen (Begleitung verstanden als kurzzeitige Herstellung des üblichen Beziehungsmusters),
b) die Verantwortung für die Selbsthilfegruppen heimlich zu übernehmen (funktioniert die Gruppe, die ich begleitet habe? Gleichbedeutend mit: Kann ich meine Klienten heilen?)
c) die Verantwortung für die Versorgung der Selbsthilfegruppen zu übernehmen (Räume fraglos selber für die Selbsthilfegruppe suchen, Übernahme der Gesamtverantwortung für das Gelingen der Gesamttreffen, der Gesundheits- und Selbsthilfetage; Übernahme der Verantwortung der Eingliederung neu Vermittelter in die Selbsthilfegruppen u. a.m)
d) Kontrolle durch Übernahme von Supervisorenfunktionen (vgl. 3.3)
e) Expertentum durch denn Transfer therapeutischen Know-Hows und psychotherapeutischer Techniken zu kultivieren,
f) Klientelisierung und Parentifizierung zu bewirken.

Die Flucht in den Verzicht von Professionalität bedeutet im extremen Maße

1. Aufgabe der beruflichen Identität,
2. Fehlbewertung der Kompetenzen und Möglichkeiten der Selbsthilfegruppen,
3. eine massive Selbstabwertung und
4. Nivellierung unterschiedlicher Funktionen und Kompetenzen.

Bei unserer Arbeit in der Kontaktstelle und im Kontakt mit den Selbsthilfegruppen befinden wir uns in einer ständigen Auseinandersetzung mit unserer beruflichen Identität. Aufgrund der Ausbildung der Mitarbeiter (Diplom-Psychologen) versuchen wir einen Weg zu finden, Selbsthilfegruppen zu begleiten, ohne auf unsere Vorkenntnisse zu verzichten, aber auch ohne blind auf sie zurückzugreifen.

3. Differentielle Konzepte der Begleitung von Selbsthilfegruppen

Bei dem Versuch, verschiedene Prinzipien der „Hilfe zur Selbsthilfe", wie sie etwa im „Exchange-Learning"-Konzept von *Petzold* (1965, 1969 c) vorgegeben waren oder wie wir sie im Rahmen verhaltenstherapeutischer Gruppen (Selfmanagement-Methoden, *Kanfer & Phillips* 1975) kennengelernt haben und das Moment der Anerkennung der Eigenverantwortung des Klienten für seinen Wachstums- und Veränderungsprozeß (*Kopp* 1978)in *einem einzigen Konzept* der Begleitung von Selbsthilfegruppen zu verwirklichen, stießen wir sehr schnell auf Grenzen. Unsere Erfahrungen und die langsame Entwicklung differenzierter Konzepte zur Begleitung von Selbsthilfegruppen wurde aufgrund zahlreicher Anstöße durch Interessenten für Selbsthilfegruppen bereichert.

Im folgenden wollen wir (3.1.) die Beziehung zwischen professionellen Helfern und Selbsthilfegruppen thematisieren, weiterhin (3.2.) verschiedene Arten der Initiierung und Begleitung von Selbsthilfegruppen darstellen und (3.3.) als Spezialproblem die Frage der Supervision von Selbsthilfeinitiativen thematisieren. Schließlich wollen wir den Weg unserer beruflichen und persönlichen Entwicklung auf dem Hintergrund dieser Erfahrungen reflektieren. Dieser Prozeß ist bislang noch nicht abgeschlossen, und wir hoffen, daß wir für neue Entwicklungen und Anregungen offen bleiben.

Als Anregungen für das Feld der Selbsthilfe verstehen wir auch unsere eigenen, hier vorgetragenen Überlegungen.

3.1 Die zweifache Expertenschaft – professionelle Helfer und „Betroffene mit Erfahrung"

Von besonderer Bedeutung erscheint uns die differentielle Betrachtung der Beziehung zwischen professionellen Helfern und Selbsthilfegruppen als Gruppen von Betroffenen mit ihren spezifischen Erfahrungen (vgl. auch *Petzold*, dieses Buch). Da gibt es Situationen, in denen Kooperationen sinnvoll, förderlich, ja sogar notwendig sind. Dies betrifft z. B. die Zusammenarbeit von Selbsthilfegruppen mit Ärzten (z. B. bei Diabetes-Gruppen, Sklerodermitisgruppen, Krebs-Selbsthilfegruppen). Aufgrund der Schwere der Erkrankungen sind die Betroffenen ohnehin auf den Kontakt mit Ärzten angewiesen. Oft liegen die Probleme gerade in diesem Kontakt, z. B. was Abhängigkeit, Informationsverweigerung, Entmündigung bis hin zur Fehlbehandlung anbetrifft (*Brühlmann-Jecklin* 1987). Hier besteht die Aufgabe von Selbsthilfegruppen oft genug darin, Ärzte zu suchen und zu finden, die als Ansprechpartner offen sind und die es verstehen, mit Selbsthilfegruppen zu kooperieren, ja, ihre Möglichkeiten im Rahmen einer ganzheitlich ausgerichteten Behandlung zu nutzen. Über die Kooperation zwischen Ärzten und spezifischen Selbsthilfegruppen muß künftig, da das Rollenprofil des Arztes unter den professionellen Helfern, die mit Selbsthilfegruppen in Kontakt treten, am stärksten ausgeprägt ist, mit besonderer Aufmerksamkeit geforscht werden: einmal im Hinblick auf die bestehenden Mängel und Defizite, zum anderen aber auch im Hinblick auf die Möglichkeiten und Chancen der Kooperation.

Ein anderes Beispiel fruchtbarer Kooperation findet sich in der Zusammenarbeit mit Krankengymnasten, etwa bei Osteoporose-Gruppen, Rheuma-Gruppen, Coronar-Gruppen. Derartige Selbsthilfeinitiativen suchen sich „ihren" Krankengymnasten, einen professionellen Helfer, der bereit ist, über die oft knapp verschriebene Versorgung der Betroffenen mit ein paar Massagen oder Übungen hinaus mit Gruppen zu arbeiten, ihnen Anleitung zu geben, miteinander und im Alltag intensiver die Möglichkeit von Bewegung, Entspannung etc. zu nutzen. In dem Maße, wie Selbsthilfegruppen lernen, mit bestehenden Einrichtungen psychosozialer Hilfeleistungen zu kooperieren (Beratungsstellen, Ambulanzen, Krisenzentren, Krankenkassen), wird sich die Frage der Kooperation mit „Profis" (Ärzten, Psychologen, Sozialarbeitern, Krankengymnasten, Krankenschwestern, Rechtsanwälten, Sachbearbeitern etc.) vermehrt stellen.

Hier sehen wir einen besonderen Handlungsbedarf und eine besondere Aufgabe, für Kontakt- und Beratungsstellen, Hilfen zu geben, daß derartige Kontakte in fruchtbare Kooperationen münden, wobei es immer wieder Vorurteile auf beiden Seiten – der der Selbsthilfegruppen und der der professionellen Helfer – abzubauen gilt.

Grundvoraussetzung einer fruchtbaren Beziehung sehen wir wiederum im Prinzip des *„Exchange Learning"* und des *„Exchange Helping"*. Beide, die Aktiven in der Selbsthilfe und die professionellen Helfer, müssen anerkennen, daß es eine *zweifache Expertenschaft* (vgl. *Petzold*, dieses Buch) gibt: die der Betroffenen und die der „Profis". Ein an Sklerodermitis Erkrankter wird im Verlaufe seiner Erkrankung mehr über dieses Krankheitsbild lernen und wissen als mancher niedergelassene Arzt. Betroffene machen mit ihrer Krankheit Erfahrungen „am eigenen Leibe", nehmen wahr, wie sie Medikationen, Dosierungen, Medikamentenkombinationen vertragen bzw. nicht vertragen. Die Betroffenen werden Experten im Umgang mit ihrer Krankheit, und sie verfügen insbesondere über ein Wissen, wie sich das Leiden in *konkreten Alltagssituationen*, bei physischen und psychischen Belastungen, im sozialen Miteinander usw. auswirkt, ein Wissen, über das die meisten Mediziner oder Psychologen nicht oder nur unzureichend verfügen. Durch den Austausch in Selbsthilfegruppen wird diese Expertise noch wesentlich erhöht, denn es entsteht ein „body of knowledge", *allgemeiner* praktisch-medizinischer Erfahrungen, sozialmedizinischen und psychosozialen Wissens, das für die *spezifische* medizinische Behandlung eine hohe Bedeutung haben könnte, was die Chancen der Gesundung, den

Verlauf der Krankheit, den Umgang mit chronischen Leiden anbelangt, wenn es von den Ärzten, Psychotherapeuten, Medizinalfachberufen kooperativ genutzt würde.

Andererseits wird es auf Seiten der Selbsthilfegruppen notwendig werden, immer wieder die aufgrund mangelnder Hilfeleistung oder gar schlechter Behandlung entstandenen Meinungsbilder zu hinterfragen, sie „flüssig" zu halten, damit sie nicht zu Vorurteilen gerinnen. Nur so kann die Expertise professioneller Hilfe auch für den Selbsthilfebereich fruchtbar gemacht werden.

Es muß die Bereitschaft gefördert werden, auf der Grundlage des Anerkennens, der zweifachen Expertenschaft in Prozesse des *„Exchange Learning"* einzutreten. Neben wichtigen fachlichen Aspekten könnten die „Profis" von den Selbsthilfegruppen auch noch vieles im Hinblick auf zwischenmenschlichen Umgang, Engagement und Solidarität lernen, was ihre berufliche und personale Kompetenz oft sehr erweitern würde.

Aus dem *„Exchange Learning"* könnte sich so in sehr konkreter Weise eine *„wechselseitige Hilfeleistung"* entwickeln.

3.2 Initiierung und Begleitung von Selbsthilfegruppen – Konzepte und Erfahrungen

Wittern (1987) weist im wesentlichen auf zwei Arten der Initiierung von Selbsthilfegruppen hin. Zum einen können Selbsthilfegesprächsgruppen aus einer längerfristigen Gesprächsgruppe (*Tausch* 1981) entstehen, zum anderen werden in bestimmten Fällen verschiedene Formen der Kurztherapie als Start- und Stabilisierungshilfe verwendet. *Daum & Matzat* (1981) weisen auf Einzelgespräche als Starthilfe hin; diese sind unserer Erfahrung nach aber eher dem Bereich einer differenzierten Beratung (Selbsthilfe oder Therapie) und dem Bereich der Motivierung zuzuordnen. *Petzold* (1983 f, 416 ff) hat für die Initiierung von Selbsthilfegruppen ein *strategisches Modell* entworfen, das insbesondere bei der Zielgruppe alter Menschen erprobt worden ist. Es unterscheidet vier Phasen: *Initiierungsphase, Anlaufphase, Funktionsphase, Transfer- bzw. Seminationsphase.*

I. Initiierungsphase

In ihr wird das Projekt geplant, die Zielgruppe angesprochen und motiviert, wobei Einzel- und Gruppengespräche als Fokalinterventionen eingesetzt werden. Die Gruppensitzungen der Initiierungsphase werden von Psycho- bzw. Soziotherapeuten geleitet, die das Exchange-Learning/Exchange-Helping-Modell vorstellen, mit dem dann die zunächst angeleiteten Gruppen in die ohne professionellen Leiter arbeitenden Gruppen übergehen.

II. Anlauf- und Begleitungsphase

In dieser Phase arbeiten die Selbsthilfegruppen weitgehend selbständig. Sie werden turnusmäßig von einem professionellen Soziotherapeuten begleitet und beraten. Meistens ergeben sich Schwierigkeiten in der Regulierung der Gruppendynamik, in der Anwendung der Exchange-Learning-/Exchange-Helping-Prinzipien. Es ist eine gewisse Fluktuation der Teilnehmer gegeben.

Konsolidiert sich die Situation, so tritt man in die Funktionsphase ein.

III. Funktionsphase

In dieser läuft die Gruppe relativ stabil und wird nur noch gelegentlich auf eigenen Wunsch beraten. Sie verfügt über ein lebendiges Potential an Aktivität und kann die anstehenden Aufgaben, z. B. die Problemsituationen der einzelnen Gruppenmitglieder und die Prozesse innerhalb der Gruppe, selbst effektiv handhaben.

IV. Transfer- oder Seminationsphase

In der Transfer- oder Seminationsphase ist die Gruppe so kräftig und erfahren, daß sie über ihren Rahmen hinaus gehen kann, Initiativen in das Außenfeld trägt, z. B. Öffentlichkeitsarbeit unternimmt oder die Bildung neuer Selbsthifegruppen im Bereich der eigenen Population betreibt (*Petzold* 1983f, 416).

Ein solches Modell ist auf verschiedene Selbsthilfekontexe gut zu übertragen. Dennoch wollen wir betonen, daß ein *uniformes* Initiierungsmodell nicht zu empfehlen ist. Vielmehr muß die jeweilige

Situation geprüft werden, um dieses oder andere Initiierungsmodelle an sie zu adaptieren. Vielfach wird es auch notwendig werden, den spezifischen Bedürfnissen der jeweiligen Selbsthilfegruppe oder den Erfordernissen der Situation, für die Selbsthilfe initiiert werden soll, entsprechend ein neues Modell zu entwerfen. Das Konzept der *strategischen Initiierung* von *Petzold* bietet hierfür eine gute Leitlinie.

Unsere Erfahrungen der Initiierung und Begleitung von Selbsthilfegruppen beziehen sich nicht nur allein auf die Tätigkeit in der Kontaktstelle, sondern auch auf kooperative Formen der Zusammenarbeit mit anderen Wohlfahrtsverbänden.

Aus unseren Erfahrungen seien beispielhaft herausgegriffen und kurz dargestellt:

1. Begleitung einer längerfristigen Gruppe mit Angehörigen von Alkohol- und Medikamentenabhängigen
2. Begleitung einer Gesprächsgruppe zum Thema „Trennung“,
3. Vorschaltung einer therapeutisch strukturierten Phase bei der Begleitung einer Gruppe von depressiven Menschen,
4. kurzfristige Begleitung der Gruppe „Wenn Frauen zu sehr lieben“,
5. Versuch des Aufbaus einer Gruppe für heterosexuelle HIV-positive Menschen in der AIDS-Hilfe Düsseldorf,
6. die Unterstützung für eine Selbsthilfegruppe alter Menschen.

In der folgenden Darstellung werden wir uns auf die Art der Begleitung und die Reaktion der Gruppen zentrieren.

3.2.1. *Begleitung einer Gruppe mit Angehörigen von Alkohol- und Medikamentenabhängigen*

Die Fachambulanz Düsseldorf führt in regelmäßigen Abständen Gesprächsgruppen mit den Angehörigen von Alkohol- und Medikamentenabhängigen durch. Aus konzeptionellen Gründen sind hierbei die Angehörigen von abhängigen Spielern ausgeschlossen. Für diese wird z. Zt. eine gesonderte Selbsthilfegruppe geplant.

Im Juli 1987 wurde eine Angehörigengruppe unter der Leitung der Therapeutischen Leiterin der Fachambulanz und einem Mitarbeiter der Kontaktstelle begonnen. Die Gruppe umfaßte 14 Teilnehmer.

Nach einer Stabilisierungsphase von 6 Wochen mußten sich die Teilnehmer zu einer kontinuierlichen Mitarbeit entschließen. Von diesem Zeitpunkt an wurde die Gruppe als geschlossen betrachtet. Nach einer Begleitung von 6 Monaten sollten die Teilnehmer ohne professionelle Begleitung als Freundeskreis weiterbestehen. In Anlehnung an *Buchinger* (1981) können die Freundeskreise als Selbsthilfegruppen als Ergänzung der bestehenden Gesundheitsförderung angesehen werden.

Im Gegensatz zu Therapiegruppen, die im Suchtbereich sehr strukturiert sein können, wurde den Teilnehmern nach Ablauf der Stabilisierungsphase die Initiative zur Besprechung der persönlichen Probleme vollständig überlassen. Von Seiten der Begleiter wurden dabei kaum oder fast keine Lösungsvorschläge unterbreitet. Ziel war die Förderung der gegenseitigen persönlichen Offenheit (*self disclosure)* und der heilenden „therapeutischen" Fähigkeiten der Teilnehmer. Durch die weitestgehende Zurückhaltung der Begleiter wurde versucht, einer Abhängigkeit der Gruppenmitglieder vorzubeugen.

Zur Förderung der Selbstöffnung wurden für den Verlauf der halbjährigen Begleitungsphase drei Intensivtage geplant, von denen bislang einer durchgeführt wurde. Während dieses Intensivtages reflektierten die Teilnehmer anhand von selbstgemalten Bildern ihre Lebensgeschichte (vgl. *Petzold, Heinl, Fallenstein* 1983).

Obwohl die Gruppe während ihrer erste Phase als professionell begleitete Gruppe verstanden wurde, akzeptierten die Teilnehmer sehr schnell die Verantwortung für sich selber und die Zurückhaltung der Begleiter. Zum jetzigen Zeitpunkt kann die Gruppenkohäsion als sehr hoch bezeichnet werden. An der Weiterführung der Gruppe in eigener Regie nach Beendigung der Begleitungsphase sind die Teilnehmer sehr interessiert.

3.2.2. *Begleitung einer Gesprächsgruppe zum Thema „Trennung"*

Gemeinsam boten die Kontaktstelle und die Diakonie eine Gesprächsgruppe zum Thema „Trennung" an. Im Verlauf einer Begleitungsphase von 6 Monaten sollten sich die Teilnehmer mit ihrer Beziehungsgeschichte, ihren Gefühlen und ihren Wünschen für die persönliche Zukunft auseinandersetzen. Ziel der Gruppe sollte die

Befähigung eines jeden sein, zu lernen, neue, eigene und selbstbestimmte Wege zu gehen und sich innerhalb der Gruppe gegenseitig zu unterstützen. Die Begleitung umfaßte die

1. Förderung der Gesprächsbereitschaft und der Gruppenkohäsion,
2. Metarückmeldungen über die Gruppe und gelegentlich zu einzelnen Teilnehmern,
3. vereinzelte therapeutische Interventionen (Widerspiegelung der Gefühle, psychodramatisches Rollenspiel). Einige der Teilnehmer waren in einem sehr hohen Maße in ihrer alten Beziehung und ihrer Trauer über die Beendigung dieser Beziehung durch den ehemaligen Partner gefangen, so daß die Begleiter in einem höheren Maße als geplant gesprächstherapeutisch intervenierten. Im Verlauf der Begleitungsphase reagierten einige Teilnehmer ängstlich bei der Diskussion über die Weiterführung der Gruppe in eigener Regie. Die Gruppenteilnehmer wollten die Zeit der Begleitung zur weiteren persönlichen Stabilisierung nützen. Gegen Ende der Begleitungsphase stellte sich heraus, daß nicht alle Teilnehmer an der Weiterführung der Gruppe in eigener Regie interessiert waren. Einigen reichte dieses halbe Jahr, andere entschlossen sich zu einer vertiefenden Einzeltherapie, drei Teilnehmer waren bereit, den Kern für eine Selbsthilfegruppe zu bilden.

3.2.3 *Vorschaltung einer therapeutisch-strukturierten Phase bei der Begleitung einer Gruppe depressiver Menschen*

Aufgrund mehrerer Anfragen an unsere Kontaktstelle entschlossen wir uns, eine Selbsthilfegruppe für depressive Menschen zu gründen. Im Großraum Düsseldorf existierte zum damaligen Zeitpunkt keine Selbsthilfegruppe für depressive Menschen. Die selbsthilfeinteressierten Menschen hatten sich bislang den EAs (Emotions Anonymus) angeschlossen. Spezielle Depressiven-Gruppen kannten wir nur aus dem süddeutschen Raum („Hilfe für Depressivkranke e. V.").

Unsere Tätigkeit und Hilfestellung hatten wir ähnlich geplant wie z. B. bei der Begleitung der Gruppe „Wenn Frauen zu sehr lieben" (3.2.4.). Dies beinhaltete u. a. eine organisatorische Begleitung der Selbsthilfegruppe während eines begrenzten Zeitraumes von 4-5

Treffen um Hinweise zur Förderung und Erhaltung der Gruppenkohäsion zu geben.

Im Verlauf der ersten beiden Treffen wurde deutlich, wie schwer es den versammelten, einander noch fremden Menschen fiel, sich über ihr „seelisches Leben" zu äußern, wichtige, vielleicht auch lange geheim gehaltene Erfahrungen (Concealment Aspect) mitzuteilen. Stattdessen begann sich ein Plauderton und gebremstes Agieren einzuschleichen, die fruchtbare Kontakte eher verhinderten als ermöglichten. Die Ursachen liegen hierfür nicht in der neuen Situation, sondern auch in der Fremdheit gegenüber den eigenen Gefühlen, in den Wahrnehmungs- und Handlungslücken und -verformungen, die sich biographisch entwickelt haben und die nicht selten gerade die Depression entstehen ließen, wegen derer sich die Gruppe zusammenfand.

Deshalb entschloß sich der Begleiter, die kommunikativen Weichen in eine andere Richtung zu stellen, die Treffen direkter zu strukturieren und verschiedene Techniken anzuwenden, die auch in therapeutischen Gruppen verwandt werden (Verbalisierung emotionaler Inhalte, Konfrontationstechniken, gestalttherapeutische Erlebnisaktivierung u. a.). Das Vorgehen wurde mit der Gruppe besprochen, die sich für eine längere Begleitphase von 8-10 Treffen und für die oben skizzierten Hilfestellungen aussprach, um miteinander noch besser „sprechen" zu lernen, gemeinsam kommunikative Techniken zu erproben und gegenseitige Hilfsmöglichkeiten effektiver anwenden zu können. Der Begleiter agiert dabei nicht als Quasi-Therapeut, der sich sozusagen nachträglich als Selbsthilfeförderer zu legitimieren versucht, indem er sich aus der Gruppe verabschiedet, sondern als Mitinitiator der Gruppe, mit seiner eigenen Betroffenheit und einer Palette beruflicher Erfahrungen, die er in die Gruppe transportiert und in der er vorübergehend die Rolle eines Fachberaters oder auch Lenkers übernommen hat.

Die Gruppe existiert inzwischen lange genug, daß über die konkreten Erfahrungen während der Begleitphase an anderer Stelle berichtet werden kann.

3.2.4. „Wenn Frauen zu sehr lieben"

Aufgrund zahlreicher Nachfragen initiierte die Kontaktstelle Düsseldorf eine Selbsthilfegruppe zum Thema „Wenn Frauen zu sehr lieben". Nach einem Hinweis in den Tageszeitungen meldeten sich innerhalb von 14 Tagen 45 Frauen. Zum Zeitpunkt der Gründung bestanden in Düsseldorf mehrere Therapiegruppen, längerfristig begleitete und einige geschlossene Selbsthilfegruppen für beziehungsabhängige Frauen.

Bei der Begleitung der Gruppe stießen wir auf einen doppelten Widerspruch:

1. die Begleitung einer Selbsthilfegruppe durch professionelle Helfer,
2. die themaimmanente Abhängigkeit der Frauen von Männern.

In der Kontaktstelle Düsseldorf arbeiten zwei Männer. Zur Wahl für die Begleitung standen deshalb mehrere Möglichkeiten:

1. Verzicht auf die Begleitung durch die Kontaktstelle,
2. Zusammenarbeit mit einer Mitarbeiterin einer anderen Kontaktstelle,
3. Zusammenarbeit mit einer Kollegin einer anderen Institution,
4. Begleitung durch eine selbsthilfegruppen- oder gesprächsgruppenerfahrene betroffene Frau,
5. Begleitung durch einen Mitarbeiter der Kontaktstelle.

Die favorisierten Möglichkeiten waren die gemeinsame Begleitung mit einer Kollegin einer anderen Institution, die Hinzunahme einer selbsthilfegruppenerfahrenen betroffenen Frau und die Begleitung durch die Kontaktstelle Düsseldorf. Da einer der Mitarbeiter der Kontaktstelle über langjährige Erfahrungen mit Gruppen, die zumindest eine ähnliche Teilproblematik aufwiesen, verfügte, entschlossen wir uns zu einem Versuch der Begleitung durch die Kontaktstelle.

Beim ersten Gründungstreffen wurde die Problematik mit den Teilnehmerinnen besprochen. Eine kurze Begleitung wurde von fast allen Teilnehmerinnen akzeptiert. Die wenigen Ausnahmen entschieden sich aber für einen weiteren Verbleib in der Gruppe. Ziemlich schnell stellte sich heraus, wie autonom die Gruppe handelte. Nachdem zu Anfang die Gruppengröße und die Angst vor der Trennung im Vordergrund stand, begannen die Teilnehmerinnen sehr schnell und sehr persönlich miteinander zu reden. Die Aktivität der Teilnehmerinnen förderte die Gruppenkohäsion und das Vertrauen innerhalb der Gruppe.

Trotz der sichtbaren Autonomie beim Austausch über das persönliche Leben und die Beziehungserfahrungen erwarteten die Teilnehmerinnen bei Problemen, die während der Begleitung in der Gruppe auftauchten, Hilfe von außen. Gemäß der Absprache verzichteten wir auf eine inhaltliche Arbeit und machten den Teilnehmerinnen Mut, sich selber miteinander um eine Lösung zu bemühen. Der Bereitschaft zur Abhängigkeit versuchten wir durch

1. gemeinsame Absprache der Begleitungsart,
2. inhaltlich starke Zurückhaltung und
3. konsequentes Verlassen nach den ersten 4 Gruppentreffen zu begegnen.

Für den weiteren Kontakt wurden telefonische Informationsgespräche vereinbart. Insgesamt wurde diese Idee von den Teilnehmerinnen begrüßt, ebenso wie das Angebot gemeinsamer Krisengespräche. Diese sollen verhindern, daß in Krisensituationen einzelne Teilnehmerinnen die Gruppe verlassen, um das Problem außerhalb der Gruppe zu lösen.

Im Vergleich zu den oben beschriebenen Gruppen (Angehörige, Trennung, depressive Menschen) hielt der Begleiter sich am konsequentesten aus inhaltlichen Erörterungen zum Thema heraus. Obwohl es spannend war, den Öffnungsprozeß in dieser Selbsthilfegruppe mitzuerleben, entschlossen wir uns, die Initiierung/Unterstützung späterer Gruppen mit frauenspezifischen Themen (z. B. Eßstörungen) anderen Kolleginnen oder selbsthilfeerfahrenen Frauen zu überlassen.

3.2.5. „Therapie in der Selbsthilfeorganisation?" – Aufbau einer Gruppe heterosexueller HIV-positiver in der AIDS-Hilfe Düsseldorf

Als komplexe Selbsthilfeorganisation übernimmt die AIDS-Hilfe eine Reihe von z. T. auch professionellen Aufgaben, die im Rahmen der bestehenden Gesundheitsversorgung nicht aufgegriffen wurden. Dies hat sich erst in der letzten Zeit durch finanzielle Zuwendungen seitens des Staates geändert (*Süssmuth* 1987). Ein wesentlicher Teil der Gesundheitsversorgung und -beratung wird weiterhin von der AIDS-Hilfe wahrgenommen. Hierunter fallen die Betreuung der AIDS-Erkrankten, die Telefonberatung von Hilfesuchenden (Betroffene und Angehörige), Aufklärung über Ansteckungswege, Beratung, Krisenintervention, die Gründung und Begleitung kleinerer interner Selbsthilfegruppen von HIV-positiven Menschen, die Aufklärung der Öffentlichkeit, Schulungen und Weiterbildungen zum Thema AIDS in anderen Institutionen (Prophylaxe).

Die Selbsthilfegruppen der HIV-Positiven werden von professionellen Helfern (Psychologen, Sozialarbeitern, Krankenschwestern usw.) auf ehrenamtlicher Basis unterstützt und begleitet. An dieser Stelle vermischen sich reine Selbsthilfe und ehrenamtliche Tätigkeit von professionellen Helfern (*Bellebaum* 1986; *Buschmann* 1986). Konflikte zwischen ehrenamtlich tätigen Professionellen, hauptamtlichen Mitarbeitern und Mitgliedern der ursprünglichen Selbsthilfebewegung sind dabei möglich (Hierarchisierung der Aufgaben je nach Qualifikation).

Die Selbsthilfegruppen der HIV-Positiven werden z. T. von professionellen Helfern (auf ehrenamtlicher und hauptamtlicher Basis) begleitet. Einige Gruppen HIV-Positiver treffen sich autonom ohne Begleitung. Bislang gab es allerdings keine Gruppe für heterosexuelle HIV-Positive und deren Angehörige. Bislang steht kaum eine Anbindung von heterosexuellen HIV-Positiven an die AIDS-Hilfe Düsseldorf.

In Zusammenarbeit mit der Kontaktstelle Düsseldorf wurde der Versuch der Gründung einer Gruppe für heterosexuelle HIV-Positive und die Angehörigen unternommen. Aus konzeptionellen Gründen wurden hierbei die drogenabhängigen heterosexuellen HIV-Positiven ausgeschlossen, für die zu einem späteren Zeitpunkt eine eigene Gruppe aufgebaut werden soll.

Die Aufgaben der Begleitung wurden mit der Stabilisierung der Gruppe und dem Auffangen emotionaler Probleme umrissen. Hypothetisch wurde von einer unterschiedlichen Einordnung der Gruppen für homo- und heterosexuelle HIV-Positive ausgegangen. Da die homosexuellen HIV-Positiven einander sehr gut kannten und letztlich die Initiatoren der Selbsthilfeorganisation waren, konnten sie auf ein breites Maß vorhandener Kontaktmöglichkeiten gegenseitiger Solidarität und emotionaler Unterstützung zurückgreifen. Im Gegensatz dazu sollte die Gründung einer Gruppe für heterosexuelle HIV-Positive den Versuch darstellen, diesen eine

Möglichkeit zu geben, gemeinsam über ihr Leben zu reden und sich evtl. an die AIDS-Hilfe anzubinden. Nach den Erfahrungen der AIDS-Hilfen neigen heterosexuelle HIV-Positive dazu, ihr Problem allein mit sich selber auszumachen. Diese Tendenz schlug sich in der Resonanz auf die Gruppengründung nieder: insgesamt erschienen im Verlauf von 4 Monaten nur 5 Betroffene. Davon waren drei HIV-positiv, wobei einer die Gruppe nach einer Weile wieder verließ, da sein Testergebnis inzwischen wieder negativ war. Die beiden anderen Teilnehmerinnen waren Partnerinnen. Die Gruppe gestaltete sich also über den gesamten Zeitablauf als Paargruppe. Aufgrund der Anonymität, die auch in dieser Gruppe eine große Rolle spielte (Angst vor Diskriminierung bei Bekannten, Angst vor Arbeitsplatzverlust), hatten die Teilnehmer bislang gescheut, sich an eine andere Beratungsstelle zu wenden. Die Aufgabe des Begleiters lag einmal in der Vermittlung von Informationen über AIDS, um irrationale Ängste wie die der Angst der Übertragung durch Küsse und Umarmungen, Angst vor Zärtlichkeit usw. abbauen zu helfen. Neben dieser Funktion als Fachberater wurden in der Gruppe die Änderung der Beziehungsstruktur diskutiert. In diesem Fall stellte der Begleiter sein Wissen über Beziehungsstrukturen (Kollusionsmuster u. a.) zur Verfügung. Während einiger Sitzungen standen persönliche Krisen der Paare im Vordergrund. Diese Krisen führen zu intensiveren Gesprächen zwischen den Paaren und einem stärkeren Rückgriff auf gesprächstherapeutische Interventionen durch den Begleiter.

Themen waren u. a. die eigene Hilflosigkeit, die persönliche Hoffnung, die reduzierte Lebenserwartung und die unerfüllten Wünsche, die Angst vor Nähe, Sexualität und Verletzungen, dem Sterben des Partners und dem eigenen Tod.

Trotz des intensiven Austausches innerhalb der Gruppe löste diese sich nach 4 Monaten vorerst auf, da der Mangel an Resonanz (es meldeten sich trotz vieler Versuche der Betroffenen und der AIDS-Hilfe Düsseldorf keine neuen Interessenten für die Gruppe) zu einer großen Enttäuschung führte. Mitauslöser für die vorläufige Pause von 2 Monaten, nach denen ein neuer Versuch gestartet werden soll, war die Entscheidung eines Paares zu heiraten: sie hatten die insgesamt 12 Treffen zur Klärung ihrer Heiratswünsche genutzt.

3.2.6. *Professionelle Unterstützung für eine Selbsthilfegruppe alter Menschen*

Die Selbsthilfegruppe, die seit mehr als vier Jahren besteht, rechnet sich den „Grauen Panthern" zu und hat 13 aktive Mitglieder. Es werden von ihr wechselnd noch 20 bis 30 alte Menschen in ein Netzwerk von Kontakten eingebunden und, wo erforderlich und möglich, betreut.

Die aktive Gruppe leistet auf lokaler Ebene Öffentlichkeitsarbeit für die Belange alter Menschen (durch Vorstelligwerden bei Behörden und Institutionen, durch Demonstrationen, Organisation von Vorträgen etc.). Hierzu wird einer der Autoren dieser Arbeit verschiedentlich als „Experte" eingeladen, und man bedient sich seiner gerontologischen Reputation, um Schriftsätzen (durch gutachterliche Stellungnahmen) mehr Nachdruck geben zu können. Weiterhin wird immer wieder seine spezielle Expertise zur Vermittlung anderer Fachkräfte herangezogen. Besonders wichtig wurde dies bei einer Entmündigung, die bei einer 82jährigen Frau nach einem vorübergehenden Krankenhausaufenthalt eingeleitet wurde. Die während der Krankheit aufgetretenen Verwirrtheitszustände führten dazu, daß diese Frau nach Abklingen der somatischen Symptomatik in die Psychiatrie verlegt wurde, obgleich inzwischen die Verwirrtheit abgeklungen war. Gegen den Willen der Betroffenen wurde die Unterbringung in einem Heim und die Auflösung der Wohnung betrieben.

Hier nun setzte sich die Selbsthilfegruppe für ihr Mitglied massiv ein, allerdings mit wenig Erfolg. Die Vormundschaftsrichterin lehnte ein Gespräch ab und ignorierte Schriftsätze und Eingaben. Die Gruppe entschloß sich zur Konsultation des Gerontologen als Experten, mit dem die wichtigsten Schritte besprochen und gemeinsam reflektiert wurden – eine Art Supervision – als deren Ergebnis es u. a. zur Einschaltung eines Anwaltes und zur Erstellung eines Gutachtens kam, worauf dann endlich Stellungnahmen der zuständigen Behörden erfolgten. An der Heimunterbringung sollte festgehalten werden. Der Vorschlag, die Vormundschaft der regionalen Gruppe der Grauen Panther zu übertragen, wurde abgelehnt. Durch Besuche der Selbsthilfegruppe im psychiatrischen Krankenhaus konnte der zuständige Arzt zumindest davon überzeugt werden, daß eine gute und intensive Betreuung gewährleistet und ein soziales Netzwerk vorhanden war. In „medizinische Belange“ wollte er sich indes „nicht hereinreden lassen“. Wie so oft, wurden die besuchenden alten Menschen – obwohl sich unter ihnen Akademiker befanden – nicht ernst genommen.

Erst die Beiziehung des Fachgerontologen aus der Kontakt- und Beratungsstelle brachte im persönlichen Gespräch mit dem behandelnden Arzt eine Änderung in der Beurteilung der Situation:

- Die eingeleiteten Maßnahmen zur Entmündigung und zur Heimunterbringung konnten gestoppt bzw. rückgängig gemacht werden.
- Die Patientin lebt jetzt wieder in ihrer Wohnung, ist völlig stabilisiert und kann in der Selbsthilfegruppe wieder aktiv mitarbeiten.
- Die gerontologische Fachkompetenz wird auch in Fragen spezifischer Alterserkrankungen (z. B. Morbus Parkinson, Alzheimer etc.) in Anspruch genommen; weiterhin zur Hilfestellung bei der Vermittlung von Fachleuten, die auf Veranstaltungen z. B. über Ernährung und körperliche Aktivität im Alter o. a. sprechen können.

Gerade bei Selbsthilfegruppen alter Menschen kann sich die Zusammenarbeit mit professionellen Helfern als fruchtbar erweisen. Die Selbsthilfe besteht u. a. darin, daß man sich die entsprechenden Experten holt, die dann Informationen bereitstellen, die ansonsten nicht angeboten werden. Im Hinblick auf die Umsetzung von Anregungen wiederum kann der Fachgerontologe von der Kreativität und dem Ideenreichtum der Selbsthilfegruppe alter Menschen eine Menge lernen, was für die institutionelle Altenarbeit sowohl in ambulanten als auch in stationären Settings Bedeutung hat: *exchange learning.*

Im Rahmen der Kontakt- und Beratungsstelle kommen wir immer wieder in die Situation, Menschen aus Selbsthilfegruppen oder Selbsthilfegruppenexperten für medizinische, juristische, psychologische u. a. Fachfragen, aber auch für Kriseninterventionen oder Supervision zu vermitteln. Wir sehen hierin eine wichtige aber auch diffizile Aufgabe.

3.3 *EXKURS: Supervision, Intervision, „Joint competence" – Ko-respondenzprozesse in Selbsthilfegruppen*

In der Zusammenarbeit zwischen professionellen Helfern und Selbsthilfegruppen kommt zuweilen das Thema „Supervision" ins Spiel. Dieses Thema muß mit ausgesprochener Sorgfalt behandelt werden, birgt es doch die Gefahr, daß „durch die Hintertür" die „Profis" als Experten für psychosoziale Fragen mit dem Instrument der Supervision „Kontrolle" über die Selbsthilfeinitiativen auszuüben beginnen und indirekte Steuerungsprozesse laufen, die dem Selbsthilfegedanken und der Praxis der Selbsthilfe abträglich sind. Man muß sich allerdings davor hüten, Supervision in Selbsthilfegruppen allein aus ideologischen Argumenten – „Das vereinbart sich nicht mit dem Selbsthilfegedanken!" – abzulehnen, sondern es ist hier eine differenzierende Betrachtungsweise erforderlich. Zunächst ist es wichtig klarzustellen, von welchem „Supervisionsverständnis" aus mit supervisorischen Interventionen im Bereich der Selbsthilfe gearbeitet wird und welches Ziel sie haben. Leitprinzip muß sein, daß das Wesentlichste an der Selbsthilfebewegung, nämlich *die Fähigkeit, die eigenen Dinge in die Hand zu nehmen, sich wechselseitig zu helfen,* gefördert, nicht aber gemindert wird. Wenn die Supervision durch einen professionellen Helfer in einer Selbsthilfegruppe *Insuffizienzgefühle* hinterläßt ("alleine schaffen wir das sowieso nie ...; ein Glück, daß wir Sie haben, ohne Sie wäre das nicht zu leisten gewesen. Ihre Supervision hat es überhaupt möglich gemacht, daß diese Gruppe am Leben blieb" etc.), so wird supervisorische Arbeit zu einem *„disenabling factor"*, durch den Selbsthilfepotentiale geschwächt anstatt aufgebaut und gefördert werden. Wird Supervision aber eingesetzt auf dem Hintergrund eines Verständnisses, das vorhandene *Kompetenzen* und *Performanzen* zu fördern versucht, das die Grenzen der eigenen Kompetenzen klar sieht (*Petzold* 1989i), das eigene Expertise einbringt und die Expertise anderer gelten läßt, sieht man Supervision weiterhin als Strategie, eine Gruppe soweit wie möglich selbständig arbeitsfähig zu machen und ihr das Prinzip *„mehrperspektivischer* Betrachtung" (idem 1990o) zu vermitteln, so kann sie durchaus ein nützliches Instrument auch im Bereich von Selbsthilfeinitiativen sein.

Wir möchten hier kurz auf die Möglichkeit der „Supervision" als Krisenintervention verweisen. Es kommt immer wieder vor, daß eine Selbsthilfegruppe in eine schwere Krise gerät, die durch einen professionellen Berater von außen oder durch ein „sozial kompetentes" Mitglied einer anderen Selbsthilfegruppe als Außenberater gelöst wird (in der Regel funktioniert das durchaus nicht schlechter als durch den „Profi"). Das Faktum, „nicht involviert zu sein", spielt hier die größte Rolle. Dann erst kommt die spezifische „Interventionskompetenz". Auch die „Krisensupervision" hat ja zum Ziel, die Gruppe so schnell wie möglich wieder selbständig und arbeitsfähig zu machen. Unter diesem Gesichtspunkt ist sie im Selbsthilfebereich durchaus nützlich und wichtig, denn sie kann das Auseinanderfallen so mancher Initiative verhindern. Leider sind die *Netzwerke unter den Selbsthilfegruppen* noch so wenig ausgebaut und entwickelt, daß die Möglichkeit, einen Außenberater aus einer anderen Gruppe für Schwierigkeiten und Konflikte, die im Binnenraum nicht mehr gelöst werden können, beizuziehen, nur selten genutzt werden können. Hier haben die Kontakt- und Beratungsstellen Möglichkeiten der Vermittlung, und wir sind davon überzeugt – und unsere Erfahrungen bestätigen diese Überzeugung –, daß diese Möglichkeiten, je stärker sie bekannt und im Bewußtsein von Selbsthilfegruppen präsent sind, auch zunehmend genutzt werden.

Ein anderes Modell der Krisenhilfe durch Supervision sehen wir in der gleichzeitigen Beiziehung eines professionellen Außenberaters *und* eines außenstehenden Selbsthilfegruppenmitglieds, die gemeinsam „als Team" einen Beitrag dazu leisten, die Krisensituation zu lösen. In Zukunft wird in diesem ganzen Zusammenhang noch mit unterschiedlichen Modellen experimentiert werden müssen, um Erfahrungen mit verschiedenen Lösungswegen und Unterstützungsmöglichkeiten zu sammeln.

Supervision durch professionelle Helfer im Bereich der Selbsthilfe kann nützlich sein bei der Durchführung von Unternehmungen, die im *Grenzbereich* zur professionellen Sphäre liegen, so wenn sie z. B. die Auseinandersetzung mit Institutionen einbeziehen. In dem 3.2.6 geschilderten Beispiel einer Selbsthilfegruppe alter Menschen fand mit dem professionellen Helfer eine regelmäßige Beratung und eine Reflexion der einzelnen Schritte statt, die unternommen werden mußten, um die Entmündigung und Heimunterbringung eines Mitgliedes wirkungsvoll zu verhindern. Hierbei war es wichtig, daß in dieser durchaus als Supervision anzusprechenden Arbeit des Beraters dieser *seine Expertise* als *ein* Element in ein komplexes Geschehen einbrachte, indem er seine Erfahrungen verdeutlichte und dazu beitrug, daß diese Erfahrungen genutzt werden konnten. Dies geschah u. a. dadurch, daß die professionelle Sicht von den Mitgliedern der Selbsthilfegruppe aus ihrer Expertise, nämlich die der Betroffenen, an die spezifische Situation adaptiert wurde.

Als ein anderer Bereich sei der der Frühförderung behinderter Kinder genannt, in dem „Eltern als Therapeuten" weitergebildet und zur supervidierten Behandlung ihrer Kinder beigezogen werden, wobei sie gleichzeitig an einer Elternselbsthilfegruppe teilnehmen, eine Art Einzel- und Gruppensupervision also, durch die ein Selbsthilfeunternehmen im Grenzbereich zwischen professioneller und eigengestützter Hilfe eine professionelle Außenbegleitung erfährt.

So ließen sich noch eine Reihe von Einsatzbereiche für Supervision im Felde der Selbsthilfe nennen, die sinnvoll sind und die nicht auf eine *Parentifizierung* bzw. *Klientelisierung* hinauslaufen (z. B. Angehörigen- und Betroffenengruppen im AIDS-Bereich, Paargruppen von Tetra- und Hemiplegikern etc.). Immer sind jedoch – wie schon erwähnt – Interventionsstrategien und -muster zu vermeiden, die die Selbständigkeit und den Exchange-Learning- bzw. Exchange-Helping-Impuls unterminieren.

Vielmehr ist das Ernstnehmen der *„Expertise der Betroffenen"* erforderlich, und das geschieht nicht nur durch die innere Haltung des Supervisors, der diese Expertise zu schätzen und zu nutzen weiß, sondern das erfordert auch methodische Erwägungen.

Die Methoden der Sozialintervention haben in sich selbst oft eine spezifische *„Magie"* durch ihre, dem Experten wohlvertrauten, aber den Mitgliedern einer Selbsthilfegruppe z. T. undurchschaubaren Formen (wir denken hier nur an den einfachen Einsatz des „Rollentausches", vgl. *Petzold* 1979k). Durch sie kann eine Tendenz zur „Klientelisierung" gefördert werden. Es muß deshalb reflektiert werden, *welche* Methoden *wann und auf welche Weise* verwandt werden. Auf bestimmte Interventionstechniken ist entweder ganz zu verzichten, oder sie müssen in ihrem Einsatz erklärt und transparent gemacht werden. Weiterhin ist wesentlich, daß die Selbsthilfegruppe, die Supervision erhält, nach dem Prinzip der *„joint competence"* geführt wird, daß nämlich die *Eigenkompetenz* der Mitglieder immer wieder einbezogen wird, dadurch daß zwischen ihnen und zum Supervisor hin „Ko-respondenzprozesse" (*Petzold* 1978 c) ablaufen: Probleme werden in „Begegnung und Auseinandersetzung" und in *gemeinsamer Resonanz* auf die Situation mit ihren Schwierigkeiten gelöst. Das Konzept der *„joint competence"* (*Petzold, Lemke* 1979), der gemeinsamen Expertenschaft, das Prinzip des *„Exchange Learning"*, muß auch für supervisorische Arbeit von „Profis" in Selbsthilfegruppen gelten. Supervisoren dürfen sich hier nicht ausnehmen, sondern müssen im Rahmen dieser Prinzipien arbeiten, ja, sich ihnen unterwerfen. *Supervision* wird dann häufig zu *Intervision*. Ein *„Super*visor, der „über" den Dingen steht, in professioneller Abgehobenheit oder „Abstinenz", der nicht engagiert dabei ist (*Petzold* 1989i) – und das bedeutet keinesfalls involviert, verstrickt ..., es gibt auch eine „engagierte Distanz" – wird in Selbsthilfegruppen kaum förderlich wirken können. Methodisch ist zu empfehlen, daß in Situationen, in denen Selbsthilfegruppen sich einen professionellen Außensupervisor zur Unterstützung holen, *„Intervisionssitzungen"* zwischengeschaltet werden, in denen die Selbsthilfegruppe das anstehende Thema in Fortführung der vom Supervisor begleiteten Arbeit weiterbehandelt. Damit ist eine von außen begleitete *und* eine selbstgesteuerte „Arbeit am Problem" gegeben. Derartige *intermittierende* Vorgehensweisen haben sich als ausgesprochen probat erwiesen, weil dadurch die Fähigkeit zur *Mehrperspektivität* (idem 1990o), die Selbsthilfekompetenz und das Problemlösungspotential der jeweiligen Gruppe in positiver Weise gefördert werden.

4. Diskussion unserer Erfahrungen

Unsere Erfahrungen umfassen die Initiierung und Begleitung eines breiten Spektrums von Gruppen: zum einen handelt es sich um die Überleitung von begleiteten Gesprächsgruppen in Selbsthilfegruppen, wobei der Beginn der Funktionsphase der Selbsthilfegruppe sich der initialen Phase der Begleitung anschließen sollte (3.1. & 3.2.), die Begleitung einer Selbsthilfegruppe mit Vorschaltung einer eher therapeutisch/beraterischen Phase (3.3.), die Begleitung einer neu initiierten lebensbezogenen Selbsthilfegruppe (3.4. „Wenn Frauen zu sehr lieben"), die Begleitung einer z. T. professionell geleiteten Gruppe in einer Selbsthilfeorganisation, die flankierende Hilfe für eine bestehende Selbsthilfegruppe durch Bereitstellung von Fachkompetenz und Supervision (3.6.), dies ist insgesamt eine Auswahl, die wir aus exemplarischen Gründen getroffen haben, weil damit einige typische Konstellationen dargestellt werden.

Im Verlauf unserer Tätigkeit haben wir bemerkt, daß wir ein implizites Modell der Begleitung von Selbsthilfegruppen verfolgen, das aus folgenden, inhaltlich variablen Bausteinen besteht:

a) zeitvariable Begleitung,
b) telefonische oder persönliche Nachfolgekontakte,
c) Krisengespräche,
d) intermittierende Supervision.

Die Bausteine beziehen sich auf die Begleitung einer konkreten Gruppe. Die Art der Begleitung (Dauer, Verhalten des Begleiters, Verzicht oder Hinzunahme therapeutischer oder beraterischer Fertigkeiten) erwies sich unseres Erachtens abhängig von folgenden, sicher nicht als erschöpfend zu betrachtenden Faktoren:

a) Art des Themas, unter dem sich die Selbsthilfegruppe zusammengefunden hat,
b) Bereitschaft und Fähigkeit zur Selbstöffnung,
c) persönliche Problemverstrickung der Betroffenen,
d) Maß der persönlichen Eigenverantwortung und Autonomie,
e) sprachliches Ausdrucksvermögen,
f) Konfliktfähigkeit der Teilnehmer,
g) Konflikte in der Selbsthilfegruppe,
h) Grundmuster der Selbsthilfegruppe (evtl. themaabhängig),
i) Gruppenkohäsion,
j) frühere Erfahrungen mit Therapie und Beratung durch professionelle Helfer,
k) allgemeine Gruppenerfahrenheit,
l) Bereitschaft zur wechselseitigen Hilfe,
m) Fähigkeit zu wechselseitigem Lernen,
n) Fähigkeit zur Mehrperspektivität.

Diese Kategorien decken sich z. T. mit denen von *Daum* (1987), der folgende Parameter für die Bewertung von Gesprächsselbsthilfegruppen vorschlägt:

a) Motivation zum Gruppenversuch,
b) persönliche Veränderungswünsche,
c) Selbst- und Idealbild der Persönlichkeit,
d) Gruppengefühl.

Die Einschätzung unserer Entscheidungskriterien richtete sich nach unserem persönlichen Eindruck, den wir im Verlauf der Treffen von den Teilnehmern der Gruppen gewannen. Kritisch muß angemerkt werden, daß wir den persönlichen Eindruck nicht durch empirische Überprüfungen untermauerten. Andererseits hätte dies den Rahmen unserer nicht auf primär wissenschaftliche Erkenntnis von Selbsthilfegruppen angelegte Arbeit erheblich überstiegen.

Bei der Frage der Nachfolgekontakte wurde uns z. T. deutlich, daß es uns je nach Art des Kontaktes zu der Gruppe unterschiedlich schwer fiel, uns zu verabschieden. Dabei war bei dem Angebot jeweils zu klären, ob es unseren Wünschen nach weiterem Kontakt zur Gruppe oder den Wünschen der Teilnehmer entsprach. Klar wurde, daß auf unserer Seite ein deutlicher Wunsch vorlag, die Entwicklung der Gruppe längerfristig aus der Distanz weiterverfolgen zu können. Nicht immer fiel der Abschied leicht.

Supervision und Krisengespräche bestehen als Angebot an die Selbsthilfegruppen. Beispielhaft sei auf die Begleitungsphase und die Krisensituationen in der Gruppe HIV-Positiver verwiesen. Während hier die Hauptaktivität beim Begleiter lag, tragen wir als Begleiter in anderen Selbsthilfegruppen dazu bei, daß die Teilnehmerinnen das Problem selber lösen können. Ziel ist hier nicht die Lösung eines konkreten Problems für die Betroffenen, sondern die Förderung der Fähigkeit zu selbständigem Problemlösen (Intervention auf der Metaebene).

Zur Ergänzung der individuellen Begleitung von Selbsthilfegruppen planen wir inzwischen themenorientierte Workshops, die allen Selbsthilfegruppen offenstehen. Die Planung der Workshops geht auf die Anregung einer Selbsthilfegruppe während eines Gesamttreffens der Düsseldorfer Selbsthilfegruppen zurück. Die Workshops sollen den Selbsthilfegruppen ein Forum für die gemeinschaftliche Besprechung von gruppenübergreifenden Themen und Problemen wie z. B. Motivierung der Teilnahme, Gesprächsführung, informelle Leitung, interne Strukturen in Selbsthilfegruppen u. a. bieten.

Das implizite Modell dient nur als vorläufige Leitlinie zur Reflexion unseres Vorgehens und zur Entwicklung weiterer Varianten. Aufgrund unserer konkreten Erfahrungen in den Gruppen kommen wir zu dem Schluß, daß wir bei längerfristig angeleiteten Gruppen weitgehend auf uns vertraute beraterisch/therapeutische Fertigkeiten verzichten können, um statt dessen eher auf der Metaebene zu intervenieren. Dies umfaßt z. B.

a) frühzeitige Klärung der Funktion und Position der Begleiter der Gruppe (Leitungsfunktion, Fachberater, Verzicht auf therapeutische und beraterische Interventionen, Angebot der Hilfe bei organisatorischen Aufgaben, Vorrang der Eigeninitiative der Betroffenen u. a.), um heimlichen Wünschen nach Abhängigkeit und Geführtwerden bzw. komplementären Wünsche der Begleiter nach Macht und Leitung vorbeugen und begegnen zu können;
b) Stützung der Motivation zur wechselseitigen Hilfeleistung,
c) Förderung der Offenheit und Selbstöffnung durch verbale Ermutigung anstelle von direkten (gesprächs)therapeutischen Interventionen,
d) Förderung der Fähigkeit, von anderen zu lernen,
e) Ermutigung der Betroffenen, sich selber um die Lösung von Problemen zu kümmern, anstelle von direkten problembezogenen Interventionen,
f) Förderung der Bereitschaft, die eigenen Ressourcen zu nutzen und zu teilen,
g) Metarückmeldungen über die Gruppe und den Gruppenverlauf (Was passiert gerade in der Gruppe? Was wird übersehen? Entwickeln sich hemmende Kommunikationsmuster u. a.),
h) Förderung der „joint competence",
i) Förderung der Fähigkeit zur Mehrperspektivität.

Als wesentlich sehen wir auch die Zusammenarbeit mit anderen Institutionen. Während der Zusammenarbeit mit der Fachambulanz (Begleitung einer Angehörigengruppe) entstand die Idee, eine Selbsthilfegruppe für abhängige Spieler und Angehörige zu gründen. Für abhängige Spieler bietet die Fachambulanz eine ambulante Therapie an.

Wichtig erwies es sich, die Betroffenen zur Gründung und Begleitung von Selbsthilfegruppen hinzuzuziehen. Dies gilt für die Gründung der Selbsthilfegruppen für abhängige Spieler (Kooperation mit Spielergruppen aus Nachbarstädten) als auch für die Gründung neuer Selbsthilfegruppen zu sehr gefragten Themen (z. B. „Wenn Frauen zu sehr lieben"). Dabei wird die Kontaktstelle ihre bisherigen Erfahrungen zur Verfügung stellen.

Insgesamt haben wir festgestellt, daß unsere Bereitschaft, uns mit unserer beruflichen Rolle auseinanderzusetzen, mit neuen Möglichkeiten der Begleitung von Selbsthilfegruppen zu experimentieren und innerlich offen zu bleiben, ohne sich in zweifelnden Fragen nach der Richtigkeit der Begleitung zu verlieren, von den Selbsthilfegruppen positiv aufgenommen wurden.

5. Zusammenfassung und Ausblick

Unserer Erfahrung nach existieren vielfältige Möglichkeiten der Begleitung von Selbsthilfegruppen.

Die Alternative „Professionalität oder Verzicht auf Professionalität" greift unseres Erachtens zu kurz. Variable Konzepte der Begleitung erfordern unterschiedliche Vorgehensweisen in den Gruppen.

Bei dem Konzept der „Überleitung von Gesprächsgruppen in Selbsthilfe" kann ein Rückgriff auf beraterische/therapeutische Elemente nicht vermieden werden. Sie erweisen sich sogar zeitweilig als sinnvoll. Positive Erfahrungen konnten wir dabei mit Interventionen machen, die die Autonomie der Betroffenen ernstnahm und ansprach. Bei der kurzzeitigen Begleitung von Selbsthilfegruppen mögen eher organisatorische Aufgaben (Unterstützung bei der Raumbeschaffung) im Vordergrund stehen. Bei erheblichem Wissensvorsprung kann der Begleiter die Funktion eines Fachberaters übernehmen (z. B. Aufklärung über die Konsequenzen bei AIDS). Weiterhin erwies sich die Art der Begleitung von Persönlichkeitsvariablen der Betroffenen, dem Thema und der Gruppenstruktur der Selbsthilfegruppe abhängig. Diese Variablen sind nur z.T. erforscht (*Acba* 1986; *Daum* 1987; *Moeller* 1984) und bedürfen weiterer Untersuchung. Ziel dieser Arbeit war allerdings nicht die wissenschaftliche Erforschung von Selbsthilfegruppen, sondern ein Erfahrungsbericht aus der Praxis.

Unseres Erachtens ist es wichtig, bei der Anleitung zu wechselseitiger Hilfe, bei der Initiierung und Begleitung von Selbsthilfegruppen nicht nur *einem* bestimmten Leitmodell zu folgen (variable Begleitung, Nachfolgekontakte, Krisengespräche und Workshops), sondern bereit zu sein, neu zu experimentieren und innerlich offen für neue Anregungen zu bleiben. Wir wollten deshalb kein fertiges Konzept der Begleitung von Selbsthilfegruppen entwerfen, sondern vielmehr Anregungen bieten, den Weg der Unsicherheit („Wie soll ich Gruppen am besten begleiten? Was darf ich und worauf muß ich verzichten?") als Chance des Wachstums (*Kopp* 1978) und der Entwicklung neuer Umgangsformen zwischen Professionellen und Selbsthilfegruppen zu akzeptieren, Formen, die auf den Prinzipien der *Offenheit für „wechselseitiges Lernen und Helfen"* und auf *„gemeinsamer Bewußtseinsarbeit"* gründen.

Literatur

Acba, N., Selbsthilfe in Gruppen. Ein Leitfaden für Interessierte. Fachbuchhandlung für Psychologie, Eschborn 1986

Anneken, R. & Heyden, Th., Wege zur Veränderung: Beratung und Selbsthilfe. Forum für Verhaltenstherapie und psychosoziale Praxis, Bd. 9, Tübingen 1985

Avrich, P., The modern school movement: Anarchism and Education in the United States, Princeton University Press 1984

Badura, B. & v. Ferber, Chr., Selbsthilfe und Selbstorganisation im Gesundheitswesen, R. Oldenburg, München 1981

Bakunin, M., Staatlichkeit und Anarchie und andere Schriften, (1873) Ullstein, Frankfurt 1972

Behrendt, J.-U. & Kegler, R., „Uns liegt nicht daran, die Medizin zu verteufeln ..." „Wir wollen eine neue Partnerschaft versuchen." Selbsthilfegruppen und professionelle Helfer, in: *Trojan*, A. (1986), 211-249

Behrendt, J.-U., Deneke, Chr. & Schorsch, E., Hindernisse in der Zusammenarbeit zwischen professionellen Helfern und Selbsthilfegruppen, in: *Kickbusch, I. & Trojan, A.* (1981), 189-197

Bellebaum, A., Helfen als gesellschaftliches Problem. Berührungspunkte und Konfliktstellen zwischen professioneller und nichtprofessioneller Hilfe, in: *Deutscher Caritasverband* (1986), 9-43

Berdjajew, N., Cinq méditations sur l'existence, Alcan, Paris 1936

Berdjajew, N., Der Sinn der Geschichte, Mohr, Tübingen 1950

Berdjajew, N., Der Sinn des Schaffens, Mohr, Tübingen 1927

Berdjajew, N., Die Philosophie des freien Geistes, Mohr, Tübingen 1930

Berdjajew, N., Selbsterkenntnis, Darmstadt 1953

Berdjajew, N., Von des Menschen Knechtschaft und Freiheit, Darmstadt 1954

Blankertz, S., Goodman, P., Staatlichkeitswahn, Büchse der Pandora, Wetzlar 1980
Blankertz, S., Kritischer Pragmatismus. Zur Soziologie Paul Goodmans, Büchse der Pandora, Wetzlar 1983
Blankertz, S., Tolstoys Beitrag zur Theorie und Praxis anarchistischer Pädagogik, in: *Tolstoy* (1980)
Blankertz, S., Gestaltkritik – Paul Goodmans Sozialpathologie in Therapie und Schule, Edition Humanistische Psycholgoie. Köln 1990
Buber, M., Pfade in Utopia, Lambert-Schneider, Heidelberg 1950, 1985³
Buchinger, K., Professionelle Helfer und psychotherapeutische Selbsthilfegruppen, in: *Kickbusch, I. & Trojan,* A. (1981), 181-188
Buschmann, E., Ehrenamtliche Arbeit contra Selbsthilfe. Dargestellt am Beispiel der Caritas-Konferenz/Caritas Helfergruppen, in: *Deutscher Caritasverband* (1986), 109 129
Cleyre, V. te, Anarchismus in der amerikanischen Tradition (1909), Büchse der Pandora, Wetzlar 1983
Daum, K.-W., Selbsthilfegruppen. Eine empirische Untersuchung von Geschrächs-selbsthilfegruppen. Psychiatrie – Verlag, Bonn 1987
Daum,K.-W. & Matzat, J., Erfahrungen mit der Förderung von Selbsthilfegruppen, in: *Kickbusch,* I. & *Trojan,* A. (1981), 198-204
Deutscher Caritasverband, Ehrenamt und Selbsthilfe. Lambertus, Freiburg 1986
Dennison, G., Lernen und Freiheit, Frankfurt 1976
Dobler, M., Enkerts, V., Kranich, Chr. & Trojan,A., Wünsche, Wissen, Widerstand. Selbsthilfegruppen diskutieren mit Politikern und Experten. Regenbogen-Buchvertrieb, Berlin 1984
Dörner, K., Wege zur Selbsthilfe bei psychisch Kranken, *Theorie und Methode der sozialen Arbeit* 4 (1977) 132-139
Erdheim, M., Die gesellschaftliche Produktion von Unbewußtheit. Eine Einführung in den ethnopsychoanalytischen Prozeß. Suhrkamp,Frankfurt 1982
Feyerabend, P., Erkenntnis für freie Menschen, Suhrkamp, Frankfurt 1981
Fleischer, M., Hermeneutische Anthropologie: Platon – Aristoteles, De Gruyter, Berlin 1976
Focault, M., Mikrophysik der Macht, Merwe, Berlin 1976
Focault, M., Die Subversion des Wissens, Ullstein, Frankfurt 1978
Fox, J., Psychodrama und Soziometrie. Edition Humanistische Psychologie, Köln 1989
Gardner, A., Riessmann, F., Self-Help in human services, San Francisco 1977
Goodman, P., Communitas: Means of lifelyhood and ways of life (1947/1960), Vintage Books 1960; dtsch. Communitas: Lebensformen und Lebensmöglichkeiten menschlicher Gemeinschaften, Büchse der Pandorra, Wetzlar 1983
Goodman, P., Drawing the line (1945), Random House, New York 1962
Goodman, P., Utopian Essays and practical proposals, Random House, New York 1962a
Goodman, P., The Society I live in is mine, Horizon Press, New York 1962 b
Goodman, P., People and personal. Like a concored province, Vintage, New York 1968
Goodman, P., Preface to Peter Kropotkin's, Prison memoires (1968), Groof Press 1970
Goodman, P., New reformation, Random House, New York 1970 a
Goodman, P., Das Verhängnis der Schule (1964), Fischer-Athenäum, Frankfurt 1975
Goodman, P., Nature Heals, Dutton, New York 1979
Guerin, D., Anarchismus und Marxismus, Monte Editions Verlag, Frankfurt 1975

Habermas, J., Theorie und Praxis: Sozialphilosophische Studien, Suhrkamp, Frankfurt 1963
Heck, M., Die Rolle von Experten bei der Unterstützung von Selbsthilfegruppen, in: *Verhaltenstherapie und psychosoziale Praxis*, Mitteilungen der DGVT, 19. Jg., 1987, Heft 2, 150-166
Huber, E., Selbsthilfe – eine Chance für die professionellen Helfer?, in: *Kickbusch*, I. & *Trojan*, A. (1981), 205-214
Illich, I., Fortschrittsmythen, Rowohlt, Hamburg 1978
Itzwerth, R., *Winkelvoss*, H., Selbsthilfegruppen im Gesundheitsbereich. Eine Übersicht über den Stand der Gesundheitsselbsthilfe – *„Bewegung", Forum für Medizin und Gesundheitspolitik* 14 (1980) 34-42
Kanfer, F. H. & Phillips, J. S., Lerntheoretische Grundlagen der Verhaltenstheorie, Kindler, München 1985
Katz, A. H., Bender, E. I., The Strength in Us. Self-Help groups in the modern world, New York 1976
Keller, P., „Wechselseitiges Lernen" – Erwachsenenbildung an der Volkshochschule Büttgen, ein Gespräch mit Prof. Dr. Petzold, VHS Büttgen, Büttgen 1976
Kickbusch, I. & Trojan, A., Gemeinsam sind wir stärker. Selbsthilfegruppen und Gesundheit. Selbstdarstellungen – Analysen – Forschungsergebnisse. Fischer, Frankfurt 1981
Kickbusch, I., Selbsthilfe im Gesundheitswesen: Autonomie oder Partizipation? Arbeitspapier zur Tagung „Partizipation und Politik", 5.-9.6.1978, Evangelische Akademie Tutzing
Kopp, Sh. B., Triffst du Buddha unterwegs ... Psychotherapie und Selbsterfahrung, Fischer, Frankfurt 1978
Köppcke-Duttler, A., Nicolai Berdjajews Weg einer schöpferischen Bildung, 2 Bde., Haag + Herchen, Frankfurt 1982
Kropotkin, P., Ethik: Ursprung und Entwicklung der Sitten (1920), Kramer, Berlin 1976
Kropotkin, P., Fields, Factories and Workshops (1899), George Allan & Unwin, 1974
Kropotkin, P., Mutual aid (1902), Extending Horizon Books, [1977]
Kropotkin, P., Prison Memoires, Groof Press, New York 1970
Kropotkin, P., Worte eines Rebellen (1885), Rowohlt, Reinbek 1972
Landauer, G., Revolution (1907) Kramer, Berlin 1974
Landauer, G., Ein Brief über den anarchistischen Kommunismus (1910), in: *Landauer*, G., Beginnen, Büchse der Pandora, Wetzlar 1977
Landauer, G., Skepsis und Mystik (1903), Büchse der Pandora, Wetzlar 1978
Landauer, G., Aufruf zum Sozialismus (1909), Büchse der Pandora, Wetzlar 1978 a
Marcel, G., Leibliche Begegnung. Notizen aus einem gemeinsamen Gedankengang, bearbeitet von *Hans A. Fischer-Barnicol*, in: *Petzold* (1985g) 15-47
Matzat, J., Zum Umgang mit Selbsthilfegruppen, in: *Anneken, R. & Heyden, Th.* (1985), 103-108
Messing, C., Anonyme Alkoholiker – Beispiel einer Selbsthilfegruppe, Dipl. Arb. Univ. Konstanz 1979
Moeller, M. L., Anders helfen. Selbsthilfegruppen und Fachleute arbeiten zusammen. Klett-Cotta, Stuttgart 1981
Moeller, M. L., Psychologisch-therapeutische Selbsthilfegruppen. Abschlußbericht aus dem Zentrum für Psychosomatische Medizin der Justus-Liebig-Universität Gießen,

in: Schriftenreihe des Bundesministeriums für Jugend, Familie und Gesundheit, Bd. 136, Stuttgart 1984

Moeller, M. L., Selbsthilfegruppen in der psychiatrischen Versorgung. Gruppenselbstbehandlung in der Poliklinik, Gemeindeversorgung, stationäre Behandlung und ärztliche Praxis, in: *Therapiewoche*, 27/(1977), 3598-3617

Moeller, M. L., Selbsthilfegruppen in der Psychotherapie, in: *Praxis der Psychotherapie*, XX, 4, 1975, 181-193

Moeller, M. L., Selbsthilfegruppen, Rowohlt, Hamburg 1978

Moeller, M. L., Wodurch wirken Selbsthilfegruppen? in: *Gruppendynamik*, 5, 1977, 337-357

Moreno, J. L., Application of the group method to classification National Committee on Prisons and Prison Labor, Washington 1932

Mowrer, O. H. & Vattano, A. J., Integritätsgruppen. Ein Kontex zur Förderung von Ehrlichkeit, Verantwortung und Engagement, in: *Gruppendynamik*, 1977, 311-323

Nettlau, M., Geschichte der Anarchie (1925), 3 Bde., Impuls, Bremen o. J.

Norwood, R., Wenn Frauen zu sehr lieben. Die heimliche Sucht, gebraucht zu werden. Rowohlt, Reinbek bei Hamburg 1986

Perls, F. S., Gestalt, Wachstum, Integration. Aufsätze, Vorträge, Therapiesitzungen, hrsg. von *H. Petzold*, Junfermann, Paderborn 1980

Petzold, Hilarion, G., Géragogie – nouvelle approche de l'éducation pour la viellesse et dans la viellesse, *Publications de L'Institut St. Denise* 1 (1965) 4-16

Petzold, H.,G., Bruchstücke eines unveröffentlichten Briefwechsels von Nicolai Berdjajew, *Kyrios* 1 (1971a II) 21-50*

Petzold, H. G., Der Verlust der Arbeit durch die Pensionierung als Ursache von Störungen und Erkrankungen – Möglichkeiten der Intervention durch Soziotherapie und Selbsthilfegruppen 1983f, in: *Petzold, Heinl* (1983) S. 409-449.

Petzold, H. G., Mit alten Menschen arbeiten, Pfeiffer, München 1985a

Petzold, H. G., Psychotherapie und Friedensarbeit, Junfermann, Paderborn 1986a

Petzold, H.G., Supervision zwischen Exzentrizität und Engagement, *Integrative Therapie 3/4 (1989i) 352-365.*

Petzold, H.G., Les Quatre Pas. Concept d'une communauté thérapeutique. Paris, 1969c, mimeogr.; teilweise dtsch. in: (1974l)

Petzold, H.G., Psychodramatisch gelenkte Aggression in der Therapie mit Alkoholikern, *Gruppenpsychotherapie und Gruppendynamik* 3 (1971b) 268-281

Petzold, H.G., (Hrsg.) Drogentherapie – Methoden, Modelle, Erfahrungen, Junfermann/Hoheneck, Paderborn 1974b; 2. Aufl. Klotz, Frankfurt 1980

Petzold, H.G., Das Vierstufenmodell der Therapeutischen Kette in der Behandlung Drogenabhängiger, 1974f. In: *Petzold* (1974b) 133-222

Petzold, H.G., Konzepte zur Drogentherapie, 1974l. In: *Petzold* (1974b) 524-529

Petzold, H.G., Das Ko-respondenzmodell in der Integrativen Agogik. *Integrative Therapie* 1 (1978c) 21-58

Petzold, H.G., Psychodrama-Therapie. Junfermann, Paderborn 1979k, 2. Aufl. 1985

---

* Die Siglen hinter den Jahreszahlen beziehen sich auf die Gesamtbibliographie von *Petzold* in: (1988n) und (1991a)

Petzold, H.G., Wohnkollektive – eine Alternative für die Arbeit mit alten Menschen, 1980e, in: *Petzold, Vormann* (1980) 423-462; repr. (1985a) 202-236

Petzold, H.G., Die Rolle des Therapeuten und die therapeutische Beziehung, Junfermann, Paderborn 1980f

Petzold, H.G., Die Rolle des Therapeuten und die therapeutische Beziehung in der integrativen Therapie, 1980g, in: *Petzold* (1980f) 223-290

Petzold, H.G., Transcultural aspects of therapeutic communities, International Congress of Therapeutic Communities, Manila, 15-20. November 1981l, Proceedings, Dare Foundation, Manila

Petzold, H.G., Integrative Intervention – a system approach to the planning and realization of drug therapy programs, Proceedings of the 12th Int. Conf. on Drug Dependence, 22.-26.3.1982, Bangkok, International Council on Alcohol and Addictions, Lausanne/Genf 1982u, 48-80.

Petzold, H.G., An integrated model of identity and its impact on the treatment of the Drug addict, Proceedings of the 12th Int. Conf. on Drug Dependence, 22.-26.3.1982, Bangkok, International Council on Alcohol and Addictions, Lausanne/Genf 1982v, 260-276.

Petzold, H.G., (Hrsg.). Wege zum Menschen. Methoden und Persönlichkeiten moderner Psychotherapie. Ein Handbuch. 2 Bde., Junfermann, Paderborn 1984a

Petzold, H.G., Psychodrama. Die ganze Welt ist eine Bühne, 1984b, in: *Petzold* (1984a) Bd. 1, 111-216

Petzold, H.G., Die Gestalttherapie von Fritz Perls, Lore Perls und Paul Goodmann, *Integrative Therapie* 1/2 (1984h) 5-72

Petzold, H.G., Mit alten Menschen arbeiten, Pfeiffer, München 1985a

Petzold, H.G., (Hrsg.). Leiblichkeit. Junfermann, Paderborn, 1985g

Petzold, H.G., Puppen und Puppenspiel in der Integrativen Therapie mit Kindern, 1987a, in: *Petzold, Ramin* (1987) 427-490

Petzold, H.G., Integrative Therapie als intersubjektive Hermeneutik bewußter und unbewußter Lebenswirklichkeit, 1988a, Fritz Perls Institut, Düsseldorf, in: *Petzold, Orth* (1991a)

Petzold, H.G., Die „vier Wege der Heilung" in der „Integrativen Therapie" und ihre anthropologischen und konzeptuellen Grundlagen – dargestellt an Beispielen aus der „Integrativen Bewegungstherapie", Teil I, *Integrative Therapie* 4, (1988d) 325-364; Teil II, *IT* 1 (1989) 42-96; revid. in (1988n [S.173-283])

Petzold, H.G., Integrative Bewegungs- und Leibtherapie. Ausgewählte Werke Bd. I, Junfermann, Paderborn 1988n

Petzold, H. G., Zeitgeist als Sozialisationsklima – zu übergreifenden Einflüssen auf die individuelle Biographie, *Gestalt und Integration* 2 (1989f) 140-150

Petzold, H. G., Supervision zwischen Exzentrizität und Engagement, *Integrative Therapie* 3/4 (1989i) 352-363

Petzold, H. G., Das Konzept der Mehrperspektivität in der Supervision, *Gestalt und Integration* 2 (1990o)

Petzold, H. G., Integrative Therapie. Ausgewählte Schriften Bd. II, Junfermann, Paderborn 1991a

Petzold, H. G., Die Chance der Begegnung, DAPO, Wiesbaden 1991b

Petzold, H.G., Frühmann, R. (Hrsg.), Modelle der Gruppe in Psychotherapie und psychosozialer Arbeit, 2 Bde., Junfermann, Paderborn 1986a

Petzold, H.G., Heinl, H. (Hrsg.) Psychotherapie und Arbeitswelt, Junfermann, Paderborn 1983

Petzold, H.G., Heinl, H., Fallenstein, A., Das Arbeitspanorama, in: *Petzold, Heinl* (1983) 356-408

Petzold, H. G., Schlippe, A. von, Die Familie und das schwerkranke Mitglied. Therapeutische Hilfen für Fatum-Familien, *Integrative Therapie* 4 (1990) 271-275

Petzold, H.G., Sieper, J., Integrative Therapie und Gestalttherapie am Fritz Perls Institut – Begriffliche persönliche und konzeptuelle Hintergründe und Entwicklungen, *Gestalttherapie & Integration, Gestalt-Bulletin* 1 (1988a) 22-96

Petzold, H.G., Stöckler, M., (Hrsg.). Aktivierung und Lebenshilfen für alte Menschen. Aufgaben und Möglichkeiten des Helfers, *Integrative Therapie Beiheft* 13, Junfermann, Paderborn 1988

Petzold, H.G., Vormann, G. (Hrsg.), Therapeutische Wohngemeinschaften, Erfahrungen – Modelle – Supervision, Pfeiffer, München 1980

Petzold, H. G., Heinl, H., Psychotherapie und Arbeitswelt, Junfermann, Paderborn 1983

Petzold, H. G., Laschinsky, D., Rinast, M., Exchange Learning – ein Konzept für die Arbeit mit alten Menschen, *Integrative Therapie* 3 (1979), 224-245; auch in: (1985a) 69-92

Petzold, H. G., Lemke, J., Gestaltsupervision als Kompetenzgruppe, *Gestalt-Bulletin* 3 (1979) 88-94

Petzold, H. G., Schneewind, U., Konzepte zur Gruppe und Formen der Gruppenarbeit in der Integrativen Therapie und Gestalttherapie, in: *Petzold, Frühmann* (1986), Bd. 1, 109-254

Petzold, Hugo, Hilfen bei Suchtgefahren, Arbeitskreis zur Abwehr der Suchtgefahren e. V., Düsseldorf 1956

Proudhon, P. J., Ausgewählte Werke, Koehler, Stuttgart 1963

Proudhon, P. J., Bekenntnis eines Revolutionärs (1849), Rowohlt, Reinbek 1969

Reich, W., Massenpsychologie des Faschismus (1933), Kiepenheuer, Köln 1971

Roszak, T., Die Erforschung von Utopia: Paul Goodman und seine visionäre Soziologie (1968), in: *Roszak*, T., Gegenkultur, Econ, Düsseldorf 1971

Rössler, R., Das Weltbild N. Berdjajews, Göttingen 1956

Schafft, S., Selbsthilfe und chronische Krankheit. Unterstützung und Beratung in einer Selbsthilfegruppe krebskranker Frauen, in: *Bandura*, B., (Hrsg.), Soziale Unterstützung und chronische Krankheit, Suhrkamp, Frankfurt 1981

Sigrist, Ch., Gesellschaft ohne Staat, 2 Bde., Syndikat, Frankfurt 1978

Sperber, M., Der andere Sozialismus – Gustav Landauer, in: *Petzold* (1986a) 291-314

Spinka, M., Nicolai Berdjajew, Captive of Freedom, Philadelphia 1950

Stevens, B., Don't push the River, Real People Press, Laffayette 1970

Süssmuth, R., AIDS. Wege aus der Angst. Hoffmann & Campe, Hamburg 1987

Thoreau, H. D., Über die Pflicht zum Ungehorsam gegen den Staat, Diogenes, 1967

Tiemersma, D., Body Schema and Body Image. An interdisciplinary and philosophical study, Swets & Zeitlinger, Amsterdam / Lisse 1989

Tolstoy, L., Die Schule von Jasnaja Polijana, Büchse der Pandora, Wetzlar 1980

Vormann, G., Heckmann, W., Zur Geschichte der therapeutischen Wohngemeinschaften in Deutschland, in: *Petzold, Vormann* (1980) 24-57

Watzlawick, P., Grundlagen menschlicher Kommunikation, Huber, Bern 1969

Woodcock, G., The Anarchist Prince: Peter Kropotkin, Choken Books, New York 1971